Meinolf Zurhorst

TOM HANKS

Der weise Tor

Originalausgabe

WILHELM HEYNE VERLAG
MÜNCHEN

HEYNE FILMBIBLIOTHEK
Nr. 32/229

Herausgeber Bernhard Matt
Redaktion: Rolf Thissen

BILDNACHWEIS

Bildarchiv Engelmeier 12, 15, 17, 19, 36, 37, 45, 57, 59, 63, 65, 67, 71,
75, 77, 81, 82, 97, 98, 101, 105, 107, 113, 115, 117, 121, 131, 135, 137, 140, 143,
145, 149, 158, 161, 163, 173, 179, 189, 193, 197, 214, 215, 219, 222, 229;
Karsten Prüßmann 23, 31, 33, 41, 43, 49, 85, 87, 91, 93, 110, 123, 127, 129, 166,
169, 171, 177, 183, 185, 187, 211, 217, 226; Sonderhüsken 6, 25, 27, 230, 231;
Meinolf Zurhorst 9, 53, 55, 151, 155, 194

ISBN 3-453-09058-6

Inhalt

Warum ausgerechnet ich? – Tom Hanks in ›Apollo 13‹

KAPITEL 1
Warum ausgerechnet Tom Hanks?

Warum eigentlich ist Tom Hanks interessant? Was macht ihn zu einem Star, der alle Gesellschaften, alle Schichten anspricht? Liegt es daran, daß er ein weiser Tor ist? Vielleicht. Manchmal. Allerdings kaum so häufig, wie man vermuten mag. Tom Hanks hat Erfolg, weil er sympathisch und ehrlich wirkt, weil er bescheiden geblieben ist – und weil er mit einem Gesichtsausdruck durch seine Filme stolpert, rennt oder geht, der trotz aller Unterschiedlichkeit der Rollen eine Gemeinsamkeit besitzt. Denn dieser nette Junge von nebenan hat Figuren gespielt, die ihre Geschichten mit einem verwundert nach oben gerichteten Blick durchleben und sich zu fragen scheinen: »Warum gerade ich?«

Warum muß ausgerechnet ich mich in eine Meerjungfrau verlieben? Warum habe ich ein Haus gekauft, das eine Bruchbude ist und zusammenfällt? Warum muß ich am Vorabend meiner Hochzeit an einer Junggesellenparty teilnehmen, bei der sich nur meine Freunde amüsieren, ich selbst aber nicht? Warum trennen sich meine Eltern, wenn ich gerade den schwierigsten Job meiner Karriere abwickeln muß? Warum habe ich Aids bekommen und muß um meine Rechte kämpfen? Warum fliege ich zum Mond und muß unterwegs feststellen, daß ich vielleicht nicht mehr auf die Erde zurückkehren kann? Warum werde ich einfältig geboren und vergleiche das Leben mit einer Pralinenschachtel? Die Antwort ist einfach. Und sie lautet nicht nur, daß das Leben wie eine Schachtel Pralinen ist, bei der man nie weiß, was man kriegt. Die Antwort ist einfach, weil wir in all diesen Figuren etwas von uns selbst entdecken. Weil wir davon träumen, heil zur Erde zurückzukehren. Oder davon, uns in eine Meerjungfrau zu verlieben, wenn sie so aussieht wie Daryl Hannah. Weil wir unter der Peinlichkeit leiden, wenn unreife Jungs zusammen Bier saufen und von Sex reden. Weil wir froh wären, wenn das Leben so überschaubar wäre wie eine Schachtel Pralinen. Weil wir stolz sind, uns Vorurteilen gegenüber erfolgreich zur Wehr zu setzen. Weil wir mit Spannung beobachten, wie sich jemand wie Tom Hanks bewährt, wenn er sich plötzlich um seine Eltern kümmern muß.

Es sind die Gemeinsamkeiten mit unserem eigenen Leben, die uns die Rollen des Tom Hanks und, weil er sie so glaubhaft verkörpert, auch den Schauspieler selbst so nahe bringen. Es sind die Themen seiner besseren Filme, die jeden von uns berühren, ganz gleich, wo auf der Welt wir leben. Vielleicht nicht wirklich jeden, aber doch wenigstens die Generation der heute dreißig- bis vierzigjährigen Vertreter einer weißen Mittelschicht. Das Verdienst von Tom Hanks und der Grund für seine erstaunlich breite Akzeptanz liegen darin, eine Projektionsfläche für die Freuden und Sorgen, für die Wünsche und Erfahrungen der Menschen zu sein. Man hat schlicht das Gefühl, in ihm einen Schicksalsgefährten gefunden zu haben.

Als »Mister Nice« wurde er bezeichnet, als »Mister Regular«. Andere nannten ihn den »King of Comedy«, wollten in ihm den Nachfolger von Cary Grant, James Stewart oder Jack Lemmon sehen. Wiederum andere meinen, er sei für einen Mann keine Konkurrenz und für eine Frau keine Versuchung. »An guten Tagen sieht er aus wie ein Tennisspieler im unteren Drittel der Rangliste, an schlechteren wie Tom Hanks.« (Winnemuth) Er selbst sieht sich anders: »Ich habe einen bizarren Körper, einen großen Hintern und dicke Schenkel. Ich habe eine dämlich aussehende Nase, herunterhängende Ohren, Augen, die aussehen, als sei ich ein halber Chinese, und die eine komische Farbe haben. Ich habe wirklich kleine Hände und Füße, lange Arme, schmale Schultern und einen Bauch, auf den ich achten muß. Mein Haar läßt mich wie einen Talmudschüler aussehen.« (A. M.) Doch hinter dieser bescheidenen Selbstbeschreibung verbirgt sich, selbst bei dem Vierzigjährigen, eine entwaffnend unschuldige Jungenhaftigkeit, die sein unzweifelhaftes Talent häufig zu verbergen drohte und ihm manches Mal wohl auch zum Fluch wurde. Die Last der Nettigkeit und der Niedlichkeit zauberte in das sympathische Knautschgesicht von Tom Hanks immer wieder Sorgenfalten. Doch gerade deswegen wird er von so vielen Menschen gemocht. Seine Liebenswertheit macht es dem Publikum leicht, sich mit ihm, auch in dramatischen Rollen, zu identifizieren. Er kann ein weiser Tor sein, er kann gesund oder krank, homo- oder heterosexuell sein – immer findet das Publikum einen Zugang zu diesem Mann, an dem nichts haftenbleibt, weshalb ihm sogar schon eine »Comic Teflon«-Präsenz (Morrison) bescheinigt

Das Leben ist wie eine Schachtel Pralinen: ›Forrest Gump‹

wurde. Doch im Grunde ist Hanks nur ein Mensch ohne Extreme; er »hat keine Häme, ist weder ein Scheißkerl oder eklig wie Bill Murray, wenn er am fiesesten ist. Noch ist er koboldhaft oder billig wie Chevy Chase. Diese Typen sind Komiker; Hanks ist ein romantischer *Schauspieler* in leichten Komödien.

Er hat elastische Beine, einen gekräuselten Mund, der ihn offensichtlich dazu prädestiniert, einen Weiberhelden zu spielen, eine ernsthafte Stirn und sehr große Augen.« (Denby, in Shipman)

Der Film, der nahezu alles zusammenfaßt, was Tom Hanks ist, was er verkörpert und symbolisiert, heißt FORREST GUMP. Alle Facetten des Schauspielers finden sich in diesem modernen Märchen eines reinen Toren, der in die Welt hinauszieht und durch dessen Augen wir einen anderen Blick auf diese Welt werfen.

Eine weiße Feder fällt vom Himmel herab und landet bei Forrest Gump, der in einem Städtchen namens Savannah auf einer Parkbank sitzt und sie in sein Kinderbuch legt. »Ich weiß nicht, ob jeder von uns seine Bestimmung hat oder ob wir alle nur zufällig so dahingleiten wie eine Feder im Wind«, sagt Forrest im Laufe seiner Geschichte, die er uns erzählt. »My name is Forrest Gump«, stellt er sich zunächst der Frau neben ihm auf der Bank und dem Zuschauer vor. Und er erzählt von seiner Mama (Sally Field, die in PUNCHLINE Hanks' Freundin und vier Jahre später bereits seine Mutter darstellte), die ihm einfache, doch praktikable Lebensweisheiten mit auf den Weg gab. »Meine Mama hat immer gesagt, das Leben ist wie eine Schachtel Pralinen. Man weiß nie, was man kriegt.« Bereits in seiner Kindheit werden die Weichen für Forrests weiteres Leben gestellt. Benannt wird er nach General Bedford Forrest, der als Gründer des Ku-Klux-Klans unrühmliche Geschichte machte. Als Junge erhält Forrest Beinschienen, mit denen er in seinem Heimatort Greenbow in Alabama zum Gespött der Leute wird. Mit seinem IQ von 75 kommt er nur deswegen in die normale Schule, weil seine alleinstehende Mutter den Schuldirektor in ihr Bett läßt. Forrests Mutter führt eine Familienpension. Eines Tages macht ein junger Mann Station und spielt Forrest etwas auf seiner Gitarre vor. Forrest bewegt, durch die Beinschienen behindert, seine Hüften auf besondere, bizarr wirkende Weise. Später sehen er und seine Mutter den Mann im Fernsehen, der zu seiner Musik provozierende Hüftschwünge vollführt, so wie er sie bei Forrest gesehen hatte. Der junge Mann heißt Elvis Presley, und Forrest wundert sich, warum man ihn später »The King« nannte, war er doch offensichtlich kein König, sondern nur ein Sänger.

Als Forrest zum erstenmal vom Schulbus abgeholt wird, bietet ihm niemand einen Platz an. Von Anfang an ist er ein Außenseiter. Nur die kleine Jenny rückt zur Seite. Sie wird seine erste und einzige Freundin und die große Liebe seines Lebens. Sie ist es auch, die ihm sagt, daß er rennen soll. Wegrennen vor den Klassenkameraden, die ihn quälen wollen. »Lauf, Forrest, lauf«, sagt Jenny, und Forrest beginnt zu rennen. Zuerst ungelenk, bis seine Beinschienen auf wundersame Weise wegplatzen und er plötzlich rennt wie der Wind, ohne aufzuhören. Das Rennen wird zu seinem Lebensmotto werden. Ein Rennen durch Krisen und historische Ereignisse.

Als die Produzentin Wendy Finerman an einem Oktobernachmittag des Jahres 1985 das Manuskript eines kurz vor seiner Veröffentlichung stehenden Romans von Winston Groom mit dem Titel »Forrest Gump« las, mußte sie nicht nur abwechselnd lachen und weinen, sondern auch daran denken, den Stoff für einen wunderbaren Film gefunden zu haben. Denn, so eine Grundregel Hollywoods, Lachen und Weinen gehören zu jedem erfolgreichen Film. Allerdings sollten noch neun Jahre vergehen, bis Finermans Idee wirklich als Film über die Leinwand flimmerte. Was wiederum als Wunder angesehen werden kann, wies der Film doch, wie sein Regisseur Robert Zemeckis begeistert vermerkte, »keine der konventionellen Erzählregeln auf, die Filme erst stark machen. Es gibt keinen Bösewicht. Es gibt keine tickende Uhr. Es gibt keine Bombe im Flugzeug, all diese Sachen, die man uns in der Filmschule beigebracht hat.« (O'Neill) Zemeckis hat recht, denn tatsächlich funktioniert FORREST GUMP wie nur wenige Filme allein aufgrund seiner Besetzung. Bill Murray, Chevy Chase, Michael Keaton, Robin Williams (das hätte funktionieren können), Nick Nolte, Dustin Hoffman, John Goodman und selbst der Fernseh-Talkmaster Jay Leno waren für die Titelrolle in Betracht gezogen und zum Teil sogar gefragt worden. Doch heute ist FORREST GUMP ohne Tom Hanks wohl nicht mehr vorstellbar. Für ihn war es *die* Rolle seines Lebens, die bisherige Krönung einer schauspielerischen Entwicklung, die alle Formen und Stadien von Qualität und Ausdruck durchlaufen hatte.

Ein herausragendes Merkmal von Tom Hanks ist seine *Bescheidenheit*. Privat wie beruflich. Wenn er als Forrest steif auf

Lauf, Forrest, lauf!

der Parkbank sitzt und in einem merkwürdigen Südstaaten-
Singsang sein Leben ausbreitet, das unglaubliche Erfolge auf-
wies, dann teilt sich da eine Bescheidenheit mit, uneitel und un-
spektakulär, uneigennützig und so gegen jeden Star-Glamour,
wie sie nur wenige Schauspieler mit Hanks gemeinsam haben.
Hier zeigt sich die Bescheidenheit eines Mannes, der mit sich

selbst im reinen und sich seiner Fähigkeiten gewiß ist, ohne es noch nötig zu haben, diese anderen beweisen zu müssen.

Auch als Erwachsener wird Forrest immer wieder rennen. »Lauf, Forrest, lauf«, sagt Jenny (Robin Wright), als wieder einmal die Klassenkameraden hinter ihm her sind. Und Forrest rennt und rennt und rennt sich bis in die Football-Mannschaft eines Colleges, in das er sonst wohl nicht aufgenommen worden wäre. »The local idiot«, sagt einer, doch Forrest ist alles andere als ein Dorfdepp. Er ist ein Tor, ausgezeichnet mit einer natürlichen Weisheit, der durch seine Simplizität komplexe Verhältnisse immer wieder auf den Punkt bringt. Tom Hanks läßt zu keiner Zeit im Film spüren, daß Forrest ein Idiot sei. Die *Ehrlichkeit* ist nicht nur ein wesentliches Merkmal der Filmfigur, sie zeichnet auch ihren Darsteller aus, dem man das persönliche Interesse an Figur und Geschichte zu jeder Zeit abnimmt. Er spielt seine Rolle ohne jeden Ansatz von Diskriminierung.

Beiläufig wird Forrest immer wieder zu einer Figur der Zeitgeschichte. Anfang der sechziger Jahre, als die Rassentrennung an amerikanischen Universitäten aufgehoben wird und der reaktionäre Republikaner George Wallace schwarzen Studenten den Zugang zu Seminarräumen verwehrt, gerät auch Forrest ins Bild, als er einer betroffenen Studentin das fallen gelassene Heft nachträgt. All das wirkt scheinbar emotionslos, doch daß Forrest Gefühle hat, zeigt sich in einer Szene, in der er Jenny beim Knutschen mit einem Mann beobachtet. Enttäuschung macht sich auf seinem Gesicht breit, dann Entschlossenheit, als er Jennys Freund verprügelt.

Immer wieder auch zeigt Tom Hanks einen Ausdruck von *Unschuld*. Sein Staunen ist groß, als er mit Jenny in deren Zimmer geht und diese sich vor ihm auszieht. Für ihn ist es ein Schock, als sie schließlich ihren Büstenhalter abstreift, denn Sexualität ist ihm etwas Fremdes. Sie macht ihm angst. Eine Szene, die Hanks mit verhaltener Komik spielt, indes nicht auf Kosten seiner Rollenfigur. Es ist eine vorsichtige, gut getimte Komik, die amüsiert und den Zuschauer gefesselt hält. »Er besitzt eine Art von kindlichem Charme«, charakterisierte Zemeckis seinen Hauptdarsteller. »Eine Verletzlichkeit, ohne allzu schwach, eine Charakterstärke, ohne allzu bedrohlich zu sein.« (Chaillet)

Von treffendem Witz sind immer wieder die Szenen, in denen Forrest, dank modernster Computertechnologie, Personen der Zeitgeschichte trifft. Zum Beispiel Präsident Kennedy anläßlich eines Empfangs des All American Football Team, zu dem Forrest dank seiner Laufkünste inzwischen auch gehört. Doch weniger als der Präsident interessiert ihn der Umstand, daß es freies Essen und Trinken gibt, was Forrest weidlich ausnutzt. Als ihn dann der Präsident vor laufender Kamera fragt, wie es ihm gehe, antwortet Forrest:»Ich muß mal pinkeln.« Im Badezimmer des Präsidenten entdeckt er eine Widmung von Marilyn – eines von vielen Details, mit denen die amerikanische Geschichte immer wieder aus einem neuen Blickwinkel geschildert wird. Keinem kritischen, aber einem sanft ironischen.

Nach fünf Jahren Football hat Forrest seinen College-Abschluß. Wenig später ist er bei der Army. Gelegenheit für Tom Hanks, seine *Verschmitztheit* ins Spiel zu bringen. Die Intelligenz von Forrest reicht allemal aus, das zeigen seine abgründigen Blicke, die Gesetze des Militärs zu begreifen. Schnell weiß er, daß er immer nur »ja« sagen muß. So schlägt er der Army mit deren eigenen Waffen ein Schnippchen. Gegen seine Begriffsstutzigkeit, wenn er unsinnige Befehle wörtlich nimmt, und gegen seine manuelle Schnelligkeit, wenn er ein Gewehr auseinandernimmt und wieder zusammenbaut, ist kein Kraut gewachsen. Doch das wichtigste Ereignis für Forrest ist die Freundschaft mit Bubba Blue (Mykelti Williamson), einem ausgewiesenen Shrimps-Fachmann, wie er bei jeder unpassenden Gelegenheit demonstriert, indem er zahllose verschiedene Shrimps-Rezepte (inzwischen als Kochbuch erschienen) aufzählt. Bubbas großer Traum ist, eines Tages Besitzer eines eigenen Shrimps-Kutters zu sein.

Jenny ist inzwischen Sängerin in einem Striptease-Lokal geworden. Als Forrest sie sieht, wirkt er traurig, verprügelt dann aber die Männer, die nach ihren Beinen grapschen. Im Grunde ist Forrest – wie Hanks – ein *Romantiker*, dessen Züge sanft werden, wenn er Jenny anschaut. Forrest gesteht ihr seine Liebe und erwähnt, daß er nach Vietnam muß. »Lauf, Forrest, lauf«, gibt ihm Jenny als Rat für Problemsituationen mit auf den Weg, plötzlich zärtlich, obgleich ihr doch die Anhänglichkeit und die Zuneigung des Kindheitsfreundes auf die Nerven gehen.

14

Die große Liebe seines Lebens: Robin Wright als Jenny

Zusammen mit Bubba kommt Forrest in den Trupp von Lieutenant Dan Taylor (Gary Sinise), einem eher unkonventionellen Kommandanten, der den Aufenthalt im fremden Land erträglich zu gestalten sucht. Für Forrest ist der Krieg ein kurioses Abenteuer, mit interessanten, aber unbegreiflichen Ereignissen. Warum muß er in Schlamm und Regen Wache schieben oder durch nasse Gräben laufen? Und wo steckt dieser Charlie, den sie alle suchen? Wie gut für Forrest, daß es Bubba gibt, der ihm die Partnerschaft beim Shrimps-Geschäft anträgt, und den Lieutenant. Bei einem ihrer Streifzüge durch den Dschungel passiert es. Ein Granatenangriff des Vietcong. »Rennt«, schreit Taylor seine Leute an, und Forrest rennt. So lange, bis er feststellt, ganz allein zu sein. Deshalb kehrt er um, auf der Suche nach Bubba. Bis er diesen gefunden hat, holt er fast seinen ganzen Trupp verletzt aus dem Dschungel, nur Bubba stirbt. Und Lieutenant Taylor ist wütend, weil er lieber wie all seine Vorfahren als Held gestorben und nicht als Krüppel zurückgekehrt wäre. Das nun versteht Forrest überhaupt nicht, weiß er doch, daß das Leben wie eine Feder ist und man sehen wird, wohin der Wind einen treibt.

Seine manuelle Geschicklichkeit ermöglicht ihm im Lazarett eine neue Erfahrung: Pingpong. Alsbald bringt er es zu erstaunlicher Meisterschaft und Schnelligkeit. Taylor aber ist verbittert, denn seine beiden Unterschenkel mußten amputiert werden (ein weiterer Triumph der digitalen Bildtechnik). Zurück in den USA, verleiht Präsident Johnson Forrest die »Medal of Honor« und bekommt auf seine Frage nach der Art der Verletzung Forrests entblößten Hintern zu sehen. Anschließend zeigt sich seine *Nettigkeit*, ein auch für Hanks geltendes Merkmal. Zu jedem ist er gleich freundlich, läßt sich widerstandslos auf das Podium einer großen Anti-Vietnamkriegs-Demonstration schieben und hält eine Rede, die keiner hört, da das Mikrofon gerade nicht funktioniert. Wie Hanks in vielen seiner früheren Rollen, ist auch Forrest mehr Zeuge als aktiver Teilnehmer. Das macht es ihm leicht, nett zu sein, funktioniert aber auch als Leitfaden für den Zuschauer durch die Ereignisse. In Washington trifft Forrest Jenny wieder. Sie gehört nun einer radikalen Gruppierung an und kämpft an der Seite der Black Panther. Forrest steht dem ziemlich verständnislos gegenüber und kann sich nur durch Gewalt äußern, als er Jennys Freund verprügelt, nachdem dieser sie geschlagen hat. Einmal mehr wird er zu ihrem Beschützer.

Als Vorbote der Pingpong-Diplomatie spielt Forrest auch in China Tischtennis. Das bringt ihm einen Auftritt in der Dick Cavett Show ein, deren anderer Gast an diesem Abend John Lennon ist, von Forrest als liebevoller Mensch beschrieben, den später leider ein Verrückter niederschoß. Nach der Show trifft er Lieutenant Dan Taylor wieder und feiert mit ihm Neujahr 1972. Taylor verspricht, als Matrose anzuheuern, wenn er tatsächlich einen Shrimps-Kutter kauft. Bevor Forrest zurückkehrt in seine Heimat, nachdem er aus der Army entlassen wurde, wird er noch einmal in eine politische Geschichte verwickelt. Aus seinem Zimmer im Hotelkomplex »Watergate« beobachtet er Einbrecher und informiert die Polizei. Einige Zeit darauf muß Präsident Nixon zurücktreten.

»Dumm ist der, der Dummes tut«, antwortet Forrest Bubbas Familie, als er ihnen erzählt, das Vermächtnis ihres Sohnes erfüllen zu wollen. Auch andere, die seinen Verstand anzweifeln, erhalten die gleiche Antwort. »Ich habe den Film niemals als ein anti-intellektuelles Pamphlet verstanden«, meinte Tom Hanks. »Die Falle bei einer derartigen Figur wäre gewesen, ihn nur auf einen absurden Aspekt einzugrenzen, was seine emotionalen Möglichkeiten nicht erlaubt hätte.« (Chaillet) Und dennoch, die anderen scheinen recht zu haben, denn Forrest fängt keine Shrimps. Auch nicht mit der Hilfe von Lieutenant Dan, der eines Tages am Pier steht. Doch Forrest macht eines *sympathisch*: Er beklagt sich nicht, er kämpft unverdrossen weiter um seinen Erfolg und denkt dabei nur an andere. Sein Bemühen ums Überleben ist fast schon verzweifelt, ebenso sein Wunsch nach Anerkennung. Das teilt Forrest Gump mit anderen Figuren, die Hanks gespielt hat. Immer ist bei ihnen das Bemühen zu spüren, wirklich auch das Beste zu geben. Eine Maxime, die Hanks schon seit seiner High-School-Zeit auch für sich selbst gelten ließ.

Das Glück kommt Forrest und Dan zu Hilfe. Ein Wirbelsturm zerstört alle Kutter, nur der ihre übersteht die Katastrophe.

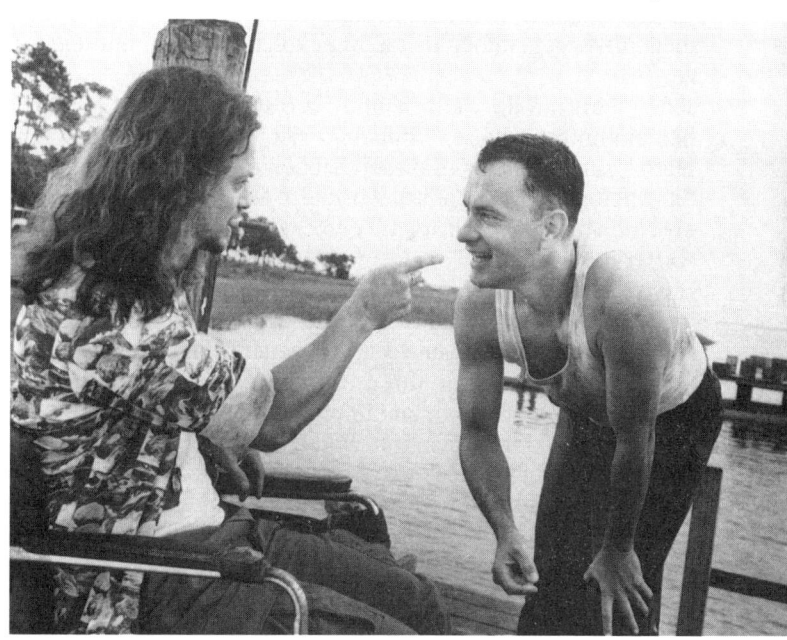

Shrimps-Millionäre: Gary Sinise und Tom Hanks in ›Forrest Gump‹

Von nun an sind ihre Netze prall gefüllt. Mit ihrer Marke »Bubba Gump Shrimps« werden Forrest und Dan Millionäre. Doch dann muß Forrest wieder rennen. Seine Mutter liegt im Sterben.

Ein neues Gefühl für Forrest: *Trauer*. Tom Hanks spielt dies erneut ohne Übertreibung, mit einem berührenden Dackelblick, grenzt aber jede Sentimentalität aus. Nach dem Tod seiner Mutter bleibt Forrest allein zu Hause. »Als Forrest seine Mutter verliert, sieht er sich zum erstenmal in seinem Leben der Einsamkeit gegenüber«, erläuterte Hanks, »aber er weiß nicht, was das ist. Für ihn ist seine Mutter irgendwo anders, und mehr braucht er auch nicht zu wissen. Und wenn das Ende des Films so stark ist, dann deshalb, weil wir wissen, daß er niemals einsam sein wird … Es war essentiell, daß das Publikum seine Logik begreift.« (Chaillet) Da taucht Jenny wieder auf, deren Lebensweg als erfolglose Sängerin, Hippie-Mädchen und Kokain-Abhängige immer wieder mit kleinen Szenen zwischengeschnitten wurde. Sie sucht Hilfe bei Forrest, der instinktiv richtig reagiert. Intellektuell steht er psychologischen Problemen hilflos gegenüber, da bleibt er still und schaut nur leidend zu.

Jenny lehrt ihn das Tanzen, und Forrest zeigt, daß er in Wahrheit ein hoffnungsloser *Romantiker* ist. Das mag auch auf Tom Hanks zutreffen, der in diesen Szenen durch verständnisvolle Sanftheit und Zurückhaltung brilliert. Mit leisem Zögern wagt er seinen nächsten Schritt, auf den er schon sein Leben lang gewartet hat. Er macht Jenny einen Heiratsantrag und ist von ihrer Ablehnung tief betroffen. Nachts legt sie sich zu ihm ins Bett, zum erstenmal hat er Sex. Am folgenden Morgen ist Jenny verschwunden, und Forrest versinkt in Apathie. Dann aber erinnert er sich an ihren Ratschlag: »Lauf, Forrest, lauf.« Und so fängt Forrest an zu laufen. Von einem Ozean zum anderen und wieder zurück. Bart und Haare wachsen, während er läuft und dabei nachzudenken versucht. Drei Jahre und zwei Monate lang läuft er, wird zur Kultfigur, zum Guru, doch dann bleibt er urplötzlich mitten in der Landschaft stehen. Sein einziger Satz an die zahlreichen Mitläufer, die sich im Laufe der Zeit angeschlossen haben, lautet: »Ich gehe nach Hause.«

Die Parkbank in Savannah. Auf ihr sitzt der Erzähler. Immer wieder kehrt die Geschichte zu ihm zurück. Jetzt hat ihn sein

Jetzt wissen sie, was sie kriegen: ›Forrest Gump‹-Regisseur Robert Zemeckis und sein Hauptdarsteller

Leben eingeholt. Forrest hat einen Brief von Jenny erhalten, die ihn bittet, nach Savannah zu kommen. Als er bei ihr ist, freut er sich sehr über das Wiedersehen. Aber Jenny hat einen Sohn – Forrests Sohn. Das ist ein Schock für ihn, doch der weicht Liebe und Zuneigung. Tränen treten in seine Augen, und Tom Hanks läßt seine Gesichtskonturen weich werden. Vor Rührung. Jetzt will Jenny ihn heiraten, denn sie ist todkrank. Kurz nach der Hochzeit stirbt sie dann auch an einem tödlichen Virus – unausgesprochen wohl an Aids aufgrund ihres wilden, moralisch nicht einwandfreien Lebenswandels.

Forrest hält mit ihr am Grab Zwiegespräche, berichtet ihr von Forrest jr., der im Gegensatz zu seinem Vater ein schlaues Kerlchen ist. Forrest fragt sich, ob es ein Schicksal gibt oder nicht. Das Leben ist wohl doch wie eine Schachtel Pralinen: Man weiß nie, was man kriegt. Oder es ist wie die weiße Feder, die am Ende wieder in die Lüfte getragen wird: Man muß sich wie sie vom Wind davontragen lassen.

Die simplen Erkenntnisse des Forrest Gump, der Charme ihrer Einfachheit und Klarheit, die kongeniale Darstellung dieses reinen Toren durch Tom Hanks, dieses Simplizissimus des zwanzigsten Jahrhunderts, und die clevere, alle Möglichkeiten visueller Bildgestaltung und Bildmanipulation nutzende Inszenierung machten aus FORREST GUMP den zweiterfolgreichsten Film der Welt. Ein Jahr nach seinem Kinostart läuft er immer noch in vielen Ländern. Seine Beteiligung an den Einspielergebnissen brachte Hanks inzwischen mehr als fünfundvierzig Millionen Dollar ein. Und noch ist kein Ende der weltweit auf mehr als fünfhundert Millionen Dollar gewachsenen Einkünfte an der Kinokasse abzusehen. Dabei waren dem produzierenden Studio während der Dreharbeiten die steigenden Kosten – bedingt durch zunehmend kompliziertere Special Effects – so unheimlich geworden, daß es Hanks und Zemeckis um eine Reduzierung ihrer Honorare bat. Deren Entscheidung, sich am Einspielergebnis beteiligen zu lassen, war goldrichtig. Doch nicht die Kosten und nicht die erstaunliche Technik, die dank digitaler Bildbearbeitung Tom Hanks mit verstorbenen Präsidenten und Popstars zusammenbrachte oder den sportlichen Gary Sinise als beinamputierten Veteranen durch die Geschichte schickte, machten aus FORREST GUMP ein bezauberndes, ein bemerkenswertes Werk.

Es ist vor allem Tom Hanks' Verdienst, der sein bisheriges Können in ungeahnte Qualitätshöhen trieb. Er, der als Schauspieler dem amerikanischen Durchschnittsbürger Gesicht und Gestalt verlieh, bewahrt die Figur vor jeglicher Denunziation. Seine Unscheinbarkeit wurde zum Ausdruck eines darstellerischen Stilwillens. Die Zappeligkeit aus seinen frühen Komödien ist selten, und wenn, dann präzise eingesetzt. Die Sanftheit aus seinen romantischen Komödien bestimmt weitgehend die Figur des Forrest Gump, ebenso die Ehrlichkeit und die Sympathie aus seinen dramatischen Rollen. Tom Hanks ist keine Heldenfigur à la Silvester Stallone oder Bruce Willis. Er ist ein Held ganz anderer Art, denn er verkörpert so etwas wie den gemeinsamen Nenner der Amerikaner. Seine Integrität, seine Unsicherheit, seine Romantik, seine Verzweiflung können von jedem nachempfunden werden. Tom Hanks ist ein Star, der die Identifikation mit ihm leichtgemacht hat. Und deshalb ist er so erfolgreich.

KAPITEL 2

Ein Leben in Unruhe

Wie bei so vielen Superstars deutete nichts in der Familie Hanks auf die spätere Laufbahn von Tom hin. Tom Hanks wurde im kalifornischen Concord am 9. Juli 1956 als drittes von insgesamt vier Geschwistern geboren. Sein Vater Amos Hanks war lange Jahre Koch im »Sea Wolf« im nahegelegenen Oakland, seine Mutter Janet war Hausfrau. Fünf Jahre nach Toms Geburt ließen sich die Eltern scheiden. Sein damals gerade sechs Monate alter Bruder Jim blieb bei der Mutter, während Tom mit seinen beiden älteren Geschwistern Sandra und Larry dem Vater folgte. »Ich glaube, es war einfach die wirtschaftliche Situation. Meine Mutter konnte bei bestem Willen keine vier Kinder haben«, schilderte Hanks die Verhältnisse (Connelly). Auch wenn sie von nun an von ihrer Mutter getrennt lebten, blieb der Kontakt der Geschwister zu ihr erhalten, und sie besuchten sie regelmäßig in den Ferien, zu Thanksgiving (dem Erntedankfest), an Ostern und Weihnachten.

Doch für den jungen Tom begann nach der Trennung seiner Eltern eine unruhige, abwechslungsreiche Phase. Denn sein Vater wechselte häufiger den Arbeitsplatz und nahm seine drei Kinder immer mit, von einer Stadt zur anderen. Da blieb kaum Zeit, Freundschaften aufzubauen. Trotz der zahlreichen Stellungs- und Wohnungswechsel waren Tom, Sandra und Larry gutmütige, leicht handbare Kinder, anpassungsfähig überdies, was eine besonders gefragte Eigenschaft bei ihrem Wanderleben war. »Dad hatte etwas von der Wanderlust. Aber wir waren auch sehr einfach mitzunehmen«, erinnert sich Sandra (Connelly). Kurze Zeit lebte die Familie in Redding und dann in dem Spieler- und Scheidungsparadies Reno. Dort heiratete Amos Hanks ein zweites Mal, eine Frau mit fünf Kindern. »Ich würde ihre Namen nicht mehr wissen, wenn sie sich heute zeigten«, meinte Tom später (Morrison). Eine kuriose Familie. Der katholisch erzogene Tom fand sich plötzlich in einem Mormonenhaushalt wieder, was auch seinen Vater alsbald zum Aufstand und die Ehe wenig später zum Scheitern brachte. Kurzzeitig zog Tom dann mit seinen Geschwistern zu einer

Tante, die einer religiösen Sekte angehörte. Möglicherweise rührt daher seine immer wieder erwähnte Religiosität, die er zwar praktiziert, ohne sie aber auffällig zu demonstrieren. Sein späterer Freund und Schauspieler-Kollege Peter Scolari aus der Serie BOSOM BUDDIES erzählte, daß Tom eine Zeitlang ein Jesus-Freak gewesen sei. Die normale Entwicklungsphase eines Heranwachsenden vermutlich, ohne Auswirkung auf das spätere Leben. Doch zeigte sich bereits hier, wie sehr Tom Hanks das durchschnittliche, normale Leben der Amerikaner widerspiegelte. Natürlich war er noch nicht jener »Mister Nice« oder der »Regular Guy«, als der er bis heute gilt, doch ein jeder kann sich in seiner Biographie wiederfinden. Diese Gemeinsamkeiten zwischen dem Leben von Hanks und dem seiner Fans machen ihn erst richtig zu einem breit akzeptierten Star.

Nach dem Zwischenspiel bei der religiösen Tante zog Amos mit seinen Kindern in eine eigene Wohnung. Während er arbeitete, waren Tom und seine Geschwister sich selbst überlassen. Sie wuschen, putzten und kochten. »Kulinarische Experten waren wir nicht.« (Connelly) Aber »es war nicht so schlecht. Wir waren natürlich *wild*. Ich weiß, daß ich viel schrie. Aber so weit ich mich erinnere, waren das zweieinhalb sehr angenehme Jahre. Wir hatten keine wirklichen Probleme, und wir Geschwister waren wirklich eng zusammen.« (Connelly) Nicht verwunderlich ist, daß der junge Tom in einer Phantasiewelt jenen Halt suchte, den die wirkliche Welt durch die häufigen Umzüge nicht bot. »Ich war völlig glücklich, ganz allein in einem Zimmer zu sein. Wenn keiner zu Hause war, war es das Größte. Ich konnte herumlaufen, Musik hören, singen und tanzen ... Ich war immer sehr glücklich, allein zu sein.« (*Family Weekly,* nach Trakin, 12)

Für ein Kind entwickelte Tom ungewöhnliche Fähigkeiten. »Ich habe gelernt«, sagte er einmal, »meine paar Sachen in einen Koffer zu werfen oder in eine Plastiktüte und irgendwo anders von vorn anzufangen. Eine gute Ausbildung für ein Schauspielerleben.« (Paczensky) Die häufigen Umzüge lehrten ihn zudem eine erstaunliche soziale Flexibilität. Er lernte, sich jeder Situation anzupassen und aus heiklen Lagen wieder herauszukommen. Es war offenbar eine Kindheit ohne Traurigkeit, in der der Junge weitgehend auf sich allein gestellt

Ein trautes Heim kannte Hanks in seiner Jugend nicht ... (Szenenfoto aus ›The Money Pit‹)

blieb. Ein Wunder, daß sein Leben keine kriminelle Wendung nahm. Zumal er beispielsweise durch die zweite Hochzeit seines Vaters fünf weitere Geschwister bekam und sich immer mehr an den Rand der Familie gedrängt sah. Doch Tom lernte auch damit umzugehen. Er betrachte seine Lage schlicht von außen und entwickelte damit eine emotionale Haltung, die ihm später als Schauspieler dienlich sein sollte. Denn immer scheint er das Geschehen oder die Figuren von einem anderen Standpunkt aus als dem eigenen zu beobachten, kaum wird so etwas wie ein psychologisches Spiel sichtbar. Nicht selten bricht er den Ernst einer Situation durch eine flapsige Bemerkung und vermeidet dadurch die Auseinandersetzung mit der Realität. Diese launige Humorigkeit überspielt dabei nur ein gewisses Maß an persönlicher Unsicherheit und wird zu einem Ab-

wehrmechanismus, den er in seinen Rollen zur Kunst weiter-
entwickelte. Darin läßt sich indes auch eine gehörige Portion
Pragmatismus erkennen, gelebt von jemandem, der mit sich
und der Welt auf seine ganz eigene Weise fertig werden muß.
»Ich fühlte mich nie ungeliebt«, beschrieb er einmal seine
Kindheit. »Ich lebte immer in irgendeiner Familienstruktur.
Wenn wir allein waren, waren mein Bruder und meine Schwester und ich immer zusammen. Der beste Platz war zu Hause,
wo wir uns immer gegenseitig hochjubelten. Keiner versteckte
mich oder sagte mir, ich sei dumm, oder trank sich in die Vergessenheit. Mein Vater war kein Mensch, der den Finger am
Puls seiner eigenen Gefühle hatte, aber er war ein guter Kerl.
Und meine Mutter, auch wenn sie weit weg war, sorgte sich
immer um mein Wohlsein und war immer glücklich, mich zu
sehen. Deshalb fühlte ich mich gesegnet.« (Morrison)
Der junge Tom Hanks besaß auch andere Interessen. Seiner
Phantasiewelt, in die er häufig abtauchte, vielleicht am nächsten kam er im Planetarium. Dort besorgte er sich Informationen über Astrologie. Mit einem kleinen Heim-Teleskop suchte
er dann anschließend den Himmel ab und wurde ein Experte
in Sternenkunde. Nur logisch scheint da sein Interesse für die
Raumfahrt. Als er die Hauptrolle in APOLLO 13 übernahm, er-
füllte er sich damit einen Jugendtraum.
Rollenspiele, wie sie zum Beispiel Robin Williams als Junge
aus Einsamkeit betrieb, fanden sich bei Hanks nicht. Er hatte,
so merkwürdig das bei seinen Familienverhältnissen klingt, die
ein Jugendamt vielleicht als zerrüttet ansehen würde, keine
schwierige Kindheit, sondern bewahrte seine Natürlichkeit
und zeigte schon früh Witz. In seiner Familie galt Tom daher als
Spaßvogel. Er selbst sagte aber in Interviews, daß sein vier Jahre älterer Bruder Larry, später Entomologe (Insektenfor-
scher), lustiger als er gewesen sei. Dieser äußerte sich 1984 in
einem Interview mit der *Washington Post* anders: »Tom ging
immer raus, liebte es, mit den Menschen zu reden. Er konnte
immer besser mit den Leuten sprechen, als ich das konnte.«
(Trakin, 13) Der junge Tom scheint ansonsten sehr selbstbe-
wußt gewesen zu sein, was er als Schauspieler in seinen Rollen
durchaus auch vermittelt. »In der High School«, erinnert sich
Larry, »borgte er sich gewöhnlich meinen Kassettenrekorder
und machte seine eigene Art von Radionachrichten-Show. Das

war ziemlich schlimm. Ich habe sie viel später entdeckt. Zum Beispiel, als würde er eine dringende Meldung verkünden, daß sich ein Erdbeben ereignen würde. ›Verlassen Sie unverzüglich die Stadt‹, so etwas in der Art.« (Trakin, 13)

Amos Hanks heiratete schließlich zum drittenmal, diesmal eine Chinesin. Die Familie ließ sich erneut in Oakland nieder, wo die neue Stiefmutter Frances versuchte, den Kindern Disziplin beizubringen. Tom Hanks erinnert sich an diese anfänglich

Erfüllung eines Jugendtraums: die Hauptrolle in ›Apollo 13‹

schwierige Zeit: »Diese Person versuchte, aus uns eine Familie zu machen – es war das letzte, was wir wollten. Ich meine, wir waren eben nicht diejenigen, die brav ihr *Haar* wuschen oder ihr *Bett* machten! Wir waren wie Löwenjunge aufgewachsen!« (Connelly) Doch Frances war, wie Hanks einmal sagte, die große Liebe im Leben seines Vaters, der 1992 verstarb. Heute besitzt er Distanz zu seinem damaligen Verhalten der neuen Mutter gegenüber. »Wir stehen uns heute alle ziemlich nahe, aber eine Zeitlang war es hart. Die dritte Frau meines Vaters, Frances, ist wundervoll, aber wir machten es ihr zuerst sehr schwer. Wir waren fürchterlich. Es gab viel Spannung und Verrücktes, aus den klassischen Gründen. Ich war gerade zehn, als sie erschien, und ich hatte lange Zeit allein mit meinem Vater gelebt, und es war so – keiner erzählte mir, was zu tun sei. Ich brauchte eine Zeit, mich darauf einzustellen.« (Trakin, 16/17) Zunächst schien er sich in Protest geübt zu haben, wollte sich nicht damit abfinden, seine kleine Freiheit einer neuen Aufsicht unterzuordnen. Vielleicht interessierte er sich deshalb plötzlich sehr stark für Religion. »Sehr konservativ«, beschrieb er sich selbst, »sehr bibelorientiert, zwei Messen, eine Sonntag morgens, die andere Sonntag abends. Das war besser als Haschisch zu rauchen.« (Connelly)

So unruhig Hanks' Kindheit durch den häufigen Wohnortswechsel war, so schnell hatte er sich damit abgefunden und die positiven Seiten schätzengelernt. »Es ist ein enormer Vorteil, immer der Neue zu sein, denn wenn man in eine neue Stadt oder auf ein neues College kommt, profitiert man von einer Art Geheimnis, von einer Aura, die dafür sorgt, daß man in Ruhe gelassen wird ... Ich habe außerdem schnell begriffen, daß ich, wenn ich den Pfiffikus mache, sofort von den anderen besser aufgenommen wurde. Wenn man lustig ist, wird man nicht geärgert. Ich glaube außerdem, daß ich mir eine Art von Fatalismus angeeignet hatte. Für mich war im Alter von sieben, wie für Forrest Gump mit seinen Stützschienen an den Beinen, die seinen Rücken zu einem Fragezeichen verbiegen, alles ein Spiel.« (Rebichon)

Auf der Schule betrieb Hanks zunächst Eishockey, wechselte dann aber auf der Skyline High School zur Leichtathletik, nannte sich eine Zeitlang Thom und war drauf und dran, seinen Familiennamen Hanx zu buchstabieren. Das schien ihm

Auch eine Art »Odyssee im Weltraum«: ›Apollo 13‹

aber dann doch zu dumm, also ließ er es. Schließlich entdeckte er das Theater. Neid hat dabei eine Rolle gespielt, denn Tom hatte einen Freund in der Rolle des Dracula bewundert und war neidisch auf dessen Erfolg. So bewarb er sich selbst für eine kleine Rolle in einer Schulaufführung und lernte erstmals die Befriedigung dessen kennen, der auf der Bühne steht und die Aufmerksamkeit vieler auf sich zieht. Das Stück hieß »South Pacific«. Zur Schauspielerei animiert worden war er durch den Drama-Lehrer Rawley Farnsworth. Ihn und seinen Schulfreund John Gilkerson, beide homosexuell, nannte er später in seiner aufsehenerregenden »Oscar«-Dankesrede für PHILADELPHIA als entscheidenden, wichtigen Einfluß für seine Karriere. Denn seine Karriere hatte, wenn man so will, begonnen.

Wenn Tom Hanks von den Einflüssen auf seine Karriere redet, erwähnt er auch seine Filmerlebnisse, die er als Dreizehnjähriger hatte. Allein zwölfmal schaute er sich Stanley Kubricks

2001: A SPACE ODYSSEY (2001: ODYSSEE IM WELTRAUM, 1965–68) an, jenen meisterlichen Science-fiction-Film, der das Genre revolutionierte, weil er es auf ein intellektuelles Niveau brachte. Auch Akira Kurosawas SIEBEN SAMURAI (1954) beeinflußte ihn stark. Er hatte ihn auf der Grundschule im Fernsehen gesehen und dabei gar nicht gemerkt, daß er – für Amerikaner ungewöhnlich – die ganze Zeit Untertitel gelesen hatte. Seitdem hat das Filmeschauen für ihn eine andere Bedeutung; er will sich nicht mehr einfach nur amüsieren, sondern sich auseinandersetzen.

Mehr als die Schauspielerei aber begeisterte ihn die technische Seite des Theaters, die Arbeit hinter und an den Kulissen. Nach der High School wechselte Hanks an das Chabot Junior College von Hayward, immer noch in Kalifornien. Dort besuchte er einen Kurs mit dem Titel »Drama in Performance«, eine einschneidende Erfahrung. »Jeder, der sich einschrieb, dachte, daß es sich um Schauspielunterricht handelte, aber das war's nicht. Zu den Aufgaben gehörte es, Stücke zu lesen, die in der Bay Area produziert wurden und die man sich dann anschaute. Die Idee war, sich die Stücke nicht nur in ihrer geschriebenen Form, sondern auch auf der Bühne anzuschauen. (…) Ich dachte, sich ein Stück anzuschauen, sei etwas Tolles, um den Abend zu verbringen, aber mir gelang es nicht, irgendeinen meiner Freunde zu überzeugen, mich zu begleiten. Vorher war ich im Grunde ein Kind des Fernsehens. Jetzt wurde ich mit all diesen Ideen bombardiert, anstatt wochenends zum Basketball oder Skifahren zu gehen. Ich wurde einfach davongetragen, echt mitgenommen, (…) war beeindruckt davon, wie Schauspieler auf die Bühne kommen und einen Entwurf vermitteln konnten, den jemand vierzig Jahre zuvor verfaßt hatte. Da war es, wurde lebendig, man konnte es beinahe anfassen. Ich beschloß weniger, ein Schauspieler zu werden, als vielmehr im Theater zu arbeiten, was mich mit einer erstaunlichen Energiequelle zusammenbrachte, die ich woanders nicht fand. Ich wollte dazugehören!« (Trakin, 20)

Eines dieser Stücke, die im Theater, auf der Bühne zu studieren er aufgebrochen war, war Eugene O'Neills »The Iceman Cometh«, aufgeführt am Berkeley Repertory Theater, mit Bob Hirschfeld und Joe Spano, die später zum Ensemble der TV-Serie HILL STREET BLUES gehörten. »Als ich dort ankam, wußte ich nicht, was mich erwartete … Es gab kaum eine Bühne, und die Lampen sahen aus, als würden sie einem jeden Augenblick auf den Kopf fallen. Doch dann war ich am Ende völlig fasziniert von der viereinhalbstündigen Aufführung. Es war der Wendepunkt in meinem Leben. Die furchteinflößende Kraft des Stückes, die darstellerischen Leistungen, alles und jeder war so intensiv – etwas in mir machte einfach Klick. Am Ende des Abends hatte ich ein Ziel fürs Leben. Ich entwickelte sofort einen immensen Respekt für alle Beteiligten, nicht nur für die Schauspieler, sondern auch für den Regisseur, die Bühnenarbeiter, die Beleuchter, die Schreiner – jeder, der dazu beitrug, einem Publikum neue Einsichten zu vermitteln. Das bewegte mich wirklich. Auch wenn ich dies meinen Wendepunkt nenne, und am Ende war ich dann Schauspieler, muß ich dennoch betonen, daß ich nicht aufgrund dieser Aufführung beschloß, Schauspieler zu werden. Es war so viel mehr als das. Mich störte nicht, was ich machte – Dekorationen zu bauen, das Licht zu setzen, Kulissen anzumalen oder zu schauspielern; die Hauptsache war, irgendwie dazuzugehören. Ich wußte, es würde mich glücklich machen.« (Trakin, 21)

Dieses Erlebnis erzeugte in Hanks den starken Wunsch, immer nur nach dem Besten zu streben. Er hatte keine Angst davor, sich hohe Ziele zu setzen. Allein das Bewußtsein, bei jedem Schritt sein Bestes versucht zu haben, auch wenn man das selbstgesteckte Ziel vielleicht nicht erreicht, war für ihn Erfolg genug.

So bedeutete es für ihn nur einen natürlichen Schritt, nach dem Junior College, mit einem Stipendium versehen, 1976 an die öffentliche California State University in Sacramento zu gehen, deren Studiengebühren unter denen anderer Universitäten lagen. Ohne zu zögern schrieb er sich für die Schauspiel- und Theaterkurse ein. Er hatte leichten Zugang zu dieser Abteilung, vielleicht weil man sie damals nicht mit darstellerischem Erfolg in Verbindung brachte. Das mag sich inzwischen geändert haben.

Die wichtigste Voraussetzung zum Theaterstudium bestand im unbedingten Drang der Studenten, sich jeden Aspekt des Theatermachens aneignen zu wollen. Hanks interessierte sich zu dieser Zeit hauptsächlich für die technische Seite, wollte Bühnenbildner werden. Sein Stipendium hatte er übrigens für eine Ausbildung als Bühnenschreiner erhalten. Es war eine Zeit, in der alles möglich schien, in der Hanks alles ausprobieren konnte und dies auch tat. Fasziniert von dem Menschen auf und hinter der Bühne, blieb er fast vierundzwanzig Stunden täglich im Theater und versuchte sein Bestes zu geben. Es ging ihm nicht nur um den Spaß, den er bei seinen schauspielerischen Gehversuchen verspürte, sondern auch um dieses Gefühl, in die Maske und die Garderobe zu gehen und eine andere Person zu werden. Um diese Romantik, wenn man ins Licht der Bühnenscheinwerfer tritt.

Noch stärker aber war die Spannung, die den jungen Tom ergriffen hatte: als Bühneninspizient die gesamte Verantwortung zu tragen. Für ihn stellte sich die Gesamtheit des Theaters als ein großes Abenteuer dar, das sich auch im Alltag fortsetzen ließ. So stellte ein für ihn aufregender Job als Hotelpage im Oakland Airport Hilton eine Art Ausdehnung einer Bühnenrolle ins wirkliche Leben dar. Die Pagenuniform ist das Kostüm und die Hotellobby die Bühne. Tom Hanks war kein Hotelpage, er spielte nur die Rolle.

»Das war der vollkommen perfekte Job für jemanden wie mich«, erinnert er sich. »Ich *empfehle* das. Es ist ein *großartiger* Job. Es wird nicht viel von dir erwartet, aber du mußt schlau sein. Du darfst kein Idiot sein. Normalerweise ist der Hotelpage nicht zu sehen, der unsichtbare Angestellte. Man kann menschliches Verhalten wie durch ein Schlüsselloch beobachten. (…) Und man trifft berühmte Leute. Ich traf Cher, als sie mit Gregg Allman verheiratet war. Ich traf Chris Evert. Ich erzählte diese Geschichte in einer Talkshow, in der auch Billie Jean King war, denn deren Taschen hatte ich auch einmal getragen … Ich arbeitete nur drei oder vier Tage in der Woche, denn ich hatte die Spätschicht an Wochenenden. Aber einmal im Sommer arbeitete ich ganz normal am Tag, um einen Typ in den Ferien zu ersetzen. Ich glaubte, ich würde *sterben*.« (Flippo)

Es war eine bewegte Zeit für Tom Hanks. Er hatte einen Job, ein Auto und die Liebe zum Theater. Was er auch bald hatte, war eine Freundin. An der Universität lernte er die junge Schauspielkollegin Susan Dillingham kennen, die ihren Namen aus beruflichen Gründen bald in Samantha Lewes änderte und die erste Mrs. Hanks wurde. Die Ehe sollte nur fünf Jah-

Mit Film-Freundin Elizabeth Perkins in ›Big‹

re dauern. Tom hatte Stabilität in seinem Leben gesucht und wollte wohl die grundlegenden Unterschiede zwischen beiden nicht sehen. »Das größte Problem war wirklich, dieses Gefühl der inneren Leere zu überwinden. Sie war auch der Grund, warum ich ständig in eine neue Wohnung oder eine andere Gegend ziehen wollte, während ich mit Samantha lebte. Ich war absolut rastlos. Und immer glaubte ich, daß etwas ganz Fürchterliches passieren würde, wenn ich zu lange an einem Ort bliebe. Schwierig, so etwas zu erklären. Es hatte wohl alles mit einer immensen Unsicherheit zu tun. Ich dachte einfach, nirgendwo hinzugehören, keinen Platz zu haben, den ich ›Zuhause‹ nennen konnte.« (Kursk) Doch als er Samantha kennenlernte, konnte er an Beziehungsprobleme noch nicht denken. Er wollte ans Theater, auf jeden Fall.

Eine andere Begegnung stellte ihm dafür die entscheidende Weiche. 1977 traf Hanks in Sacramento den Regisseur Vincent Dowling, der in einem dortigen Theater die Inszenierung von Tschechows »Kirschgarten« vorbereitete. Hanks sprach vor und wurde, als nichtprofessioneller Schauspieler, auch genommen. Dowling war von dem dunklen Lockenkopf sofort beeindruckt. »Als ich an diesem Nachmittag nach Hause kam, erzählte ich meiner Frau von diesem Jungen mit Star-Qualitäten. Ich sagte: ›Er ist wie der junge Tony Curtis, aber hat wohl ein größeres Potential.‹« (Connelly) Dowling, in den achtziger Jahren künstlerischer Leiter des Abbey Theatre in Dublin, wurde für Tom Hanks zu einer überaus wichtigen Person, war er es doch letztendlich, der den jungen, noch etwas unentschlossenen Mimen von seiner schauspielerischen Berufung überzeugte. Hanks durfte mit zum Great Lakes Shakespeare Festival, das jeweils im Sommer in der Nähe von Cleveland in Ohio stattfand. »Ich hatte nichts Besseres vor und war noch nie außerhalb Kaliforniens gewesen, also warfen wir fünf (weitere Schauspielaspiranten inklusive Samantha Lewes) all unsere Sachen in die verschiedenen Autos und fuhren am Semesterende nach Cleveland.« (Trakin, 24) Es sollte ein Auftritt mit weitreichenden Folgen werden, denn Hanks erhielt die Mitgliedskarte der Schauspieler-Berufsgenossenschaft und wurde anschließend von Regisseur Dan Sullivan als Petruchios Diener Grumio in seiner Inszenierung von Shakespeares »The Taming of the Shrew« besetzt.

Jetzt konnte sich Hanks als richtiger, professioneller Schauspieler fühlen. »Wenn ich ehrlich bin, hatte ich mein erstes Erfolgserlebnis, als ich beim Shakespeare Festival arbeitete und

Junge mit Star-Qualitäten: als Komiker in ›Punchline‹

bezahlt wurde für das, was ich tat. Das war für mich ein Phänomen. In meinen Augen war das großartig.« (Trakin, 24) Tom Hanks war endgültig infiziert. Nach Ablauf der Spielzeit kehrte er zunächst nach Sacramento zurück, gab aber die Universität auf und begann erst einmal als technischer Direktor eines semiprofessionellen lokalen Theaters. 1978 ging er wieder nach Cleveland. Dort erhielt er, der nie auf eine Schauspielschule gegangen war, seine eigentliche darstellerische Ausbildung. Er spielte höchst unterschiedliche Rollen, den Rosencrantz in »Hamlet«, Montano in »Othello« oder Faulconbridge in »King John«. Einen ersten kleinen Triumph konnte er feiern, als er für seine Darstellung des Proteus in »Two Gentlemen of Verona« unter der Regie von Sullivan den Kritikerpreis von Cleveland erhielt. Achtundsechzigmal hat er diese Rolle gespielt.

In dieser Zeit entwickelte er eine Vorliebe für das Baseball-Team »Cleveland Indians«, das eines der erfolglosesten der Liga war. Warum ausgerechnet für dieses traurige Team? Nun, zunächst einmal hatte er in Cleveland Wurzeln geschlagen. Und zeigt er bei seinen Rollen nicht auch eine Vorliebe für Figuren, die sich häufig ganz unten befinden und die sich erst einmal wieder aufrichten müssen, für Figuren, die nach Anerkennung und Zuneigung streben? Seine Zeit in Cleveland betrachtet Hanks bis heute als bedeutsam für seine Entwicklung. »Ich liebte Cleveland. Immerhin lebte ich dort das letzte Jahr meiner offiziellen Jugend. Ich verdiente mir meine Sporen als Repertoire-Schauspieler, was heißt, ich spielte eine Menge beschissener Rollen.« (Trakin, 25) Es war sicherlich eine harte Zeit für den Ex-Teenager Hanks, doch die dort gemachten Erfahrungen sollten sich später auszahlen. Der gerade zwanzigjährige Jungmime hatte das Glück, ein berufliches Allround-Training zu bekommen, wie es heutzutage kaum noch für einen amerikanischen Schauspieler existiert.

Der Bühnenerfolg in der Provinz ermutigte ihn, den großen Schritt ins Herz des Geschehens zu wagen. Gemeinsam mit seinem Kollegen Michael John McGann und seiner schwangeren Freundin Samantha Lewes zog er Ende 1978 nach New York, um dort den schauspielerischen Durchbruch zu schaffen. Er lebte zusammen mit anderen in McGanns Wohnung, und war alsbald stolzer, aber sorgenvoller Vater des kleinen Colin. Nach der Geburt seines ersten Sohnes heiratete Hanks, ein gläubiger Katholik, seine Freundin Lewes. »Wir waren bereits eine Familie, und es gab keinen Grund, nicht zu heiraten. (...) Ich wünschte, ich wäre Bohemien und alternativ, aber ich bin es nicht. Zu heiraten war ein extrem logischer Schritt – es war vielleicht der leidenschaftlichste Schritt.« (Morrison)

Es folgte eine schwierige Zeit. Sie fanden eine Wohnung auf der West 54th Street, doch kein bezahltes Engagement. Hanks spielte bei der Riverside Shakespeare Company klassische Rollen wie Callimaco in »The Mandrake« oder Hortensio in »The Taming of the Shrew«. Doch die junge Familie lebte von der Hand in den Mund beziehungsweise von den Schecks der Arbeitslosenhilfe. Während Lewes auf ihre Mitgliedskarte der Berufsgenossenschaft wartete, kellnerte Hanks in Cafés und Restaurants, bekam gelegentlich Unterstützung von seiner

Schwester Sandra oder vom Arbeitslosenamt und hoffte, daß sein Sohn gesund bliebe. Denn hohe Arztrechnungen hätten den Bankrott der Familie bedeutet.

»Das brachte uns irgendwie enger zusammen«, erinnert sich Hanks. »Wenn ich nicht verheiratet gewesen wäre und eine Familie gehabt hätte – dann hätte ich wohl alles machen können, was ich wollte. Aber so wie es war, hieß es: Okay, so sieht's aus: Hier ist unsere Lage, dort die Zeit, die wir darauf verwenden müssen – und wir beschweren uns nicht! Wir können nirgendwo anders hin, und selbst wenn wir wollten, könnten wir nicht.« (Connelly) So ging Hanks auf eine ähnliche Wanderschaft wie sein Vater – von einem Engagement zum nächsten. »Auch wenn die Arbeit in einer Shakespeare Company das beste Training auf der Welt ist, schauen dich die Leute, wenn das alles war, allmählich mißtrauisch an. Sie fangen an zu denken, daß du einen Hund namens Horatio oder einen Papagei mit dem Namen Rosencrantz besitzt. Die Wahrheit ist, hätte sich die Schauspielerei nicht bezahlt gemacht, hätte ich alles andere auch gemacht. Ich liebe die Schauspielerei, doch noch mehr liebe ich die Erfahrung des Theaters als Ganzes … Es war wichtig, die Zeit zu haben und nichts anderes zu machen, als deiner Arbeit zu folgen, vierundzwanzig Stunden am Tag; entweder auf Jobsuche, deine Fähigkeiten verbessernd oder die anderer studierend. Dann mit Freunden beim Kaffee zu sitzen und über tolle Ideen zu diskutieren … Es war schrecklich, und es war wundervoll.« (Trakin, 27) Irgendwie gelang es Hanks in dieser Zeit, seine Familie durchzubringen, mit Ersparnissen aus Cleveland und Rollen, die fünfundzwanzig Dollar nach vierwöchiger Probe einbrachten.

Aber er machte auch wichtige Erfahrungen, die nur indirekt mit der Schauspielerei zusammenhingen. So lernte er durch eine Kollegin einen Manager kennen, der ihn unter Vertrag nahm. Doch zunächst kehrte Hanks 1979 wieder nach Cleveland zurück, für eine kleine bezahlte Rolle in »Othello«. Als er dann wieder in New York war, wartete tatsächlich eine Rolle auf ihn. Eigentlich keine richtige Rolle, sondern ein mit achthundert Dollar gutdotierter Auftritt in dem Horrorfilm He Knows You're Alone (deutscher Titel: Panische Angst). Der damals dreißigjährige Armand Mastroianni, ein Cousin von Marcello und debütierender Regisseur dieses vergessenen

Nur irgendein Typ: als kleiner Angestellter in ›Joe gegen den Vulkan‹

Werkes, in dem zukünftige Bräute in einer New Yorker Vorstadt von einem Wahnsinnigen hingemetzelt werden, darf sich indes das Verdienst anrechnen, Tom Hanks zum ersten Male in einen Film besetzt zu haben. Vermutlich ohne zu ahnen, was aus dem schmächtigen Jüngling in einer Nebenrolle einmal werden würde. Hanks spielt den Psychologiestudenten Elliot. »Ich war nur irgendein Typ. Nichts Besonderes. Ich kam einfach nur rein und sagte: ›Wie geht's dir?‹ und ging wieder. Soweit ich mich erinnere, wurde ich nicht einmal umgebracht.« (Trakin, 28) Indes fiel einem New Yorker Kritiker der Auftritt jenes Psychologiestudenten auf, der in einem Unterhaltungspark großmäulig erklärt, weshalb die Menschen gerne Horrorfilme sähen. Außerdem führte sein Auftritt zu einer weiteren Rolle in dem TV-Film MAZES AND MONSTERS (LABYRINTH DER MONSTER).

Nach dem schadlos überstandenen Splatter-Streifen HE KNOWS YOU'RE ALONE also bot ihm die Fernsehverfilmung des Romans »Mazes and Monsters« von Rona Jaffe die Gelegenheit, sich einigermaßen zu rehabilitieren. Oder eher, zu einem so frühen Zeitpunkt seiner Karriere, sich darstellerisch zu etablieren. Und das neben solchen Veteraninnen wie Susan Strasberg und Vera Miles, die in kleinen Nebenrollen als Autoritätspersonen mitwirkten und die das Ihre dazu beitrugen, in diesem zeitweilig etwas lang wirkenden Film ein gewisses Interesse wach zu halten. Gelungen war in MAZES AND MONSTERS aber etwas anderes: die Verbindung der Psychologie der Personen mit den mittelalterlichen Figuren, in deren Haut die jugendlichen Darsteller schlüpften. Tom Hanks spielt in dem vom TV-Routinier Steven H. Stern inszenierten Fernsehspiel Robbie, die interessanteste, weil problembeladenste Figur. Robbie wird von seinen Eltern an eine neue Universität gebracht. Sein Vater droht mit der Sperre der monatlichen Schecks, falls Robbie, statt zu studieren, an gewissen Spielen

Mister Nice in seinem zweiten Film: ›Labyrinth der Monster‹

teilnehmen sollte. Robbie verspricht hoch und heilig, es diesmal anders zu machen und wirklich zu lernen. Wir ahnen schon, daß dieses Versprechen keinen Wert besitzt. Es wurde allein gegeben, um den rechthaberischen Vater ruhigzustellen. Das hatte wohl Robbies Mutter, gespielt von Vera Miles, auch mal versucht. Jetzt läßt sie sich von ihm beschimpfen und ertränkt ihren Kummer über verpaßte Chancen im Alkohol. Kein Wunder, daß Robbie in manchen seiner Handlungen etwas aus der Art schlagen wird, wie der weitere Verlauf der Geschichte alsbald zeigt. Tom Hanks aber wirkt schon in seiner ersten Szene äußerlich so, wie es bis heute seinem Image entspricht – als netter Junge von nebenan, als »Mister Nice«, der keiner Fliege etwas zuleide tun kann, allenfalls sich selbst.

Schauspielerisch wirkt sein Auftreten noch reichlich unerfahren. Man spürt, daß er noch über keine richtige Leinwandausstrahlung verfügt, daß er noch nicht den sympathisch-verschmitzten Charme versprüht, der ihm später zugeschrieben wird. Er wirkt insgesamt unbeholfen, wie jemand, der noch auf der Suche ist nach seiner Persönlichkeit. Und doch täuscht das Bild der Harmlosigkeit. Schon hier neigt die Leinwandfigur des Tom Hanks zu einer unvermuteten Seite, der des Frauenhelden. Doch davon später.

Zunächst macht uns der Film bekannt mit den anderen Personen. Da ist das Wunderkind Jay Jay (Chris Makepiece), dessen hoher IQ ihn nicht daran hindert, ein wenig seltsam zu agieren und eine Vorliebe für Kopfbedeckungen zu pflegen. Vielleicht ist auch nur seine Mutter daran schuld, eine Innenarchitektin, die es liebt, das Zimmer ihres Sohnes in dessen Abwesenheit immer völlig neu zu gestalten. Das gibt Jay Jay kaum Gelegenheit, sich an die jeweils neuen Umgebungen zu gewöhnen. Was zugegebenermaßen auch schwerfallen muß, wenn man sein Zimmer in eine Art Operationssaal verwandelt wiederfindet. Dagegen ist es im Studentenheim ja richtig anheimelnd. Dann ist da noch Daniel (David Wallace), Sohn reicher und vor allem ehrgeiziger Eltern, die ihn am liebsten ans Massachusetts Institute of Technology schicken möchten, wo er Computer entwerfen soll. Daniel aber zieht die Grant University vor, weil er dort keinem Druck ausgesetzt ist und mit Jay Jay und Kate schon Freunde hat.

Kate (Wendy Crewson) ist die weibliche Komponente des

Films und muß als solche auch für amouröse Verwicklungen sorgen. Natürlich hat auch sie Probleme. Ihre Eltern sind geschieden, und ihre schriftstellerischen Ambitionen unterliegen einem »writer's block«, einer Schreibblockade. Es erstaunt also nicht, wenn das Studium als Ventil für die Probleme der Protagonisten nicht ausreicht. Die Jugendlichen verlangen nach einer Abwechslung, die ihren Alltag spannender werden läßt. Kate, Daniel und Jay Jay bilden an der Uni eine Spielergemeinschaft. Sie suchen noch einen vierten Mann. Ihre Wahl fällt auf Robbie, der niemanden an der Universität kennt und sich daher über jeden Kontakt freut. Zwar hat Robbie auch sich selbst das Versprechen gegeben, an keinem Spiel mehr teilzunehmen, doch sein Widerstand währt nicht lange. Gebrochen wird er wohl in erster Linie durch die attraktive Kate, die ihn interessiert. Gebrochen aber auch durch das Spiel selbst, von dem wir immer noch nicht wissen, worum es sich eigentlich handelt. Bei dem Geheimnis, das darum gemacht wird, müßte es sich um etwas ganz Verbotenes, vielleicht Erotisches handeln. Doch weit gefehlt. »Mazes and Monsters« ist ein Brettspiel. Die Spieler kreieren dabei ihre eigene Phantasiewelt und basteln ihre eigenen Figuren. »Mazes and Monsters« handelt von Labyrinthen, Rittern und Monstern und wirkt recht harmlos. Es wird eigentlich nicht so recht deutlich, weshalb das Spiel verboten oder gefährlich sein soll. Auch am Ende des Films vermag man kaum zu glauben, das Spiel könnte Auslöser für Bewußtseinsstörungen sein. Denn die stellen sich bei Robbie im Verlauf der Geschichte ein.

Eine erste Ahnung von Robbies Problemen geben seine nächtlichen Alpträume. Immer wieder macht er sich darin Vorwürfe, nicht seinen Bruder aufgehalten zu haben, als dieser eines Tages spurlos verschwand. In diesen Szenen wirkt Hanks unversehens älter. Seine Stimme ist gebrochen und vermittelt den Eindruck, es handele sich um die eines erfahrenen, leidgeprüften Erwachsenen. Sein noch kaum gezeichnetes, friedvoll-weiches Jungengesicht allerdings steht dazu in einem merkwürdigen Kontrast. Dennoch, die ersten Spiele der vier Studenten sind harmloser Natur, eine Mischung aus Monopoly, Halma und Mensch-ärgere-dich-nicht. Da wird gewürfelt und gesetzt, und der Zuschauer mag sich die Frage stellen, wie Robbies Alpträume damit zusammenhängen.

Interessanter wird der Film da schon durch Hanks' Auftritt als unromantisch-direkter Verführer. Nicht nur versucht er Kate immer wieder einen Kuß aufzudrücken, sein musternder Blick ist eindeutig und fordernd. Robbie will schnell zur Sache kommen. Eines Tages überrascht er Kate mit einem Doppelbett in seinem Zimmer und macht ein eindeutiges Angebot. Doch diese ist noch nicht so weit, weiß wohl auch nicht, ob Robbie der Richtige ist. Hanks wirkt als studentischer Verführer ungeschickt, ja unbeholfen. Nicht aus Schüchternheit oder mangelnder Erfahrung, sondern wegen fehlender Sensibilität. In seinen frühen Filmen spielte er immer wieder solche Figuren. Junge Männer, die direkt eine Frau anmachen, fordernd fast, doch unromantisch. Sie interessieren sich für Sex, am direktesten vielleicht in der Pubertätskomödie BACHELOR PARTY, in der es um »tits and asses« geht, nicht aber um Gefühle. Eigentümlich indes ist, und das unterscheidet ihn von anderen Jungschauspielern, daß er neben seiner Jungenhaftigkeit, seiner Harmlosigkeit in seinen frühen Rollen aber auch eine gewisse unbeholfene Animalität ausstrahlt, unterstrichen nicht zuletzt durch seinen braunen Lockenkopf. Doch es ist eine Animalität, die nur begrenzt anziehend wirkt, weil sie eher fehl am Platze und fremdartig scheint. Immerhin läßt sie erahnen, und insofern ist MAZES AND MONSTERS eine Entdeckung wert, daß Tom Hanks auch eine andere als nur eine komische Seite hat. Zehn Jahre dauerte es, bis das Publikum wirklich merkte und anerkannte, in Hanks auch einen äußerst seriösen, dramatischen Darsteller vor sich zu haben.

Um ihrem Spiel den richtigen »Kick« zu verleihen, beschließt das Quartett, es an einen realen Schauplatz zu verlegen, in eine verbotene Höhle. Jay Jay hat ein Skelett versteckt, nicht sehr originell, dieser Erschreckungstrick, doch immer noch wirksam. Er macht den Zeremonienmeister, läßt die anderen nach dem eingebildeten Schatz suchen. Allein durch das Höhlenlabyrinth irrend, hat Robbie eine Vision, sieht ein fauchendes Monster. Sein Gesicht ist von Angst gekennzeichnet. Tom Hanks spielt in dieser Szene ganz unkomisch, angestrengt bemüht, doch auch ohne Präsenz. Seine Angst scheint aus der Schule für theatralischen Ausdruck zu stammen, er zeigt mehr Technik als wirkliches Gespür. Noch versteht es Hanks nicht, der Psychologie seiner Figur ein Gesicht zu geben, sind doch

Eine gewisse Animalität: mit Shelley Long 1986 in ›The Money Pit‹

die schrecklichsten Monster die, die in unserem Gehirn
stecken, wie Robbies Freundin Kate sagt.

Wenig später, bei einem schaurigen Gewitter, hat Robbie erneut eine Vision. Er begegnet in seiner Phantasie dem »Heili-
gen«, einer Erscheinung, die ihm den Weg zur wahren »Größe«
zeigen wird, die er in der »großen Halle« und den »zwei Türmen« finden kann. Das Erschrecken, die Verwirrung über seinen Alptraum, von Hanks wiederum angestrengt und beinahe
aufgesetzt gespielt, evoziert bei Robbie einen moralischen An-
fall. Er weist Kate zurück, weil sie immer noch nicht mit ihm
schlafen will, und beginnt wieder eifrig zu studieren. Die etwas
verstörte Kate trifft sich derweil mit Daniel und fährt mit ihm
zur Höhle. Bei der neuerlichen Erkundung verirrt sich Kate,
wird aber von Daniel gerettet. Dabei kommen sich die beiden
näher, womit Robbie als Partner für romantische Gefühle aus-
fällt. Statt dessen brechen seine Alpträume ein in seine Rea-

litat, die sich immer stärker in der Phantasie abspielt. In der Nacht vor einer Prüfung, zufälligerweise dem Halloween-Abend, verschwindet Robbie in seiner diffusen, mittelalterlichen Mythenwelt. Als werde er von einer überirdischen Macht geführt, geht er völlig verstört, geradezu apathisch von dannen, verschwindet zunächst aus dem Blickfeld des Zuschauers und seiner drei Freunde. Die suchen ihn daher vergebens und wenden sich schließlich verzweifelt an die Polizei. Von der erfahren sie, daß Robbie schon einmal durch ein »Mazes and Monsters«-Spiel psychische Probleme bekommen hat, als sich ein anderer Teilnehmer das Leben nahm.

Kate, die angehende Schriftstellerin, beginnt allmählich zu begreifen, als sie die verschiedenen Informationen miteinander kombiniert. Robbie verschwand an einem Halloween-Abend, wie Jahre zuvor sein Bruder. Von einer Halle war die Rede und von zwei Türmen. Doch damit kommen die Freunde bei ihrer Suche auch nicht weiter. Wir Zuschauer wissen zu diesem Zeitpunkt schon mehr.

Robbie ist in New York, durch das er wie ein Schlafwandler schreitet. Als ihn in einer dunklen Gasse zwei Jugendliche ausrauben wollen, wähnt er in ihnen das Monster, das er bekämpfen muß, und sticht mit einem Messer zu. Vorübergehend reißt ihn das aus seinem Zustand. Er ruft Kate an, ist völlig verstört und verängstigt, kann aber noch einen Treffpunkt ausmachen, an dem ihn seine Freunde abholen sollen. Auf dem Weg dorthin erliegt er wieder der Panik, fühlt sich verfolgt und flüchtet in einen U-Bahnschacht. Die verschlungenen Wege dort erinnern ihn wieder an das Labyrinth aus »Mazes and Monsters«. Kein Wunder, daß er einen Stadtstreicher für den König seiner Mythenwelt hält. Immerhin aber weist ihm dieser den richtigen Weg zu den zwei Türmen. Es handelt sich um die beiden Hochhäuser des World Trade Center. Auch Kate, Daniel und Jay Jay haben das inzwischen herausgefunden und rasen dorthin. Tatsächlich sehen sie Robbie, als dieser wie von einer unsichtbaren Schnur gezogen, geradewegs durch die große Halle geht, einen Aufzug in die oberste Etage nimmt und aufs Dach steigt. Gerade noch rechtzeitig können sie den völlig abwesend wirkenden Robbie vor dem Sprung in die Tiefe bewahren. In die Wirklichkeit aber holen sie ihren Freund nicht mehr zurück.

Einige Zeit später. Kate hat in ihrem Erlebnis endlich den Stoff für ihren Roman gefunden, während Robbie in psychiatrischer Behandlung ist. Als die Freunde ihn bei seinen Eltern besuchen, finden sie einen jungen Mann vor, der völlig in seiner Phantasiewelt lebt, einen Fremden, der endgültig in die Welt von Monstern und Labyrinthen eingetaucht ist und keine Chance mehr hat, je wieder herauszukommen. Die wirkliche Welt ist nicht mehr die von Robbie.

Der Roman von Rona Jaffe spiegelt eine sehr amerikanische Realität wider und läßt sich kaum auf europäische Verhältnisse übertragen. Deshalb wirkt die pädagogisch gemeinte Geschichte mit ihrem warnenden Charakter reichlich fremd und erzeugt häufiges Kopfschütteln über die Naivität der Macher.

Hollywood am Telefon? (Szene aus ›Schlaflos in Seattle‹)

Bemerkenswert bleibt der Film wohl vor allem als der Gehversuch eines zukünftigen Stars. Auch wenn Tom Hanks meist ziemlich unbeholfen wirkt, was nicht nur an seiner Rolle liegt, so ist doch immer wieder sein dramatisches Talent und vor allem sein psychologisches Einfühlungsvermögen zu spüren. Unbestreitbar ist sein darstellerisches Potential, einem Rohdiamanten gleich, den erst spätere Regisseure zu bearbeiten wußten. Doch immer hatte Tom Hanks, wie sich bei seiner weiteren Filmwahl herausstellen sollte, eine klare Vorstellung vom Verlauf seiner Karriere, die er häufig genug mit einer erfrischenden Distanz betrachtete und die für ihn keine Frage von Kurzfristigkeit darstellte. »Meine Hoffnungen handeln von Langlebigkeit«, äußerte er sich in einem Interview. »Das ist der einzig echte Maßstab für Erfolg, jedenfalls, was mich betrifft. Innerhalb dessen muß es eine Vielfalt geben, von Film zu Film, von Rolle zu Rolle. Mit Geschick und Glück kann ich vielleicht eine Art von Gesamtwerk wie Jack Lemmon oder James Stewart entwickeln – das wäre für mich die ideale Karriere.« (Dewson)

Immerhin war seine Rolle in MAZES AND MONSTERS die Ursache dafür, daß sich Tom Hanks im Laufe des Jahres 1980 plötzlich in Los Angeles wiederfand und gleich ein prägendes Erlebnis hatte. »In der ersten Nacht, in der ich ankam, hatte ich kein Geld und keine Kreditkarte. Ich mußte Geld von jemandem auf der Straße leihen, um eine Nacht im Flughafen-Hotel bleiben zu können. Dieser Mensch ist ein Freund geworden.« (Rebichon). Eingeladen war er von dem Sender ABC, der für seine zahlreichen Serienprojekte ständig neue Gesichter brauchte. Die wenigsten Schauspieler schaffen es, dieser verschleißenden Mühle unbeschadet zu entkommen und über ihre Serienfigur hinaus eine darstellerische Glaubhaftigkeit und Präsenz zu entwickeln.

Wie tausend andere hoffnungsvolle Schauspieler mußte auch Hanks zunächst zahlreiche Vorsprechtermine absolvieren. Eine Situation, die wohl überall die gleiche ist. Der erwartungsvolle Bewerber wird in einen Raum gebeten, muß sich mit den dort anwesenden Produzenten, Casting-Agenten und sonstigen Studioangestellten unterhalten oder ihnen einen kleinen Auftritt hinlegen, bevor er dann, wenn er Glück hat, zu Probeaufnahmen eingeladen wird. Überzeugt dieser junge Schau-

Das Erfolgsteam von ›Splash‹: Regisseur Ron Howard (unten), Tom Hanks, Daryl Hannah, Eugene Levy (Mitte), John Candy (oben)

spieler die zahlreichen Entscheidungsträger, wird er wahrscheinlich in einer Rolle besetzt.

Tom Hanks muß damals ein wenig mehr als nur überzeugend gewesen sein, denn sein Vorsprechen führte zu der Hauptrolle in dem Pilotfilm der Serie BOSOM BUDDIES (wörtlich: Busenfreunde). Für Hanks eine Überraschung. »In New York hielt ich mich nicht für einen Künstler, der in Film oder Fernsehen auftreten würde«, sagte er dem *Los Angeles Herald Examiner*. »Ich dachte, daß ich meinen Lebensunterhalt an einem regionalen Theater verdienen würde. Einen Teil des Jahres in New York zu leben und den Rest in Städten wie Louisville, Minneapolis und Chicago zu arbeiten.« (Trakin, 32) BOSOM BUDDIES wurde nach dem Pilotfilm dann zu einer Komödienserie von 1980 bis 1982. Für Hanks bedeutete das Engagement zunächst einmal das dringend nötige finanzielle Polster. Mehr noch. Es führte dazu, daß Regisseur und Produzent James L. Brooks (BROADCAST NEWS/NACHRICHTENFIEBER, 1987) ihn für einen kleinen Gastauftritt in der Serie TAXI holte und der Autor Gary David Goldberg ihm eigens einige Auftritte in der Serie FAMILY TIES (wörtlich: Familienbande) schrieb.

Tom Hanks sieht die Zeit seiner Gehversuche eher selbstkritisch. »Wenn du eine der Hauptfiguren in einer Serie bist, passiert etwas mit dir. Du bekommst ein etwas überzogenes Gefühl für deine eigene Wichtigkeit. (…) Du glaubst, alle Antworten zu kennen. Dabei kennst du nicht einmal die verdammten *Fragen*.« (Connelly) Durch einen Gastauftritt in der Serie HAPPY DAYS, in der neben Henry Winkler der junge, sommersprossige Ron Howard eine der Hauptrollen spielte, kam er später dann zu seinem ersten großen Erfolg: SPLASH unter der Regie eben jenes Ron Howard. Howard hatte ihn als sehr komisch in Erinnerung, wie er in HAPPY DAYS als junger Mann mit einem schwarzen Judo-Gürtel zurückkehrte, um sich für eine Sache aus der Kindheit an Winkler alias »The Fonz« zu rächen.

Wirkliche Aufmerksamkeit in der Branche aber erregte er durch seine Hauptrolle in BOSOM BUDDIES, einer Serie, in der er seine komödiantischen Fähigkeiten entwickeln konnte.

KAPITEL 3

Die Komik ist banal

Die Idee zu Bosom Buddies kam von den Produzenten und Redakteuren Edward K. Milkis, Thomas L. Miller, William Boyett und Chris Thompson, der daraus ein Konzept entwickelte. Das Konzept war einfach und hielt sich im Grunde an Filme wie Some Like It Hot (Manche mögen's heiss, 1959), Billy Wilders berühmte Verkleidungskomödie, oder Sydney Pollacks Tootsie (1982), in der Dustin Hoffman der Karriere wegen in Frauenkleider schlüpfte. Die Verkleidung, der damit einhergehende Rollen- und Geschlechtertausch und die daraus resultierenden Mißverständnisse: das ist der Stoff, aus dem gute Komödien gemacht werden. Hier handelt es sich um zwei junge Angestellte aus der Werbebranche, die befreundet sind, ihre provinzielle Heimatstadt verlassen und in New York hoffen, Karriere zu machen. Allerdings stellt sich ihnen ein gewaltiges Problem, denn sie haben keine Wohnung. Und auf die Schnelle in New York eine akzeptable Bleibe zu finden ist nahezu unmöglich. Sie haben Glück, daß ihnen eine Kollegin hilft. Sie gibt ihnen den Rat, es in dem Residenz-Hotel zu versuchen, in dem sie selbst auch wohnt. Allerdings hat ihr Hinweis eine Tücke: Es handelt sich um ein Hotel nur für Frauen. Den beiden Freunden bleibt nichts anderes übrig, als sich Frauenkleider anzuziehen und als Freundinnen ein gemeinsames Zimmer zu mieten. So beginnt die Serie, die eine Abfolge von Mißverständnissen und Komplikationen präsentiert, die daraus entstehen, daß die beiden sich als Frauen ausgeben.

Eine solche Situation stellt hohe Anforderungen an die Glaubwürdigkeit der Figuren. In einer amerikanischen Serie können sich die Protagonisten zwar ungewöhnlich benehmen, aber sie dürfen von ihrer Anlage her nicht exzentrisch sein. Das würde die Identifikation des Zuschauers mit ihnen erschweren und der Serie damit eine möglicherweise nur kurze Laufzeit bescheren. Bei der Besetzung der Hauptrollen kommt es also darauf an, sympathische Typen zu finden, Identifikationsträger – nicht solche, die versuchen sympathisch zu wirken, sondern solche, die es wirklich sind und bei denen man es auf dem Bildschirm auch spürt. Die Figuren kommen schließlich wenigstens einmal pro Woche zu Besuch in die heimischen Wohnzimmer, und da läßt man nur jemand hinein, mit dem man gerne befreundet wäre. Es müssen Figuren sein, deren Verhalten nachvollziehbar ist, deren Reaktionen und Fehlverhalten geteilt werden können – kurzum Personen, in die man sich hineinversetzen oder die man als Nachbarn akzeptieren könnte. Tom Hanks, dieser unbekannte Jungschauspieler mit zwei kleinen Rollen, besaß alle Voraussetzungen, um die Zuschauer für sich einzunehmen. Das hatten die Produzenten beim Vorsprechen sofort gespürt. Wenngleich zunächst eine ganz andere Besetzung vorgesehen war.

Milkis, Miller, Boyett und Thompson sind erfahrene Produzenten und Redakteure von Sitcoms und anderen Serien. Vor allem Chris Thompson gilt als langgedienter Spezialist und war an zahlreichen Serien beteiligt. Für BOSOM BUDDIES brachte er mehrere Autoren/Redakteure mit und wußte auch Ersatz für die ursprünglich vorgesehenen Schauspieler Bobby DiCicco und Perry Lang. Von seiner letzten Serie her kannte er den jungen Peter Scolari und engagierte ihn. Und Tom Hanks wurde bei einer seiner zahlreichen Vorsprechtermine entdeckt, für die er von ABC eingeladen worden war.

Bei dem Pilotfilm stellte sich schnell die funktionierende Verbindung zwischen Scolari und Hanks heraus. Beide wurden sofort Freunde und hauchten dem Klischee des Kleidertausches neues Leben ein. Dabei erwiesen sich beide als reichlich erfinderisch. »Sie steuerten aktiv Ideen bei, weil sie sehr kreative Typen sind«, erzählt Autor und Produzent Leonard Ripps. »Die Frauenkleider waren der schwierigste Teil der Sendung. Sie tolerierten es für eine Laufzeit. Es ist wirklich ein Problem, jede Woche eine halbe Stunde in Frauenkleidern aufzutreten. Es dauerte immer seine Zeit, sie aus den Kostümen raus und wieder rein zu bekommen. In der Zwischenzeit war es schwer, vor dem Live-Publikum irgendeinen Schwung beizubehalten.« (Trakin, 37)

Die erste Sendung von BOSOM BUDDIES fand am Abend des 27. November 1980 um 20 Uhr 30 auf ABC statt, unmittelbar nach der erfolgreichen Robin-Williams-Serie MORK AND MINDY (MORK VOM ORK). Tatsächlich erzielte die Folge eine beachtliche Einschaltquote, fiel aber schon in der zweiten Wo-

Später schlüpfte Tom Hanks nur noch selten in komische Kostüme: mit Dan Aykroyd 1987 in ›Dragnet‹

che aus den Top ten und wurde in der dritten Woche gar vom Sendeplatz genommen. Es waren nicht Peter Scolari oder Tom Hanks, die einen Erfolg der Serie verhinderten, sondern das lag eher an der ständigen Neuplazierung der Serie auf anderen Sendeplätzen. Die Zuschauer wußten am Ende nicht mehr, wo sie dieses komische Duo in Frauenkleidern finden konnten. Zudem fielen die Kritiken gemischt aus. Hervorgehoben wurde die Chemie zwischen den beiden Hauptdarstellern, doch jeder Kritiker wußte, genau wie die Produzenten der Serie, daß das Konzept nicht lange funktionieren konnte. Überdies erschien den wenigsten glaubhaft, daß man Tom Hanks als Buffy Wilson und Peter Scolari als Hildegarde Desmond mit weiblichen Wesen verwechseln konnte. Sosehr sich die beiden auch anstrengten, so witzig sie waren, sie konnten nicht die Schwächen des Konzeptes übertünchen. Zu denen gehörte im übrigen, daß Skip (Hanks), der Art Director, und Henry (Scolari), der Werbetexter, im Grunde ziemliche Einfaltspinsel waren, denen man schwerlich ihre berufliche Position zugestehen wollte. Einfaltspinsel zudem in einem Maße, das aufregen konnte. Hanks und Scolari ist es zu verdanken, daß sie dies in komische Qualität umsetzten. Sie taten es so erfolgreich, daß die Serie sich trotz aller Umprogrammierungen einen gewissen Ruf erwarb. Sie wurde, vor allem in der zweiten Laufzeit, zum Kultobjekt der Yuppies, einem zwar begrenzten, aber zahlungskräftigen Publikum. Die Zuschauer im Mittleren Westen, die schweigende Mehrheit, konnte man mit dieser Transvestitengeschichte nicht ansprechen. Der Witz war großstädtisch, anzüglich und aktuell. Häufig genug improvisierten Hanks und Scolari, wobei weniger der Inhalt überzeugte als vielmehr die Art und Weise, wie beide agierten.

Beide ergänzten sich kongenial, waren aufeinander eingespielt und konnten sich vor dem Live-Publikum die Bälle zuspielen. Ihr professionelles Verhältnis reichte auch in die private Sphäre. »Tom und ich verstanden uns recht schnell sehr gut«, erinnerte sich Scolari Jahre später. »Vom Alter und der Erfahrung her waren wir sehr ähnlich. (Am ersten Tag) gingen wir zusammen aus, aßen zusammen und sprachen über unsere Väter und unser Leben. Für die nächsten zwei Jahre waren wir faktisch unzertrennlich. Wir fuhren jeden Tag gemeinsam zur Arbeit, denn wir wohnten nur knapp einen Kilometer voneinander entfernt, und seine Frau (Samantha) brauchte seinen Wagen. Also holte ich Tom ab, und wir redeten den ganzen Weg zur Arbeit und dann wieder auf dem Weg nach Hause. Und wir wurden – das haben wir oft gesagt – engere Freunde als die Charaktere, die wir verkörperten.« (Flippo)

Es war eine Beziehung, in der jeder gleichberechtigt war. Scolari erinnert sich an eine Szene, in der Hanks ihm sehr geholfen hat. Er mußte einen Bikini tragen und sollte, nur mit einem Handtuch bekleidet, aus der Dusche kommen. Hanks sollte ihm das Handtuch wegreißen und dann seine Späße machen. Doch Tom spürte, welche Zumutung dieser Auftritt vor Publikum für seinen Freund darstellen würde, vor allem der Umstand, zum Gespött der Leute gemacht zu werden. Also zog er sich selbst ebenfalls einen Bikini an und sprang mit einem Tarzanschrei in der anschließenden Szene vors Publikum, das ihn begeistert empfing. Für Scolari gestaltete sich dadurch der Auftritt weniger peinlich. »Tom Hanks und Peter Scolari sind großartig als die besten Freunde Kip Wilson und Henry Desmond«, bemerkte auch Howard Rosenberg in der *Los Angeles Times*. »Ihre Chemie ist so echt, ihr Timing so exakt, daß man glaubt, sie hätten schon ihr ganzes Leben lang zusammen Witze gerissen. Häufig sind sie besser als ihre Vorlage, wobei das, was sie sagen, weniger komisch ist als wie sie es sagen … Schön an BOSOM BUDDIES ist die zärtliche Seite. Sie zeigt Männer, die sich ohne Scham berühren, und enge Freunde, die über ihre Freundschaft rührselig werden«. Doch dies bezog sich schon auf die zweite Staffel, in die Hanks und Scolari verstärkt ihre eigenen Fähigkeiten hatten einbringen können.

Obgleich die Serie im Akkord gedreht wurde, ständig unter Zeitdruck, und sich Hanks manchmal vorkam, als würde er in einer Flugzeugfabrik arbeiten, die jede Woche eine flugfähige Maschine ausstoßen mußte, bewahrten er und die Crew sich die Freude an der Arbeit. Es gab selten Streit, keiner mußte sein Ego durchsetzen, alle formten eine Gemeinschaft. Eben dies hatte Tom Hanks ja seit Beginn seines Interesses fürs Theater fasziniert, und hier, am Set einer Serie, fand er die ersehnte Kameradschaft wieder. Es war eine große Familie, mit immer wieder neuen Gesichtern, seiner eigenen nicht unähnlich. Eines dieser Gesichter gehörte einer Rita Wilson, einer jungen Schauspielerin, die in einer Episode einen Gastauftritt absolvierte. Später würde Rita Wilson für Tom Hanks von allergrößter Bedeutung werden – als seine zweite Ehefrau.

Jene Familie aber ermöglichte Hanks, an die Erlebnisse seiner Kindheit anzuknüpfen und sie in Dialog- und Situationskomik umzusetzen. »Tom ist sehr komisch«, charakterisierte ihn Lenny Ripps, »aber man hat keine Ahnung, wer er wirklich ist. Man hat keinen Einblick in sein Inneres, weil alles zum Vorwand für einen Witz wird. Ich glaube, Tom Hanks ist am erfolgreichsten, wenn er versucht, ernst zu sein, wie in SPLASH oder NOTHING IN COMMON. Wenn er wie ein verdorbener reicher Junge daherkommt, wie in VOLUNTEERS, nimmt ihm das das Publikum nicht ab, gleichgültig, wie komisch er ist.« (Trakin, 43)

Viele Zuschauer hatten bei BOSOM BUDDIES offenbar das Gefühl, daß Hanks sehr viel von seiner Persönlichkeit auf die Rolle übertrug. Ein Gefühl, das Redakteur David Chambers bestätigte. »Was man sieht, hat ziemlich viel von Tom … Tom ist immer sehr offen. Er ist immer sehr selbstsicher. Auch wenn er höchst aktiviert ist, scheint er entspannt. Ich glaube, das ist bei der Schauspielerei, vor allem im Film, wo dein Gesicht riesig auf einer großen Leinwand ist, wirklich wichtig. Ich habe das Gefühl, Tom schauspielert nur so weit, wie er seine eigene Persönlichkeit auf seine Rolle projiziert, was eigentlich die Essenz guten Schauspielens im Film ist.« (Trakin, 44) Tatsächlich wirkt vieles im Verhalten, im Auftreten von Skip so, wie man es sich auch bei Tom Hanks vorstellen könnte. Etwas flippig, witzig, nicht unbedingt romantisch, aber voller Engagement und eben immer wieder ziemlich lässig. Hanks vermittelte nicht, daß es sich bei der Serie für ihn um eine Art Anfängertraining handelte. Er schien eher wie geboren für die Rolle des Art Directors, die übrigens in NOTHING IN COMMON eine Fortsetzung fand, und ließ schon früh erkennen, daß er die ideale Verkörperung eines Yuppies sein konnte. Lustig, aber nicht übertrieben komisch. Ernst, aber nicht zu grüblerisch. Bereits in BOSOM BUDDIES entwickelte sich Hanks zu einer Projektionsfläche für die Normalität des amerikanischen Alltags, inklusive seiner moderat ausgeflippten Randerscheinungen.

Dennoch war der Serie kein bleibender Erfolg beschieden. Nach zwei Jahren Laufzeit wurde BOSOM BUDDIES am 5. August 1982 zum letztenmal von ABC gesendet. In lokalen amerikanischen Kabelnetzen aber wird sie immer wieder ausgestrahlt.

Peter Scolari machte anschließend nicht groß Karriere wie sein Freund, spielte nur mehr in verschiedenen Serien mit, blieb aber mit Tom Hanks befreundet und bekam eine kleine Rolle in dessen Regiedebüt I'LL BE WAITING (1993), einer Episode in der Fernsehserie FALLEN ANGELS (siehe Kapitel 5). Gelegentlich muß es ihm schwergefallen sein, den Erfolg des Kollegen zu akzeptieren. »Die Wahrheit ist, es tat weh, aber dann fragte ich mich, was ist es, was weh tut? Daß dein guter Freund einen tollen Job hat? Ich kam zu dem Schluß, daß es mir nicht weh tat, aber es mich betraf. Warum sollte mir Toms Erfolg weh tun? Das hatte nichts mit mir zu tun. Ich freue mich für Tom.

Unsere Beziehung war immer zu solide und zu ehrlich für diese Art von Neid ... Wo Tommy jetzt ist – und er verdient es, dort zu sein –, ist es wundervoll, aber er bezahlt auch einen gewaltigen Preis dafür.« (Trakin, 54–55)

In der Tat ging nach BOSOM BUDDIES alles ziemlich schnell. Von neuntausend Dollar pro TV-Episode stieg Hanks' Gage auf eine Million pro Film. Doch nicht das ist entscheidend. Wichtig ist sein Schritt vom kleinen Bildschirm auf die große Leinwand. Vom kaum bekannten Schauspieler zum Star. Vom Mißerfolg zum Erfolg.

SPLASH hieß die erste romantische Kino-Komödie von Tom

Ein ernster Yuppie: mit Sela Ward 1986 in ›Nothing in Common‹

Hanks, und ihr Erfolg war für alle Beteiligten eine Überraschung. Noch während sich der Film von Ron Howard in der Endfertigung befand, stand Hanks schon wieder vor der Kamera. Der Film hieß BACHELOR PARTY und zählt sicherlich nicht zu den Höhepunkten seiner Karriere. »Das ist, was ich mache«, rechtfertigte er sich später gegenüber *Rolling Stone*. »Ich bin Schauspieler. Und ein Schauspieler hat zu schauspielern. Was soll ich sonst tun – zu Hause sitzen?« Der Film kostete gerade fünf Millionen Dollar und brachte seinen Produzenten und Verleihern allein in den USA fast fünfzig Millionen Dollar ein.

»BACHELOR PARTY war ein Film ohne irgendeine Regel, eine Rock'n'Roll-Sex-Komödie. Es ging darum, die Leute zum Lachen zu bringen – manchmal funktionierte es, ein anderes Mal funktionierte es überhaupt nicht«, äußerte sich Hanks über dieses Frühwerk. Tatsächlich ist der Film von Neal Israel kein Grund, besonders stolz zu sein. Der fast schon formelhaften Simplizität der Geschichte entspricht ein Tom Hanks ohne Ausdruck.

Rick (Hanks) ist ein Hallodrian. Als Fahrer eines Schulbusses fällt er vor allem durch seine flotten Sprüche auf (»Achtung, wir verlassen jetzt den Nonnen-Zentralbahnhof«), mit denen er seine kindlichen Fahrgäste animiert, die er von einer von Nonnen geführten, züchtigen Schule abholt (»und fahren in Richtung Hölle und Fegefeuer«). Ansonsten hat er nicht viel im Kopf, worin er sich von seinen Freunden, die er von der Schule her kennt, dann auch nicht unterscheidet. Wie diese ist er fixiert auf Bier, Busen und Blondinen. Wahrscheinlich in dieser Reihenfolge. Doch Rick sorgt für eine Überraschung: Er will heiraten. Tom Hanks spielt diesen Rick mit einer jugendlichen Unbekümmertheit, als sei er gerade vom College gekommen und hätte noch nicht den Ernst des Lebens erfahren. Daß er kurz vor der Hochzeit steht, ist dabei kein Widerspruch. In den prüden USA ist der voreheliche Sex bei Pärchen eher die Ausnahme. Deshalb heiraten viele erschreckend jung – und sind kurze Zeit später auch wieder geschieden. Unter Dreißigjährigen trifft man nicht selten welche, die bereits zwei- oder dreimal geschieden sind. In dem Film BACHELOR PARTY geht es aber nicht um Scheidung. Vielmehr ist die bevorstehende Hochzeit von Rick und seiner Flamme Debbie (Tawny Kitaen)

›Bachelor Party‹

Auslöser der als komisch intendierten, insgesamt aber höchst infantilen, mehr noch, peinlichen Ereignisse.

Der Film beginnt, indem er Rick und seine Freunde kurz einführt. Rick wurde uns mit dem oben zitierten Beispiel vorgestellt. Einer seiner Freunde ist Fotograf in einem Kaufhaus. Eine typische Szene aus seiner Arbeit: Eine vollbusige Blondine tritt mit ihrem Kleinen vor die Kamera und hat nichts Besseres zu tun, als ihre Bluse zu öffnen und sich mit Rick, der gerade »zufällig« reingekommen ist, und seinem Freund fotografieren zu lassen. Ein anderer ist Mechaniker mit zwei linken

Händen, ihm fällt der Motor direkt vor die Füße. Ein dritter ist Konzertveranstalter. Und der vierte kellnert.

Die Mädchen, Ricks Verlobte Debbie und deren Freundinnen, wirken indes auch nicht intelligenter. Treffpunkt und Arbeitsplatz ist eine Boutique, in der Kunden wie Verkäuferinnen zu Discomusik tanzen. Das Ganze macht einen ziemlich albernen Eindruck. Der bestätigt sich, als Debbie die Nachricht ihrer bevorstehenden Hochzeit verbreitet, worauf alle Anwesenden in unverständliches Gackern und dämliches Kichern ausbrechen. Der deutsche Synchronautor mag das Seine dazu beigetragen haben, die ohnehin schon schwachsinnigen Dialoge noch niveauloser und stupider zu machen. Unterstützt wurde er anschließend durch eine Synchronregie, der nichts Besseres einfiel, als alle weiblichen Stimmen quäken zu lassen. Entsetzlich. Doch die deutsche Version konnte letztlich nichts verschlechtern, was nicht schon im Original angelegt war.

Der Film ist für amerikanische Jugendliche mit heftigen Pubertätsproblemen gedacht und gemacht, weshalb seine Gags verklemmt wirken, auf den Bereich unterhalb der Gürtellinie abzielen und keinen meßbaren Intelligenzquotienten mehr aufweisen. Tom Hanks muß man attestieren, daß er sich dem niedrigen Niveau formlos anpaßt. Er spielt nicht, er chargiert, hampelt hektisch und grimassiert erbärmlich. So schreit er wie ein Ferkel auf der Schlachtbank, als ihm sein Bruder Stan, ein Zahnarzt, eine Spritze gibt. Denn Rick ist gekommen, Stan zur Party einzuladen, der aber hat Angst vor seiner energischen, stämmigen Frau, die keine Ausschweifungen zuläßt.

BACHELOR PARTY ist kein linearer Film. Er setzt sich aus zahlreichen disparaten Szenen zusammen, die ohne inneren Zusammenhang bleiben. Die erste Hälfte des Films zeigt vor allem die Vorbereitung auf die Junggesellenparty. Dazu gehört auch ein Tennisspiel mit seinen Schwiegereltern in spe auf deren eigenem Court. Statt ins Feld prügelt Rick die Tenniskugel wie beim Baseball über den Zaun, in Nachbars Garten, und amüsiert sich dabei köstlich, zur Verzweiflung von Debbies Eltern. Er ist eben ein Hampelmann, ein »unreifes Arschloch«, wie ihn sein zukünftiger Schwiegervater betitelt. Später, beim Dinner, erzeugt Rick bei Debbies Familie mit seinen vulgären und dämlichen Sprüchen Sprachlosigkeit und Verlegenheit. Lacher fallen dabei aber nicht ab. Denn so verkrampft die

Sprüche, so steif und verklemmt auch die Akteure, allen voran Hanks, dessen Schuljungengehabe schon hier nur noch enervierend wirkt.

Debbies Exfreund Cole (Robert Prescott) erscheint, ein großer Blonder, attraktiv und sportlich. Eigentlich unverständlich, weshalb die attraktive Debbie, die ein bißchen einer brü-

Bier, Busen und Blondinen: ›Bachelor Party‹

netten Barbiepuppe ähnelt und dem Katalog eines plastischen Chirurgen zu entstammen scheint, den zappeligen Rick vorzieht. Sicherlich nicht seiner Männlichkeit wegen. Eher wohl wegen der unterschwelligen Animalität. Der Exfreund versucht, Rick die Verflossene abzuhandeln. Ohne Erfolg natürlich. Weshalb Cole im Folgenden immer wieder zur Tat schreiten wird, um die Verbindung zu sabotieren. Neben ihm dient als weiteres »Spannungsmoment« die Frage, ob Rick seine Debbie auf der Party betrügen wird. Dies herbeizuführen, aufzudecken oder zu verhindern, bestimmt die zweite Hälfte des Streifens. Doch zuvor bekommt Debbie einen Nervenzusammenbruch angesichts der vielen Probleme durch die Hochzeit. Denn nicht nur die Junggesellenparty bereitet ihr Kopfzerbrechen, auch die Bestellung des Hochzeitskleides und der Wohnungseinrichtung.

Endlich ist es soweit. Die Party beginnt. Schauplatz ist eine Suite in einem Luxushotel, wo »Elkshead Beer« feiert, weshalb erwachsene Männer mit einem Geweih auf dem Kopf durch das Hotel laufen. Verschiedene Handlungsstränge machen es von nun an dem Zuschauer schwer, den Überblick zu bewahren. Dem Regisseur muß es ähnlich gegangen sein, verliert sein Film doch jeden noch so kleinen Faden und das Schauspielerteam jegliche Vorgabe, wie es zu spielen hat.

Von Beginn an steht die Party unter dem Vorzeichen des Chaos. So taucht unerwartet Ricks alter Freund Brad auf, offenbar völlig durchgedreht, weil er gerade von seiner Frau verlassen wurde. Die anderen freuen sich schon auf die versprochenen Mädchen, doch zuvor steht die Besichtigung einiger Pornofilme auf dem Programm. Doch hier haben Debbies Freundinnen den erwartungsvollen Jungs einen Streich gespielt, indem sie alle scharfen Szenen rausgeschnitten haben. Derweil ist auch der zurückgewiesene Cole nicht inaktiv. Er engagiert zwei Prostituierte und schickt sie zu Debbies Eltern, wo diese sich mit ihren Freundinnen und denen ihrer Mutter versammelt hat. Während die beiden Nutten mit ihrer Stripshow die Frauen um den Verstand bringen und entsprechende Eifersucht bei Debbie erzeugen, ist auf der Junggesellenparty nichts los, sind doch die versprochenen Prostituierten ausgeblieben. Cole taucht auf und schlägt Rick vor, Debbie gegen seinen neuen Porsche zu tauschen. Rick schickt seinen Freund, den

Ein Leading Man: Hanks in ›Bachelor Party‹

Mechaniker, auf die Straße und läßt ihn den Porsche klauen. Als er ihn zurückbringt, hat der Sportwagen ein etwas veränlertes Aussehen. Neal Israel setzte hier Szenen ins Bild, die sich im Niveau nicht von den vielen pubertären Schülersex-

Klamotten à la PORKY'S unterscheiden. Ein Satz wie »Weiber scharf wie ungarische Salami« zählt zu den Höhepunkten eines Dialogs, der keiner ist, weil er aus dummen Sprüchen besteht. Das ist nicht mehr lustig oder komisch, das ist schlichtweg peinlich. So wie jene Szene, in der die Frauen in einen Männerstrip-Club gehen, wo ihnen Rick und seine Freunde einen Tänzer an den Tisch schicken, der Debbies Mutter statt eines Hot dogs etwas Formähnliches auf dem Tablett reicht. Während sich die Jungs köstlich amüsieren, kommt der Zuschauer schon lange nicht mehr auf seine Kosten.

Endlich gerät die Party in Schwung; die von »Elkshead Beer« bestellten Nutten verirren sich in Ricks Suite, eine Frauen-Rockband spielt auf, der Tanz beginnt. Sprechen wir von Tanz, heißt das unkontrolliertes Herumhopsen, ohne Gefühl für Rhythmus, eher eine athletische Fitneßübung. Im Bad versucht sich der von seiner Frau verlassene Brad inzwischen mit einem Elektromesser erfolglos das Leben zu nehmen. Andere Hotelgäste erscheinen ebenfalls zur Party, deren wildes Durcheinander die brodelnde Kulisse abgibt für Ricks Langeweile, von Tom Hanks mit einem wirklich leeren Gesichtsausdruck gespielt. Der Eindruck entsteht, als habe er selbst sich nicht so recht wohl in seiner Haut gefühlt. Bewegung in seine Miene kommt erst, als er zu einem amourösen Abenteuer aufbricht. Ein alter Schulschwarm erwartet ihn nackt in einem Nebenzimmer, Rick schaut erwartungsvoll und gespannt, doch dann spielt ihm die Moral einen Streich. Denn plötzlich hat er eine Vision, sieht zuerst seine Debbie nackt vor sich, dann die Nonne vom Beginn des Films. Rick flüchtet, ohne zum Vollzug geschritten zu sein.

In dieser, im übrigen völlig einfallslos und uninspiriert gedrehten Szene zeigte sich ein Merkmal von Tom Hanks, das in BACHELOR PARTY auf den ersten Blick nur schwer zu erkennen ist. Hanks ist in Wahrheit das, was in Hollywood der *leading man* genannt wird, und zwar in seiner romantischen Ausführung. Er besitzt eine Wirkung auf Frauen, und er antwortet auf die Attraktivität einer Frau. Mehr noch, er agiert im Grunde nur, um einer Frau zu gefallen. Darin ist er die zeitgenössische Variante eines Cary Grant, dessen Zurückhaltung er indes nicht mehr aufweist. Hanks ist ein Produkt der achtziger und neunziger Jahre, in denen andere gesellschaftliche Konventionen herrschen und die Beziehungen zwischen Mann und Frau direkter, aber auch unromantischer geworden sind. Tom Hanks' Blick auf die Frauen ist nicht anzüglich, aber abschätzend, herausfordernd und unmittelbar interessiert. Sein Blick tastet ab, erforscht, ist auf Äußerliches fixiert. Eine innere Beziehung baut sich erst später auf, wenn überhaupt. In BACHELOR PARTY aber ist dies kein Thema, hier geht es nur um Oberflächenreize. So zum Beispiel, als Debbie, ihre Mutter und ihre Freundinnen als Prostituierte verkleidet im Hotel auftauchen und bei einer Gruppe lüsterner Japaner landen. Oder Cole ein Attentat plant und selbst Opfer eines von Rick geplanten Gegenanschlags wird, der den vermeintlichen Nebenbuhler zuerst ins Schlafzimmer eines frisch vermählten Pärchens und dann auf ein Autodach befördert.

Währenddessen steuert die Party ihrem »Höhepunkt« entgegen. Ein Maulesel taucht auf, eine Stripperin und Debbies Vater. Letzterer sieht sich wenig später von mehreren Damen auf ein Bett geschnallt und fotografiert, der Maulesel indes zieht sich während des Striptease eine Menge Koks rein und muß völlig stoned weggeschafft werden. Dann erscheint auch noch Debbie, die sich unversehrt aus den Klauen der Japaner befreien konnte, um ihren Bräutigam auf die Probe zu stellen, wird aber erkannt und zu ihrem Verlobten ins Schlafzimmer geschickt. Der, wohl wissend, wer ihn da erwartet, will die »Unbekannte« aufs Kreuz legen, im doppelten Sinne. Debbie ist wütend über die Treulosigkeit ihres Gatten in spe, läßt sich aber besänftigen. Dann geht das unglückselige Treiben auch schon rasch seinem Ende entgegen. Der alarmierte Hotelmanager ruft die Polizei herbei, die macht eine Razzia und treibt alle in die Flucht. Bis auf Debbies ans Bett gefesselten Vater. In dem Durcheinander, verstärkt durch die Herren mit dem Elchgeweih, werden Debbie und Rick getrennt. Cole nutzt das Chaos, um Debbie zu entführen. Rick steigt in seinen Schulbus und macht sich an die Verfolgung, die in einem Kino endet.

Es kommt zum Showdown vor der Leinwand, analog zu dem auf der Leinwand. Zwei Männer kämpfen um eine Frau in einem 3-D-Film, ebenso wie Cole und Rick um Debbie. Die Zuschauer in der ersten Reihe haben dabei ganz ungewohnte Seherlebnisse, geradezu plastisch. Dieser im Grunde originelle Einfall indes wird von den Filmemachern nicht genutzt, was ohnehin nicht zu erwarten war. Denn BACHELOR PARTY ist ein Film der verschenkten Möglichkeiten und des stupiden Witzes. Froh scheint Tom Hanks, als endlich Hochzeit gefeiert werden kann und er in die Flitterwochen davonfahren kann. »Just Having Sex« steht auf seinem Auto, und setzt den Schlußpunkt zu einem Werk, das nur einen einzigen Zweck kannte: an den Erfolg zahlreicher High-School-Komödien anzuknüpfen, die nach immer demselben Schema gefertigt wurden. Die Jungs waren hinter den Mädels her, machten sie zu reinen Objekten. Die Mädels ihrerseits hatten auch nur eins im Kopf: Jungs. Ein paar nackte Busen brachten die nötige Prise pubertären Sex ins Geschehen, das meist im Milieu der weißen Mittelschicht angesiedelt war und mit der Unaufgeklärtheit seiner Zuschauer spekulierte.

Filme dieser Art, wie zum Beispiel Amy Heckerlings FAST TIME AT RIDGEMONT HIGH (ICH GLAUB', ICH STEH' IM WALD, 1982) mit Sean Penn und Nicolas Cage oder das Tom-Cruise-Frühwerk LOSIN' IT (DIE AUFREISSER VON DER HIGH SCHOOL, 1983), hatten in Europa, wo andere Bedingungen vorherrschen, geringeren Erfolg. In den USA aber war das anders. Hier lancierten derartige Filme nicht selten die Karriere junger Schauspieler, die ein knappes Jahrzehnt später dann zu den Topstars Hollywoods gehörten. So wie Tom Cruise oder Tom Hanks. Zudem war die Sexualität immer schon ein amerikanisches Tabuthema. Sex fand statt, heimlich, oder eben nicht, und dann redete man darüber.

In noch sehr viel ausgeprägterem Maße als in Europa ist das Kino in den USA eine Angelegenheit für Jugendliche. Im Drive-in-Kino, mithin im Auto also, werden in der Regel auch die ersten sexuellen Erfahrungen gemacht. Die Aufmerksamkeit für das Geschehen auf der Leinwand ist demnach eine geteilte. Da stört eine zu komplexe Story.

Zwei der zahlreichen Spezialisten auf diesem Feld sind der Regisseur und Autor Neal Israel und sein Koautor Pat Proft, zu deren Filmographie Werke wie MOVING VIOLATION (TRAFFIC SCHOOL – DIE BLECH & DACHSCHADEN KOMPANIE, 1985) oder auch POLICE ACADEMY (1984) zählen. Ihr Markenzeichen ist die Verwechslung von Komik mit Klamauk, wobei ihnen ersteres überhaupt nicht und letzteres nur auf unterstem Niveau gelingt. Was also bleibt von BACHELOR PARTY? Die Tatsache, daß

Gelungen: Szene aus der Komödie ›Splash‹

es Tawny Kitaen oder Michael Dudikoff nur zu kurz währenden Sternchenehren gebracht haben und sich ihre Filmkarriere auf höchst mittelmäßige Werke beschränkte? Es bleibt nur eins: Tom Hanks in seiner ersten »komischen« Kino-Rolle gesehen zu haben. Wobei zu konstatieren ist, daß weder der Film noch sein Hauptdarsteller wirklich komisch sind. Gelungener geriet da in der Tat die romantische Komödie SPLASH (siehe Kapitel 4).

Die Idee zu BACHELOR PARTY kam den Brüdern Israel bei der Junggesellenparty für Bob. Die Finanzierung dieses Kommerzfilms war rasch gesichert, auch Tom Hanks hatte schnell zugesagt, nicht zuletzt, weil er gerade zum zweiten Male Vater geworden war. »Ich glaube nicht, daß es schon mal eine Liebesgeschichte wie diese gegeben hat«, schrieb Regisseur Neal im Presseheft. »Wir behandeln sehr ernsthaft das, was auf einer

Junggesellenparty vor sich geht, deshalb sollte jede Frau, deren Verlobter damit beehrt wird, diesen Film anschauen«, versuchte er den Streifen zu einem gesellschaftlich bedeutenden Werk schönzureden.

Tom Hanks sah den Film und seine Mitwirkung darin nüchterner. »BACHELOR PARTY ist kein RICHARD III oder HENRY IV, Teil II, aber das mindert nicht die Freude, etwas zum Leben zu erwecken, das ein anderer geschrieben hat. Tatsächlich kann es manchmal schwieriger sein, einfach nur in eine Halle zu gehen, mit jemandem zu sprechen und das interessant zu machen. Das ist für mich die größte Herausforderung beim Filmemachen. (…) Shakespeare und BACHELOR PARTY sind eigentlich nicht so verschieden. Die Gehirnprozesse sind dieselben. Die Ansprüche sind sicherlich verschieden. Shakespeare, das klassische Theater ist ein Luxus.« (Trakin, 82) Offensichtlich war es in den folgenden Jahren für Hanks erst einmal wichtiger, statt Luxus Grundbedürfnisse befriedigen zu können.

Nachdem SPLASH so erfolgreich war, bekam Hanks zahlreiche Angebote, die er am liebsten alle wahrgenommen hätte, denn die Dauer seines Erfolges schien ihm alles andere als sicher. Schwierig wurde nun die richtige Auswahl, denn das Interesse an der Arbeit war nicht nur finanziell bedingt, sondern entstand schlicht aus der Lust, alles mögliche auszuprobieren. »Er sieht das Potential in beinah jeder Gelegenheit, aber jetzt hat er etwas zu verlieren, und viele, viele Angebote«, meinte SPLASH-Regisseur Ron Howard über jenen Schauspieler, der durch ihn zum Star geworden war. »Das bringt ihn in eine Lage, in der er sehr wählerisch sein muß. Aber das scheint ihn nicht einzuschüchtern. Viele Schauspieler werden nach diesen Durchbrüchen so vorsichtig, daß man sie einfrieren sieht. Aber ich glaube, seine Haltung ist: ›Hey, das ist toll, ich arbeite. Ich arbeite gerne. Deshalb mache ich so viel, wie es Sinn macht.‹« (Connelly)

Hanks' nächstes Projekt, zu dem die Dreharbeiten im August 1984 in Washington begannen, war THE MAN WITH ONE RED SHOE (DER VERRÜCKTE MIT DEM GEIGENKASTEN) von Stan Dragoti, erneut eine allenfalls leichtgewichtige Komödie. Wem die Geschichte um einen Musiker, der für einen Agenten gehalten und dementsprechend von verfeindeten Geheimdiensten gejagt wird, ohne daß er jemals weiß weshalb, bekannt vorkommt, muß sich nicht wundern. Denn der Film ist ein Remake des französischen Komödienhits LE GRAND BLONDE AVEC UNE CHAUSSURE NOIRE (DER GROSSE BLONDE MIT DEM SCHWARZEN SCHUH, 1972), Regie Yves Robert. Der hatte dem Autor der Originalvorlage, Francis Veber, zwar die Türen in

›Der Verrückte mit dem Geigenkasten‹

Hollywood geöffnet, wo er in den achtziger Jahren mehrere Filme inszenierte, doch die amerikanische Version seines Stoffes muß insgesamt als mißlungen angesehen werden. Und das trotz der Mitwirkung von Tom Hanks, dessen Rolle als unschuldiger Violinist großes, aber ungenutztes komisches Potential besaß, und dem Auftreten von STAR WARS-Prinzessin Carrie Fisher sowie James Belushi.

Die Geschichte beginnt in einem marokkanischen Hafen. Ein CIA-Agent wird in eine Falle gelockt und als Kokainschmuggler verhaftet. Für den CIA-Direktor Ross (Charles Durning) bedeutet dies einen Skandal. Einen Tag hat er, die Affäre aufzuklären. Sehr schnell zeigt sich, das all dies ein abgekartetes Spiel ist, eingefädelt von Ross' Konkurrenten Cooper (Dabney Coleman). Doch Cooper hat nicht mit der Cleverneß des alten Fuchses Ross gerechnet. Der nämlich lanciert die Nachricht, daß irgendein Fluggast, der in Washington ankommt, Informationen über die marokkanische Affäre hat. Brown (Ed Herrmann), die rechte Hand von Ross, wird ausersehen, das Opfer der Intrige zu finden. Seine Wahl fällt auf Richard Drew (Hanks), weil dieser eine Besonderheit aufweist. Er hat zwei verschiedene Schuhe an, einen roten Turnschuh und einen normalen Schuh. Außerdem trägt er einen Geigenkasten – wie man weiß, das Erkennungszeichen eines Agenten. Natürlich sind auch die Mannen von Cooper aktiv und nehmen Drew ins Auge. Die Agentin Maddy (Lori Singer) wird direkt auf ihn angesetzt.

Richard Drew, von dem lockenköpfigen, schmächtigen Hanks als biedere Durchschnittsfigur verkörpert, ist Violinist, Geigenlehrer und Komponist, doch all dies ohne wirkliche Anerkennung. Coopers Agenten hören Richard ab, und weil sie Dinge in etwas hineininterpretieren, die es gar nicht gibt, entsteht der Irrtum, Richard arbeite für den Senat. Nun setzt Cooper alle seine Leute auf ihn an. Erkennbar sind sie, wie alle Agenten, an ihren dunklen Sonnenbrillen. Sie nehmen Richards Wohnung auseinander und verwanzen sie, während der nichtsahnende Violinist zum Zahnarzt radelt. Unterwegs aber bekommt es Richard mit der Angst zu tun und kehrt um. Dadurch erspart er sich eine Mordsqual, denn der Zahnarzt wurde bereits durch einen Agenten ersetzt, der den Auftrag hatte, Drew alle Zähne zu ziehen, hält man den schmerzenden Zahn

Ein Hemd mit der Nummer sechs – oder was?

doch für einen Trick. Weil Maddy und ihre Truppe aber keine Zeit hatten, sich aus der Wohnung zurückzuziehen, wird der plötzliche, völlig verdattert schauende Rückkehrer außer Gefecht gesetzt.

Als Richard wieder aus seinem Schlaf aufwacht, begegnet er merkwürdigen Phänomenen. So muß er beispielsweise die Toilette betätigen, um Wasser aus dem Kran zu bekommen. All das ist nur mäßig spaßig und ohne jedes Gefühl für Rhythmus und Tempo gedreht – konstruierte Situationskomik, die nicht einmal komisch ist. Regisseur Stan Dragoti, der zuvor in Berlin wegen eines Drogendeliktes Probleme hatte, zählt nicht zu den Meistern seines Faches. Er ist ein Gebrauchsregisseur, der filmische Ware abliefert, bei der der Anspruch größer ist als das Resultat. Das wirkt ziemlich ernüchternd. Komisch ist zum Beispiel nicht, daß Richard ein Verhältnis mit Paula (Carrie Fisher) hat, der Frau seines Freundes Morris (James Belushi), die überdies noch beide seine Orchesterkollegen sind. Während also Paula bei Richard ihr Schäferstündchen verbringt, beobachtet von Coopers Agenten, taucht Morris auf, um Richard zum Baseballspiel abzuholen. Beide fahren mit dem Rad davon, verfolgt von den Agenten, die sich, wie kann es anders sein, dabei im Weg stehen. Nach dem Baseballspiel, bei dem Richard einen Ball an den Kopf bekommen hat, macht sich Maddy an den unglücklichen Violinisten ran. Kaum glaubt sich Richard mit der langbeinigen, blonden Maddy in seiner Wohnung im siebten Himmel, da taucht erneut Morris auf und erzählt eine merkwürdige Geschichte. Unterwegs hat er aus einem Krankenwagen eindeutige Geräusche seiner Frau gehört, die es offensichtlich mit einem Krankenwagenfahrer trieb. In Wahrheit handelte es natürlich um das Abhörband aus Richards Wohnung.

Dieser ahnt immer noch nichts, verhält sich im übrigen ganz normal und nicht verrückt, wie es der deutsche Titel suggeriert. Überhaupt finden sich in der deutschen Fassung einige Merkwürdigkeiten. Einmal zum Beispiel sagt Cooper: »Ich will wissen, ob er sexuell gehemmt ist.« Sein Agent antwortet ihm: »Nein, er trägt kein Hemd mit der Nummer sechs.«!? Indes, vom dümmlichen Esprit des Originals ist auch die deutsche Synchronisation nicht weit entfernt.

Als Richard während eines Konzertes Maddy im Publikum sitzen sieht, beginnt er verträumt, seine eigene Komposition zu spielen, was Cooper glauben läßt, es handele sich um eine geheime Botschaft, während es gleichzeitig Paulas Eifersucht weckt. Nach dem Konzert lädt Maddy den faszinierten Richard zu sich ein, um ihn zu verführen. Natürlich geht die Verführungsszene gründlich daneben. Maddy verfängt sich in Richards Reißverschluß und weiß nun, daß er kein Agent ist. Statt dessen beginnt sie, sich in ihn zu verlieben, als er ihr seine Eigenkomposition vorgeigt. Danach überschlagen sich die Ereignisse.

Richard soll aus dem Weg geräumt werden. Während Coopers Agenten alle entsprechende Maßnahmen ergreifen, hindern sie Ross' Leute an deren Ausführung. Dann entdeckt Morris Paulas Verhältnis mit Richard und will ihn zur Rede stellen. Doch in Richards Wohnung stolpert er völlig verwirrt über drei Leichen, während Richard auf der Suche nach Maddy ist. In der vielleicht gelungensten Szene des Films findet Morris immer eine Leiche, die aber immer dann, wenn er sie Richard zeigen will, verschwunden ist. Eine Szene, in der nicht Tom Hanks, sondern James Belushi seine komischen Qualitäten aufscheinen läßt. Das Ende der abstrusen Geschichte naht. Cooper will jetzt Maddy und Richard beseitigen lassen, doch beide können fliehen. Am Schluß bleibt Ross der Sieger im Agenten-Verwirrspiel, das in unschöner Hektik ausklingt.

Stan Dragoti erklärte dies kompliziert: »Der Film hat eine Aussage. Gefangen in einem verrückten, völlig unmoralischen Konflikt, handeln zwei Männer normal und werden belohnt – der eine mit Liebe, der andere mit Erfolg. Aber natürlich war es mein Hauptanliegen, das Publikum auf den Sitzen rutschen zu lassen, selbst wenn sie lachen, und dazu besaß das Drehbuch das Potential. Das ist eine klassische Geschichte, in der ein Ereignis dem anderen folgt und sich alle logisch aus der anfänglichen Voraussetzung ergeben. Das sieht man nicht mehr häufig: erster Akt, zweiter Akt, dritter Akt. Heute hat man meist ein Buch nach dem Schema ›und dann‹. Das passierte und dann das und danach etwas anderes, ohne ursächliche Verbindung.« (Trakin, 84) Eine reichlich euphemistische Einschätzung des Films, dessen Struktur nur schemenhaft erkennbar, dessen inszenatorische Konfusion aber eindeutig ist.

Tom Hanks wirkt reichlich indifferent in dieser Rolle, die in der französischen Version von Pierre Richard gespielt wurde. Sein Ausdruck bleibt an der Oberfläche, ist klischeehaft, wenn er den Ahnungslosen mimt. Nur selten gibt es Großaufnahmen, in denen sein sympathisches Knautschgesicht zum Tragen kommt. Komisch ist Hanks zu keiner Zeit, komisch sind allenfalls einzelne Situationen. Leider fehlt ihm auch eine ironische Distanz zu seiner eigenen Rolle, so daß die Figur des Richard Drew zu den schwächsten in seiner Laufbahn zählt.

Dabei hatte sich Tom Hanks intensiv vorbereitet, trotz seiner anfänglichen Bedenken, in einem Remake mitzuwirken, dessen Bemühen, die Qualität des Originals zu erreichen, ohnehin ein schwieriges, wenn nicht aussichtsloses Unterfangen schien. Was der Film dann auch bewies. Für Hanks mag ausschlaggebend gewesen sein, den Part zu übernehmen, daß der Film in seinen Augen eine vielversprechende Struktur besaß. Wie ein Kästchen, in dem sich ein weiteres Kästchen und darin noch ein Kästchen verbirgt. Seine Hoffnung, dies als Hauptdarsteller vielleicht zusammenhalten zu können, trog allerdings. Da nutzte auch nicht die Erinnerung an das eigene Violinspiel in der Grundschule oder die Recherchen im Musikermilieu, die ihm die Erkenntnis bescherten, daß klassische Musiker schlecht gekleidet sind, was sich auch im Film widerspiegelte.

THE MAN WITH ONE RED SHOE ist eine ins unfreiwillig Absurde gekehrte große Sitcom mit einem Hauptdarsteller, dessen Präsenz von erschreckend neutralem Charakter bleibt. So trug er ungewollt zu der Erkenntnis bei, daß die amerikanischen Versionen französischer Komödienhits – ein anderes Beispiel ist TROIS HOMMES ET UN COFFIN (DREI MÄNNER UND EIN BABY) von Coline Serreau – eigentlich nicht gelingen können, weil die Ideen der Vorlagen aus einem anderen Kulturkreis stammen und sich nicht einfach transportieren lassen. Das fängt bei Details an. »Ich machte klar, daß der Originaltitel nicht funktionieren würde, da ich weder groß noch blond bin«, meinte Hanks zu dem amerikanischen Titel, der ihm zugeschrieben wird (Trakin, 89). Allerdings trug er nicht dazu bei, seine eigene schauspielerische Glaubwürdigkeit zu bewahren. Neben wenigen Momenten, in denen er als Komiker gefällt, bleibt seine Rolle insgesamt blaß, weist keinerlei Persönlichkeit auf, sondern wirkt durchgehend konstruiert. Sein Star-Appeal, die Normalität, findet sich hier nicht. Er spielt keinen Menschen, mit dem der Zuschauer sich identifizieren kann.

Der Produzent Vincent Drai war zuvor in der französischen Modebranche und dann im kalifornischen Immobiliengeschäft tätig. Drais Erfolgsrezept war einfach: Er kaufte die Stories französischer Erfolgskomödien und ließ sie auf amerikanische Verhältnisse umschreiben. Das sicherte dem Neuling im Filmgeschäft die Aufmerksamkeit der Studios. Der Mißerfolg des Films von Stan Dragoti, der gerade mal acht Millionen Dollar in den USA einspielte und vernichtende Kritiken erhielt, beendete allerdings diese Strategie der Einfallslosigkeit.

»Die Leute kommen aus einer Komödie und mögen sie viel-

Publicity-Foto mit rotem Schuh: Carrie Fisher, James Belushi, Tom Hanks

leicht nicht«, umriß Tom Hanks sein Konzept nicht nur einer erfolgreichen Komödie, sondern auch eines funktionierenden Films. »Wenn du sie fragst, warum nicht, und sie sagen, daß es sie nicht zum Lachen brachte, das reicht. Da gibt es nichts mehr zu sagen. Und wenn sie's gemocht haben, reicht das auch. Dann hat es funktioniert.« (Trakin, 92) Ihm muß ziemlich schnell klargeworden sein, daß THE MAN WITH ONE RED SHOE kein Erfolg werden würde. Angesichts des Originals, das selbst kein Meisterwerk ist, blieb nicht viel mehr als die Erkenntnis, ein bißchen überflüssigen Violinunterricht bekommen zu haben.

Bereits 1981 hatte Hanks das Drehbuch zu einer anderen Komödie erhalten und Gefallen daran gefunden. VOLUNTEERS (ALLES HÖRT AUF MEIN KOMMANDO) offerierte ihm die Möglichkeit, seine komische Seite mit der des gesellschaftlich irgendwie indifferenten Yuppies zu vereinen. Tatsächlich zählte Hanks damals weder zu Schauspielern wie Robert De Niro, Dustin Hoffman oder Al Pacino, die immer wieder in Filmen mitgewirkt haben, die ein Ausdruck ihrer Zeit waren und diese dabei ebenso beeinflußten wie sie beeinflußt wurden. Noch war er dem Brat Pack zuzurechnen und Darstellern wie Matthew Broderick, Emilio Estevez oder Sean Penn vergleichbar, die für kurze Zeit große Stars waren und als solche der perfekte Ausdruck ihrer Zeit – der unpolitischen Jahre Mitte der Achtziger. Heute haben sie sich eingereiht in das große Heer der Unauffälligen. Tom Hanks befindet sich in der Mitte zwischen den Generationen, und er befindet sich in der Mitte zwischen politischem Aktivismus und sozialer Neutralität. So ist ihm in den achtziger Jahren eine gewisse Unscheinbarkeit nicht abzusprechen.

Seine frühe Komik war noch unsicher. Sie gab sich eher direkt als subtil, eher derb als feinsinnig. Auch seine Yuppie-Figuren, sei es Allen Bauer in SPLASH oder später der Werbemacher David Basner in NOTHING IN COMMON (siehe Kapitel 5), waren in der Regel einsilbig und wenig differenziert. Es handelt sich um Klischeefiguren, die darin vielleicht sogar der Wirklichkeit entsprechen, weil sie ehrgeizig sind, berufliche Dinge über persönliche stellen und ziemlich oberflächlich denken. Indes ließ Hanks diese Figuren nie unsympathisch erscheinen, verlieh ihnen statt dessen genügend Selbstironie und ließ das Publikum spüren, daß er im Grunde doch der nette Typ von nebenan geblieben ist, ein Typ zum Pferdestehlen, dessen witzige Bemerkungungen immer zur richtigen Zeit kamen und eventuelle Antipathien damit in ihr Gegenteil kehrten.

1962, das Jahr, in dem VOLUNTEERS spielt, gab es natürlich noch keine Yuppies. Tom Hanks lieferte allerdings in der Rolle von Lawrence Bourne III., dem hochnäsigen Sohn reicher Eltern, mit seiner Darstellung der Figur eine Art unsympathischen Vorläufer. Zum ersten Male in seiner noch jungen Karriere mußte er einen eher negativen Charakter verkörpern. »Das, was ich in diesem Film machen konnte, hat sich aus meiner ganzen Arbeit bis zu diesem Zeitpunkt ergeben. Dies aber ist die bis dato anspruchsvollste Rolle«, erzählte er der Zeitschrift *Family Weekly*. »Konzentration und Disziplin, die ich als Faktoren in meiner bisherigen Karriere immer vermißt habe, sind nun wichtig. Das war mein erster Job, in dem das Gefühl aus dem Bauch heraus nicht das einzig Ausschlaggebende war … Bei diesem Film hatte ich einen Dialog-Coach; es gab Aspekte von Mode und Kleidung, mit denen ich mich beschäftigen mußte … Ohne durch den Begriff 1962 zu festgelegt gewesen zu sein, glaube ich, erreichten wir, all die Vorstellungen von dieser Zeit aufzunehmen und sie durch das soziale Bewußtsein, das wir seitdem entwickelt haben, zu ergänzen.« (Trakin, 96) So wirken die bissigen Bemerkungen von Lawrence Bourne zum Denken und Handeln seiner Mitstreiter dann auch wie ein Kommentar aus den achtziger Jahren im Rückblick auf die sechziger, der mit Bildern von Doris Day und Rock Hudson bei ihrem Oscar-Gewinn sowie Aufnahmen von Castro, Mao und Marilyn illustriert wird.

1962 ist für die USA der Höhepunkt der Kennedy-Ära. JFK hatte die junge amerikanische Generation in alle Welt geschickt mit den Worten: »Fragt nicht, was euer Land für euch tun kann, sondern, was ihr für euer Land tun könnt.« Der Dienst der jungen Leute für ihr Land geschah, noch vor dem kurz danach beginnenden Vietnam-Krieg, im Rahmen des *Peace Corps*. Zu Tausenden wurden Studenten und Arbeiter in den sechziger Jahren nach Lateinamerika und Asien geschickt, um den vermeintlichen Entwicklungsländern die Zivilisation zu bringen. Unklar bleibt, warum ein Dorf in Thailand wie Pittsburgh funktionieren und aussehen soll, was der von John Candy gespielte Tom Tuttle aus Tacona ankündigt. Diskreditiert wurde die Arbeit und der Enthusiasmus der *Peace Corps*-Freiwilligen nicht zuletzt durch solche US-amerikanische Überheblichkeit, gepaart mit dem Mißtrauen gegenüber linken Bewegungen und der nahezu hysterischen Angst vor dem kommunistischen Bazillus. Das führte nämlich im Rahmen der *Peace Corps*-Aktivitäten dazu, daß die CIA ständig mit von der Partie war.

Doch von all dem ahnt Lawrence Bourne III. am Vorabend seines College-Abschlusses noch nichts. Lawrence liebt die Frauen, die Karten und das Wetten. Er ist der typische verdorbene Sohn aus reichem Hause, unwissend und arrogant, weil er sich immer auf seine Eltern verlassen kann, die seine Fehler ausbügeln. Im College muß sein Zimmerkollege auf dem Flur nächtigen, weil Lawrence mit einer Studentin schläft. Dieser Studienkollege wird noch am Abend der bevorstehenden Abschlußfeier als Freiwilliger des *Peace Corps* ausrücken, von Lawrence darin spöttisch bemitleidet. Denn er hat ein anderes Problem. Der junge Playboy hat hohe Spielschulden, die sich noch durch eine verlorene Wette am Tag seines College-Abschlusses vergrößern. Sein reicher Vater lehnt jede Unterstützung ab, und Lawrence sieht sich plötzlich dem Eintreiber seines Gläubigers gegenüber. Während sein Vater diesem mitteilt, nicht für die Schulden seines Sohnes zu haften, flieht Lawrence durch die Hintertür und jagt im Dinnerjackett zum Flughafen, verfolgt von dem Gangster, der ihm am liebsten sofort alle Knochen brechen würde. Mit seinem Zimmerkollegen tauscht er dessen Platz in der Maschine nach Bangkok gegen seine Freundin und sein schickes Auto. Vergeblich versucht der Gangster noch, sich an der Kabinentür des Flugzeuges festzukrallen. Lawrence ist entwischt und findet einen Platz neben Tom Tuttle aus Tacona.

Bald aber fragt er sich, ob er nicht die schlechtere Alternative gewählt hat, denn Tom redet unentwegt von den Idealen des *Peace Corps* und denen Amerikas, die er in alle Welt tragen will. Und der Rest der pfadfinderähnlichen Truppe singt unaufhörlich fröhliche Lieder wie »Puff the Magic Dragon«. Lawrences Bitte um einen Drink bringt ihm empörte Blicke ein. Entnervt verläßt er seinen Platz und fällt in den freien Sitz neben der hübschen Beth, gespielt von Hanks' späterer Ehefrau Rita Wilson. Beth hält ihn für seinen Collegefreund. Es

Verdorbener Sohn aus reichem Hause: Hanks in ›Volunteers‹

stellt sich heraus, daß beide den gleichen Einsatzort haben, was bei Lawrence auf wenig Enthusiasmus stößt. Denn er hat nicht die Absicht, dorthin zu fahren, und will deshalb bei Beth schnell ans Ziel. Die aber ist hell empört über Lawrences direkte Anmache. Noch im Flugzeug hat dieser ein Telegramm an seinen Vater abgesetzt, mit der Ankündigung, umgehend zurückkehren zu wollen. Um so größer die Überraschung in Bangkok, als der Einsatzleiter John (Tim Thomerson), ein kantiger Militarist, ihm ein Telegramm seines Vaters überreicht, das die Aufnahme von Lawrence ins *Peace Corps* offiziell bestätigt.

Zusammen mit Beth und Tom landet Lawrence in einem Dschungeldorf, in dem sie mit Hilfe der Bevölkerung eine Brücke bauen sollen. Noch immer trägt Lawrence sein weißes

Dinnerjackett und stellt sich arrogant-ironisch als häßlicher Amerikaner vor. Tom Tuttle hingegen hat die Dorfbevölkerung zusammengerufen und erklärt ihnen den Bau der Brücke. Dazu müsse man einige Bäume fällen, bei denen es sich allerdings um heilige Bäume handelt, weshalb die Bewohner ihn alleine stehenlassen. Lawrence hat einen anderen Zugang, er bringt den Männern Kartentricks bei, was offensichtlich auf größeren Beifall stößt. Außerdem findet er in At Toon (Gedde Watanabe) einen englischsprachigen Helfer und Freund, der die Amerikaner – richtigerweise – für ausgemachte Idioten hält. Wie Tom Tuttle, der allein in den Dschungel spaziert, plötzlich einem Tiger gegenübersteht und bei der Flucht in eine Falle fällt. Befreit wird er von kommunistischen Rebellen, die ihn mit zur Gehirnwäsche nehmen. Anschließend soll er für den Bau der Brücke sorgen, über die die Rebellen ins imperialistische Land eindringen können. Statt wie Pittsburgh soll das Dorf nun wie Peking aussehen und funktionieren.

Als Lawrence mal wieder mit den Eingeborenen Black Jack spielt und verliert, taucht der Banditen-General Chung Mae (Ernest Harada) auf, läßt Lawrence mit auf sein Dschungelschloß nehmen und befiehlt ihm, die Brücke zu bauen. Die braucht er für seinen Drogenschmuggel. Lawrence wittert ein Geschäft und handelt nicht nur achtundvierzigtausend Dollar bei Fertigstellung, sondern auch ein Rückflugticket heraus. Seine Wirkung auf Frauen versucht er ausgerechnet an Lucille auszuprobieren, der mit messerscharfen Krallen ausgestatteten, verführerischen Leibwächterin des Generals.

In einer schnellen Montage wird der Bau der Brücke bis zur Fertigstellung geschildert. Anschließend lädt Lawrence Beth ein, die inzwischen eine andere Meinung von ihm hat und sich seines Charmes immer schwerer erwehren kann. Auf Beth wartet eine Überraschung. Lawrence empfängt sie in der neuen Dorfbar namens »Lawrence's«, doch schwach wird sie erst bei einer Cola, nach der sie sich schon so lange gesehnt hat. Ein Geheimnis bleibt, woher Lawrence die Getränke hat. Zur Musik von »Play It Again, Sam« aus dem Film CASABLANCA tanzen beide eng umschlungen. Jetzt ist Lawrence ganz der Charmeur und nicht mehr der Draufgänger. So lehnt er es auch ab, mit zu Beth zu gehen, denn ihm liegt nun plötzlich an ihrer Beziehung.

Noch in der gleichen Nacht taucht John im Tarnanzug auf, entlarvt sich als CIA-Agent, der verrückt nach Beth ist, sie betäubt und zu seinem Verbündeten Chung Mae aufs Schloß bringt. Die Brücke braucht er, um mit seinem versprengten Soldatenhaufen die Kommunisten bekämpfen zu können. In dem Glauben, daß Beth ihn wegen John verlassen hat, betrinkt sich Lawrence beim Einweihungsfest der Brücke. Lucille, die Leibwächterin mit den spitzen Fingernägeln, erscheint, bringt ihm die vereinbarten Dollars und das Rückflugticket – Lawrence beschwert sich darüber, daß es Touristenklasse ist – und wartet auf einen Moment, ihm mit ihren Krallen in die Kehle zu fahren. Durch At Toons Warnschrei entgeht der verwunderte Lawrence, der ein anderes Rendezvous erwartet hatte, dem Anschlag. Er erfährt, daß Beth in der Burg des Warlords Chung Mae gefangengehalten wird, und beschließt, sie zu befreien. Einen Plan hat er nicht, doch in At Toon einen verzweifelten, aber willigen Helfer.

Spiel's noch einmal, Tom: mit seiner späteren Ehefrau Rita Wilson in
›Volunteers‹

Tatsächlich gelingt es Lawrence, ins Innere vorzudringen und John außer Gefecht zu setzen. Wie früher Laurel and Hardy nach ihrem Sieg gegen vermeintlich Stärkere, nickt auch Hanks, nachdem er als Lawrence den kräftigen John durch einen Zufall bewußtlos geschlagen hat. Selbstbewußtsein gepaart mit Erleichterung, die eigene Haut noch einmal gerettet zu haben. At Toon und Lawrence werfen die unter Drogen gesetzte Beth über die Schulter und fliehen. Zurück im Dorf muß eine Entscheidung gefällt werden. Beth drängt Lawrence dazu, die Brücke zu zerstören. Zum einen wollten die Dorfbewohner sie nie, zum anderen hilft sie den verschiedenen Gruppen und Banden, ihre Machtansprüche durchzusetzen, auf Kosten des Dorfes. Lawrence, der froh ist, dem Dschungel entrinnen zu können, wird widerstrebend zum Retter.

Auch Tom Tuttle hilft, inzwischen durch ein paar Ohrfeigen von der Gehirnwäsche kuriert, die Brücke zur Sprengung vorzubereiten. Als es soweit ist, funktioniert der Zünder nicht, und Lawrence klettert auf die Brücke, um den Schaden zu beheben. Dann springt er ins Wasser, und die Brücke fliegt in die Luft. Dennoch wird er im Dorf bleiben, um, wie er seinem Vater schreibt, zusammen mit Beth ein Casino zu betreiben.

Die Dreharbeiten, die im November 1984 in Südmexiko begannen, starteten unter schwierigen klimatischen Bedingungen. Sümpfe, Mücken, Regen und Schlangen waren dazu angetan, den Dreh zu einer schlechten Erfahrung für das Team werden zu lassen. Tom Hanks allerdings war wohl mit verantwortlich dafür, daß die Stimmung gehoben blieb. Denn er lernte seine Partnerin Rita Wilson näher kennen, zu einer Zeit allerdings, da seine Ehe kriselte, er seine Frau verlassen wollte und seine Karriere einen offensichtlichen Schwung nach unten machte. »Zwischen mir und Rita hat es einfach gefunkt, obwohl wir beide damals noch in einer festen Beziehung lebten. Wir sahen uns und wußten: Wir sind füreinander geschaffen. Auch wenn es noch eine Weile dauerte, bis wir miteinander leben konnten.« (Kursk) Rita Wilson brachte ihm jene Stabilität, die seine späteren Erfolge erst ermöglichen sollte. Außerdem gab sie ihm den Rückhalt in Zeiten, in denen seine Laufbahn kaum eine Zukunft zu haben schien.

Erstaunlich in VOLUNTEERS ist die emotionale Neutralität, die sich zwischen Hanks und Wilson vermittelt. Obgleich Tom

Hanks ja immer wieder Auftritte und Szenen als Draufgänger und Anmacher hatte, obgleich er eine gewisse animalische Sexualität auszustrahlen schien, wird man ihn nicht als einen Leinwand-Liebhaber in Erinnerung halten. Weil er selbst in Liebesfilmen seiner Partnerin nicht einmal einen Kuß gibt. Er scheint von Natur her ein Romantiker. »Romantik führt sicherlich zu Sex. Aber ich bin nicht der Spring-in-jedes-Bett-Typ. Ich kann diese Filme sehen und mich fragen: ›Wen interessiert's, wenn sie es im Bett treiben, und die Zungen verschmelzen in der Silhouette ineinander.‹ Das bringt die Geschichte nicht weiter. Am Ende schaust du zu, wie zwei Leute es miteinander treiben. Ich glaube, die Zuschauer stellen die Verbindung (von Romantik zu Sex) schnell genug her, so daß es nicht unbedingt gefilmt werden muß.« (Morrison) Der Blick von Tom Hanks scheint dabei manchmal die Welt neu zu entdecken. Erstaunen mischt sich mit Hintersinn, Ironie mit Betroffenheit. Und als Resultat steht ein Verhalten, das immer wieder von der Mehrheit seines Publikums verstanden und als eigenes (gewünschtes) erkannt wird.

Der Yuppie aus den achtziger Jahren, der immer eine flotte Bemerkung auf den Lippen hat, die manches Mal sogar witzig ist, schlüpfte in VOLUNTEERS in die Haut des verzogenen Playboys aus reichem Haus, dessen zweite Haut das weiße Dinnerjackett ist. Hanks machte aus dieser eher unsympathischen Figur jedoch eine Gestalt, die im Grunde gar nicht schlecht ist, die dann am Ende auch ihre wahre Bestimmung findet, ohne dies aber allzu persönlich zu nehmen. Sein Lawrence Bourne III. ist keine neurotische Figur, selbst wenn der Film allzu häufig hysterisch wirkt. Zu allen Menschen, denen er im Verlauf seiner Erlebnisse begegnet, ist er ehrlich, sagt ihnen seine Absichten, die meist nur seinem Vergnügen dienen. So wird trotz seines unsympathischen Verhaltens durch seine Ehrlichkeit eine sympathische Erscheinung. Allein Hanks' Mitwirkung war es zu verdanken, daß die ursprüngliche Intention des Films wenigstens ansatzweise erkennbar wurde. Die Drehbuchautoren, die auch für die Fernsehserie M.A.S.H. verantwortlich zeichneten, bemühten sich nämlich um einen vergleichbaren Ansatz: die amerikanische Zivilisation in Person eines typischen Amerikaners mit der vermeintlichen Wildnis eines asiatischen Entwicklungslandes zu konfrontieren. Wie in M.A.S.H. reißen in

VOLUNTEERS Amerikaner im Dschungel ihre Späße über und auf Kosten der Einheimischen.

Regisseur Nicholas Meyer, zuvor Romanschriftsteller und als Filmemacher durch THE DAY AFTER (1983) und TIME AFTER TIME (1979) bekanntgeworden, tat nichts, was den Film wirklich komisch hätte machen können. Denn dessen Grundidee, einen für das *Peace Corps* völlig unvorstellbaren arroganten Typen mitten in den Dschungel zu verpflanzen, barg durchaus komische Elemente. Einzig Tom Hanks war es zu verdanken – und ein wenig dem aufgedrehten John Candy –, daß der Film nie gänzlich zu einer Klamotte verkam. Das spürten auch die wenigen Kritiker, die den Film bei seinem Kinostart nicht völlig verrissen. »Jedenfalls ist es Hanks«, schrieb *Time*, »der dem Film seinen verführerisch sardonischen Geist verleiht.« Auch Nicholas Meyer war des Lobes über seinen Star voll: »Tom Hanks zu inszenieren ist, als ob man einen Maserati fährt – du berührst ihn, und schon geht's voll los.« (Trakin, 103)

Für seinen Hauptdarsteller hatte die Rolle eine erste Abwechslung im Komödienfach bedeutet, spielte er doch einen Part, in dem er durch Understatement brillieren mußte. Dies ist ihm durchaus gelungen, auch wenn der Film sein Bemühen desavouiert. »Ich glaube, ich tat mein Bestes bei der Entwicklung der Rolle, denn die Figur war bis zu einem gewissen Grad unsympathisch«, berichtete er der TV-Zeitschrift *Cable Guide*. »Ich glaube, es war die dynamischste Figur, die ich gespielt habe, insofern, als daß sie auf dem Papier die am perfektesten entworfene war. Es war wirklich meine Aufgabe, alle nötigen Schritte zu unternehmen, um sie auszufüllen, indem ich zum Beispiel an Stimme und Kleidung arbeitete.« (Trakin, 104) So mußte er erstmals mit einem Akzent sprechen, dem eines snobistischen Neuengländers. »Ich bin reich und habe deshalb gewisse Rechte«, sagt Lawrence an einer Stelle, von Hanks mit schnippischer Arroganz und leiser Ironie gesprochen.

Indes konnte auch die Subtilität von Hanks den Mißerfolg des Films nicht verhindern. Gründe gibt es mehrere. Zum einen ist die Komik des Films mißlungen. Es fehlt an Rhythmus, Timing und treffendem Witz. Zum anderen war es nach dem immer noch nicht verarbeiteten Vietnam-Krieg, den Filme wie RAMBO letztlich in einen Sieg umdeuteten, mit dem amerikanischen Selbstbewußtsein nicht weit her. VOLUNTEERS stellte

Eine sympathische Erscheinung: ›Volunteers‹

leise die amerikanischen Ideale und die Überlegenheit gegenüber Entwicklungsländern in Frage. Der Idealismus und der Glaube an die weltpolitische Vorreiterrolle wurden hier mit Skepsis betrachtet, durch die Figur des Lawrence Bourne III. und Hanks' ironisches Spiel mit Spott überzogen. Hier gab es keine Sieger, sondern nur Idioten, die bloß mit Glück und nicht mit Verstand überlebten. Ob sein eigenes Überleben in der Filmindustrie aus Glück oder aus Willen resultierte, mag nach dem erneuten Mißerfolg einer Hanks-Komödie dahingestellt sein. Tatsache war, daß Hanks' Reputation zunahm, obgleich er wieder in einem Film mitgewirkt hatte, der in den Kinos unterging.

Mit John Candy in ›Volunteers‹

Sein nächster Auftraggeber war kein Geringerer als Steven Spielberg, der erfolgreichste Regisseur der Filmgeschichte. Dessen Firma Amblin Entertainment produzierte mit einem Budget von etwa zwanzig Millionen Dollar die Komödie THE MONEY PIT (GESCHENKT IST NOCH ZU TEUER), die sich lose an dem Cary-Grant-Film MR. BLANDINGS BUILDS HIS DREAM HOUSE (NUR MEINER FRAU ZULIEBE von H. C. Potter, 1948) orientierte. Die Regie übernahm der Schauspieler Richard Benjamin, das Buch schrieb David Giler, ein Veteran der Branche, der schon einige bemerkenswerte Produkte auch als ausführender Produzent hervorgebracht hatte, etwa 48 HOURS (NUR 48 STUNDEN) von Walter Hill oder THE PARALLAX VIEW (ZEUGE EINER VERSCHWÖRUNG, 1973) von Alan J. Pakula. Obgleich Hanks gleich zwei Mißerfolge nacheinander aufzuweisen hatte, schien er für alle Beteiligten die beste Wahl in der Rolle des Anwalts einer Rock'n'Roll-Band, dessen Traum ein ruhiges Leben im eigenen Haus ist.

Im Frühjahr 1985 begannen die Dreharbeiten zu der Slapstick-Komödie, deren Charakter eher ein physischer denn ein romantischer ist. »Das Ganze ist wunderbare, physische Komik, die sehr verhalten beginnt, nur eine kleine gebrochene Stufe, und dann … haben wir einige schwerwiegende Probleme. Ich wußte, es würde ein sehr körperlicher Job, aber wenn du das Buch liest, passiert alles nur einmal. Beim Drehen allerdings mußt du es hundertmal machen. (…) Ich betrachte das folgendermaßen: Es gibt ein Gefahrenmoment, das man in anderen Berufen nicht findet. Ich bin gerne der einzige auf dem Set, der während des Drehens keinen Gesichtsschutz trägt. Und deshalb wollte ich unbedingt diesen Job.« (Trakin, 109) Tatsächlich verlangte der Film von Tom Hanks erheblichen körperlichen, ja handwerklichen Einsatz. Der Rest gehörte dann den Special-Effects-Zauberern.

Walter Fielding ist Anwalt. Bei seinen kapriziösen Kunden aus dem Showgeschäft hat er nur einen Wunsch: ein eigenes Heim, Kinder und eine Frau. Vielleicht sogar in dieser Reihenfolge. Ganz anders als sein Vater, der gerade mal wieder geheiratet hat, in Rio. Walter liegt mit seiner Freundin Anna (Shelley Long) im Bett, als die Vorhut des Wohnungsbesitzers eintrifft und die Rückkehr des Bewohners ankündigt, des exzentrischen Maestros Max Beissart (Alexander Godunov) und früheren Ehemanns von Anna, einer Violinistin in dessen Orchester. Für Walter gibt es nur eine Lösung, ein eigenes Haus. Mit Hilfe seines Freundes Jack (Josh Mostel) kommt er günstig an eine wunderschöne Villa. Sie muß billig sein, denn Walter ist pleite, weil er für seinen Vater geradestehen muß, der zahlreiche Anleger um ihr Geld betrogen hat. Anna und Walter besichtigen das Haus und treffen die Besitzerin Estelle (Maureen Stapleton), deren Mann nach Israel ausgeliefert werden soll, weil er Hitlers Pudelputzer war.

Nachdem beide das Haus gekauft haben, wird – bei Tageslicht gesehen und nüchtern betrachtet – deutlich, weshalb es so billig war. Es ist eine Bruchbude. Beim Klopfen fällt die Tür ins Haus, aus dem Wasserhahn der Badewanne kommt eine unappetitliche braune Flüssigkeit, bei Regen tropft es durch, und die Holztreppe in die erste Etage bricht bei der ersten größeren Belastung wie ein Kartenhaus zusammen. Walter ist schon am ersten Tag mit den Nerven fertig. Jetzt aber ist die anfangs skeptische Anna nicht mehr bereit aufzugeben.

Handwerker werden bestellt. Die Brüder Shirk (Joe Mantegna, Carmine Caridi) haben ein Unternehmen für alle Fälle, doch bevor sie auch nur einen Finger rühren, verlangen sie einen Scheck. Ehe die Handwerker zur Totalrenovierung anrücken, müssen Walter und Anna mit den verschiedensten Widrigkeiten fertig werden. Wasser gibt es nur im Springbrunnen. Die elektrischen Leitungen brennen durch, der Gasherd explodiert, und der Truthahn wird ins Bad katapultiert. Die elektrischen Instrumente explodieren ebenfalls, und die gefüllte Badewanne fällt durch die Decke. Walter flüchtet sich in ein hysterisches Lachen.

Endlich rücken die Handwerker an. Eine wilde Truppe. Rocker und Punker, die sich mit Elan an den Beinahe-Abriß des Hauses machen und den Garten von unten nach oben kehren, dann aber unverrichteter Dinge abrücken, weil eine Baugenehmigung nicht vorliegt. Ein Loch im Boden wird einfach durch einen Teppich abgedeckt. Als Walter dann erschöpft von der Arbeit kommt, tritt er natürlich auf das Loch und rutscht mit dem Teppich in selbiges, wo er nun gefangen ist. Währenddessen erscheint der Mann mit den Genehmigungen und zieht wütend wieder von dannen, nachdem ihm niemand geöffnet hat. Walter versucht vergebens, sich bemerkbar zu machen. Für Tom Hanks war das Gelegenheit, seine Mimik dem Slapstick-Charakter des Films anzupassen. Alle Bewegungen in seinem Gesicht sind überzogen, gewissermaßen zur Übergröße aufgeblasen und damit von eindimensionaler Eindeutigkeit. Walters Bemühungen, den Bauarbeitern zu helfen, enden meist im Desaster. Das wiederum bietet Tom Hanks die Möglichkeit, ungehemmt seine Qualität als physischer Komiker unter Beweis zu stellen. Er darf sich nach Herzenslust mit Farbe bekleckern, darf der Länge nach in den Dreck fallen, wie es die Meister des Stummfilms so gekonnt vorgeführt haben. Indes fehlt eine ordnende Hand, die ihn daran hindert, immer wieder zu chargieren. Die beste Szene des Films ist Slapstick pur und hat die Tücke des Objektes zum Inhalt. Eine Kettenreaktion wird in Gang gesetzt, alle Gerüste brechen zusammen, verur-

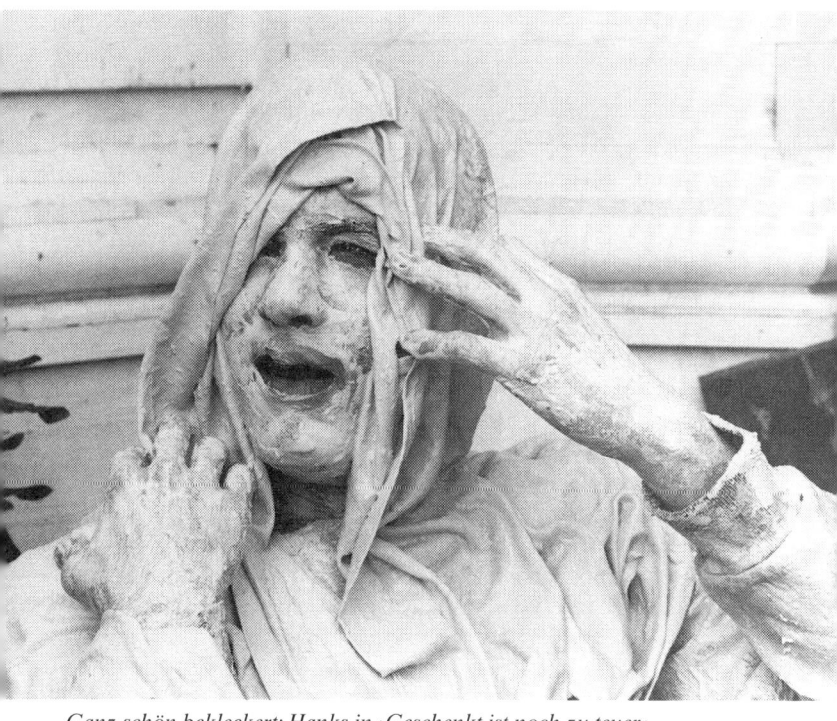

Ganz schön bekleckert: Hanks in ›Geschenkt ist noch zu teuer‹

sacht von Walter, der durch das Haus aufs Dach und dann in den Springbrunnen katapultiert wird.

Doch auch psychische Katastrophen ereignen sich. So leistet sich Anna einen Seitensprung mit ihrem Exmann, während Walter auf Dienstreise ist. Glaubt sie jedenfalls, denn sie war völlig betrunken. Walter ist fürchterlich eifersüchtig. Er gibt nicht nach, will unbedingt wissen, ob sie mit Max geschlafen hat. Er insistiert so lange, bis Anna »gesteht«. Entsetzen malt sich in seiner Miene ab, Erschrecken über das Ergebnis seines Insistierens. Es kommt zum Streit. Am nächsten Morgen liegt Walter betrunken auf der Tischtennisplatte. Der Streit geht weiter, sehr zur Unterhaltung der Arbeiter. Sobald das Haus fertig ist, wollen sich die beiden trennen. Da kommt Max und gesteht, Anna nicht angerührt und sie nur aus Eifersucht in dem Glauben gelassen zu haben, mit ihr geschlafen zu haben.

Endlich ist das Haus fertig. Walter und Anna aber wollen von nun an getrennte Wege gehen. Doch nachdem ihr Walter verzeiht, kommt es zur Versöhnung auf der nunmehr haltbaren Treppe, auf jener Stufe, mit der der Zusammenbruch ihres Traumhauses begonnen hatte. Als Happy-End feiern sie schließlich Hochzeit. Währenddessen läßt sich Walters Vater von Estelle ein Schloß in Rio andrehen.

THE MONEY PIT schildert den Alptraum eines jeden Hausbesitzers. Hinter jeder reparaturbedürftigen Kleinigkeit versteckt sich eine größere Katastrophe. Dementsprechend spielt das Haus die eigentliche Hauptrolle und ist im Grunde das einzige lebendige Moment in einem Film, dessen Figuren trotz aller Beweglichkeit eher statisch wirken. Es ist wahrlich kein komischer Film, mit seinen vorhersehbaren Witzen und seinem gehörigen Maß Schadenfreude. Das romantische Element, verkörpert durch Tom Hanks und die durch die Fernseh-Kneipenserie CHEERS bekanntgewordene Komikerin Shelley Long, tritt dagegen in den Hintergrund und ist kaum noch wahrnehmbar. Hanks konnte sich noch so sehr anstrengen und seine Rollenfigur zu einem liebenswerten Charakter machen, zu (s)einem netten Kerl von nebenan, er besaß gegen den gewaltigen Aufwand minutiös ablaufender Special Effects keine Chance. Ein komplettes Haus, das aufgebaut, zerstört und wieder zusammengebaut werden mußte – es scheint, als wären alle kreativen Ressourcen in die Ausstattung geflossen und nicht in die Inszenierung der Figuren und ihrer Geschichte. Übrigens ein Manko vieler Spielberg-Filme und -Produktionen.

»Die Komik beruht gänzlich auf den elektrischen Spezial-Effekten und seltsamen physischen Gags, Walter eingeschlossen, der durch Decken, die Treppe runter und durch Fenster stürzt«, schrieb die *New York Times* in ihrer Kritik. »Die Gags, obgleich ausgefeilt choreographiert, sind derart plump in erklärende Einzelteile und Stücke zerlegt, daß man nie das Gefühl einer allumfassenden, aber fürchterlich schieflaufenden Logik hat ... Das Spektakel ist so beeindruckend, daß man zögert zu lachen.« Tatsächlich wirkt Tom Hanks in dem filmischen Chaos gelegentlich derart hilflos, daß einmal mehr bewiesen scheint, wie schauspielerische Qualitäten gegenüber technischem Aufwand an Bedeutung verlieren. Zum Leidwesen des Films. Für Hanks war es am Ende ein Job unter anderen. Immerhin konnte er sich glücklich schätzen, in einer Prestigekomödie die Hauptrolle zu spielen und sich nicht einreihen zu müssen ins Heer arbeitsloser Schauspieler. Hanks hatte noch mehr Glück. Wieder einmal gelang ihm der Spagat zwischen einem persönlichen Erfolg und dem kommerziellen Reinfall des Films.

THE MONEY PIT wurde angesichts seiner Produktionskosten von zwanzig Millionen Dollar und seinem Umsatz von nur achtundzwanzig Millionen Dollar einer der wenigen Mißerfolge der Spielberg-Firma Amblin Entertainment. Tom Hanks indes hatte bereits zuvor mit Columbia Pictures einen Vertrag abgeschlossen, der ihm bis zu einer Millionen Dollar pro Film garantierte. Trotz der zu dieser Zeit nicht vorhandenen Kassenattraktivität wurde er als einer der heißen Stars gehandelt. In gewisser Weise ist dies ein Phänomen in einem System, in dem ein Star oder ein Regisseur nur so viel wert sind wie der

Hinter jeder Kleinigkeit eine Katastrophe: ›The Money Pit‹

Erfolg (oder Mißerfolg) ihres letzten Films. »Ich sehe mich selbst nicht als sonderlich erfolgreich«, sagte Hanks in einem Interview. »Ich denke, ich habe Glück gehabt. Ich arbeite immer noch unter den gleichen Unsicherheiten wie sonst auch. Mögen mich die Leute wirklich, und wann ist das alles zu Ende?« Aber auch privat erlebte er eine schwierige Zeit. Zusammen mit seiner Noch-Ehefrau Samantha hatte er 1984 in Los Angeles ein Theaterstück produziert, das ein Reinfall wurde. Die Schauspielerkarriere von Samantha Lewes versank in der Bedeutungslosigkeit, und mit ihr die Beziehung des Ehepaares Hanks.

Bevor Tom Hanks erneut in Komödien auftrat, die sich weitgehend als mißlungen erwiesen, übernahm er zwei ernste Rollen in den Dramen NOTHING IN COMMON und EVERYTIME WE SAY GOODBYE (siehe Kapitel 5). Beides Rollen, die für ihn ebenso anspruchsvoll waren wie anstrengend und nach denen Hanks offenbar eine Art erholsamer Arbeit brauchte. »Diese beiden Filme erforderten nicht nur Konzentration, sondern auch die Investition von Gefühlen, was überaus anstrengend ist. Ich glaube nicht, daß es sonderlich gut für die Psyche ist, weil man sich in der Lage findet, so viele Dinge zu analysieren. Am Ende kann es einen verrückt machen.« (Trakin, 141) So spielte er nach den vor allem intellektuell und emotional fordernden Dreharbeiten erneut in einer Komödie mit, die sich von seinen bisherigen allein durch ihren relativen Erfolg unterschied. DRAGNET (SCHLAPPE BULLEN BEISSEN NICHT) war eine Hommage der großen Leinwand an eine Kultserie des kleinen Bildschirms, und Hanks übernahm nur eine Nebenrolle, die des »Sidekicks«, des Mannes an des Helden Seite.

Dan Aykroyd war der Hauptdarsteller und Koautor des Films, dessen treibende Kraft er zusammen mit dem Autor und Regiedebütanten Tom Mankiewicz ohnehin darstellte. Tom Mankiewicz ist der Sohn des Regisseurs, Autors und Produzenten Joseph L. Mankiewicz, dessen berühmteste Werke vielleicht THE BAREFOOT CONTESSA (DIE BARFÜSSIGE GRÄFIN, 1954) mit Humphrey Bogart und Ava Gardner sowie der Monumentalschinken CLEOPATRA (1963) sind. Wie sein Vater ist auch Tom Mankiewicz ein Allround-Talent, allerdings hat er dessen Stellenwert und Erfolg in der Filmgeschichte noch lange nicht erreicht. Den Grund dafür verdeutlicht zum Beispiel DRAGNET, obwohl alle Voraussetzungen für einen Riesenerfolg gegeben waren. »Unser Film ist eine komödiantische Verbeugung vor einer der wirklich klassischen Fernseh-Shows in der TV-Geschichte«, äußerte sich Mankiewicz (im Presseheft des Films). »Wir sind mit größter Ehrfurcht an das Original herangegangen und haben gleichzeitig einige neue Rollen dazugeschrieben.«

Die Serie begann eigentlich schon vor dem Start am 3. Januar 1952. Bereits 1949 war Joe Friday im Rundfunk zu hören, als er von der Arbeit der Polizei im Stile eines Tatsachen-Reporters erzählte. Jack Webb, später der Star der Serie, ist der Erfinder von Joe Friday und hat das Prinzip eingeführt, im Fernsehen authentische Fälle in einem scheinbar dokumentarischen Stil zu schildern. Im Dezember 1951 lief bereits ein erfolgreicher Probelauf der Serie, die siebeneinhalb Jahre ununterbrochen auf Sendung war, dann verschwand und im Januar 1967 zurückkam. Im September 1970 war dann Schluß. Allerdings nicht endgültig, wenn man die zahlreichen Wiederholungen berücksichtigt und die beiden Spielfilme, die 1954 und 1969 entstanden. Fast noch berühmter als die Serie selbst wurde ihre Titelmelodie, die auch von der deutschen TV-Serie STAHLNETZ übernommen wurde.

»Die Serie hat den Grundstein für alle realistischen Polizeifilme gelegt, die danach gedreht wurden«, behauptete – nicht ganz richtig – Dan Aykroyd von DRAGNET. Denn bereits in den vierziger Jahren hatte es einen Film wie CALL NORTHSIDE 777 von Henry Hathaway gegeben, der semidokumentarisch aus dem Alltag einer Großstadt berichtete. Aykroyd, den man als Schauspieler aus Komödien wie GHOSTBUSTERS kennt (I und II, Regie Ivan Reitman, 1984/1989) oder TRADING PLACES (DIE GLÜCKSRITTER, Regie John Landis, 1983), ist studierter Kriminologe und als solcher vielleicht einmal mit dem Polizeialltag vertraut gewesen. Doch an DRAGNET interessierte ihn nicht die Realität, sondern die Figuren und deren komisches Potential.

»Seit meinen Kindertagen hat mich dieser Joe Friday fasziniert«, erläuterte er sein Verhältnis zur Serie. »Neben Clouseau ist er der bekannteste Bulle der Welt. Ich habe seine Sprechweise studiert, seinen Habitus, auch seinen Gang. Während der Dreharbeiten hörte ich mir die Aufzeichnungen der alten

Shows an. Ich fing an zu träumen, wie der Kerl es vermutlich tat. Wenn es je eine Rolle gab, die ich spielen wollte, dann diese.« (Presseheft) Zunächst war gar nicht daran gedacht, aus der Serie einen Kinofilm zu machen. Doch als der Produzent David Permut die Idee in die Hände bekam, überzeugte er den Major Universal, daraus einen Spielfilm zu machen. Aykroyd verfaßte zusammen mit Mankiewicz und Alain Zweibel das Drehbuch und schrieb sich selbst mit der Rolle von Fridays Neffen einen Paradepart auf den Leib.

Schon das Original hatte seiner Haupt- eine Nebenfigur beigestellt, gespielt von Harry Morgan, der nun die Rolle von Fridays Vorgesetztem übernahm. Als »Sidekick« mußte eine neue Figur erfunden werden. Zunächst sollte Pep Streebeck mit John Candy besetzt werden, doch der war verhindert. So wurde Tom Hanks der Part angeboten. »Ich fing an, das Drehbuch zu lesen«, erinnert sich Hanks, »und merkte plötzlich, daß ich dabei laut lachen mußte. Ich fand die Idee großartig, mit Dan zusammenzuarbeiten, und mir gefiel der Charakter des Streebeck. Er läßt die Sache locker anlaufen, ist ein bißchen unkonventionell und genau das passende Gegenstück zu Friday.« (Presseheft) Schnell war ihm klar, daß er die Rolle haben wollte, auch wenn es keine Hauptrolle war. »Ich ging zu den Typen von Universal und sagte: ›Okay, aus diesen Gründen möchte ich den Job: eins, weil ich am Ende des Films nicht das Mädchen kriegen muß, was mir schon lange nicht mehr paßt; zwei, weil ich einen Bullen spiele, der so etwas macht wie Leute verdreschen; und drei, weil ich mit Dan Aykroyd arbeiten möchte. Sind das die Gründe, aus denen ihr mich wollt, macht den Vertrag.‹« (Connelly)

Joe Friday arbeitet im Raub- und Morddezernat der Polizei von Los Angeles. Im Augenblick beschäftigt ihn eine mysteriöse Gruppe namens PAGAN (People Against Goodness And Normalcy), die ein Lager in Brand setzt und Raubüberfälle begeht. Zur Aufdeckung des Falles bekommt Friday einen neuen Partner, Pep Streebeck, eine Art Hippie, der in einem schrottreifen Auto vorgefahren wird und dem der korrekt gekleidete Joe als erstes sagt, daß er sich ordentlich anziehen solle. Merkwürdige Diebstähle, begangen von PAGAN, rufen das ungleiche Polizistenduo in den Zoo. Verschwunden sind ein Löwe, eine Schlange und eine Fledermaus. Dann werden sie zu dem Her-

Bulle und Sidekick: Aykroyd und Hanks in ›Dragnet‹

ausgeber eines Sexmagazins gerufen, dessen Heftauflage von PAGAN zerstört wurde. Pep gehen die Augen über, als er am Swimmingpool des Verlegers alle ihm bekannten Mädchen des Monats liegen sieht. Doch seine gute Stimmung währt nur kurz, und die von Joe ist ohnehin schon auf dem Tiefpunkt, denn Pep geht ihm mit seinem Geschwätz ziemlich auf die Nerven. Außerdem verdirbt Pep ihm den Appetit, als er einen Hot dog ißt und von Pep über dessen Zusammensetzung aufgeklärt wird.

Während sich die beiden also über Hot dogs streiten, wird vor ihren Augen ihr Auto geklaut. Mit dem Privatwagen müssen sie an den nächsten Einsatzort, an dem Chemiewaggons gestohlen wurden. Währenddessen predigt Reverend John (Christopher Plummer) im Fernsehen für ein moralisch sauberes Los Angeles. Schon hier wird deutlich, daß der saubere Reverend in die schmutzigen Geschäfte von PAGAN verwickelt ist. Joe und Pep können einen Dieb fassen. Nachdem Pep ihn etwas jenseits des Gesetzes zu einem Geständnis gebracht hat, erfahren die beiden Detektive von einer bevorstehenden PAGAN-Versammlung. Verkleidet als Punker (Aykroyd) und Latino (Hanks) mit einem Ziegenfell-Beinschutz, mischen sich die Polizisten unter die PAGAN-Anhänger, die auf ihrer kultischen Veranstaltung eine Jungfrau opfern wollen. Tatsächlich wird das Mädchen, angetan mit einem Hochzeitskleid, ins Wasser zu einer Riesenschlange geworfen. Pep kann sie retten, indem er die Schlange mit ein paar Tranquilizern zur Ruhe bringt. Sauer aber ist er, als er merkt, wie sich zwischen Connie (Alexandra Paul), einer echten Jungfrau, und Joe, seinem scheinbar geschlechtsneutralen Partner, ein Verhältnis entwickelt.

Am nächsten Morgen blamieren sich Joe und Pep nach Kräften, als sie ihrem Captain (Harry Morgan) und der Polizeichefin (Elizabeth Ashley) den Schauplatz der nächtlichen Zeremonie zeigen wollen: Kein Hinweis läßt sich mehr finden. Zunächst einmal ohne Beschäftigung, kann sich Pep der für ihn ohnehin angenehmeren Seite des Lebens widmen, den Frauen. Tom Hanks knüpft hier in seiner Mimik an seine frühen Komödien an, und es scheint in diesem Moment, als habe er sich keinen Schritt weiterentwickelt. Was bei DRAGNET wohl auch zutrifft.

Die Aktionen von Friday und Streebeck stören die politischen Ambitionen der Polizeichefin, die darin vom Reverend unterstützt wird. Als die beiden Polizisten mit Connie und Fridays Großmutter Monday in einem Restaurant sind, wo sie von Streebeck mit einer Freddy-Kruger-Parodie – von Hanks gelungen gemimt – unterhalten werden, identifiziert die Jungfrau den Reverend als ihren Entführer. Friday versucht ihn festzunehmen, wird statt dessen aber suspendiert. Später werden er und Connie nach einem romantischen Tête-à-tête sogar vom Reverend entführt. Pep erweist sich nun nicht nur als gesprächig, sondern auch als hart. Er kann Joe befreien, allerdings die Flucht des Reverend mit Connie nicht verhindern. Sie folgen den beiden bis zum Haus des Sexmagazin-Verlegers, wo es zu einer gewaltigen Schießerei kommt. Erneut gelingt dem Reverend die Flucht, der Connie in seinem Jet mitnimmt.

Friday fliegt hinterher und kann den Reverend zur Landung zwingen. Dafür darf er Connie endlich in die Arme schließen. »City of Crime« heißt der Rap unter den Schlußtiteln, den Aykroyd und Hanks gemeinsam singen.

DRAGNET zählt, wie die meisten seiner frühen Komödien, wohl nicht zu den Höhepunkten im Schaffen von Hanks. Dennoch ist seine Spielfreude zu spüren. »In meiner Laufbahn habe ich

›Dragnet – Schlappe Bullen beißen nicht‹

immer das Riesenglück gehabt, erstklassige Schauspieler als Partner zu bekommen«, erinnert sich Hanks. »Dan und ich brauchten uns nur zu sehen, und schon wußten wir, daß der Film uns einen Riesenspaß machen würde.« (Presseheft) Dieser Spaß an der gemeinsamen Arbeit aber übertrug sich nicht auf die Qualität des Films, der überwiegend aus aufwendig inszenierter Situationskomik und einigen witzigen Dialogen besteht, ohne daß sich ein Gefühl für wirklich komische Situationen einstellen würde. Hanks' Rolle ist dabei gar nicht mal undankbar, er fungiert als Stichwortgeber für den Helden. Da der Film insgesamt kein Werk der leisen Töne ist, mußte er überdeutlich, relativ grob und ziemlich uneinheitlich agieren. So ist er mal Draufgänger, mal Frauenheld, mal Dummkopf und ein anderes Mal ein Feigling. Die Figur des Pep Streebeck war nur dazu gedacht, einen Gegenpart zu Joe Friday abzugeben.

»Wer aber war sein Partner?« hatte sich Hanks gefragt. »Da mußte man sich schon etwas zusammenspinnen. Manchmal gibt es ein bißchen was Geschriebenes über einen bestimmten Kerl, aber das war hier nicht der Fall. Wir haben ihn aber ganz schön aus dem Nichts geschaffen … Ich habe mir immer vorgestellt, daß der Mann in der Luftwaffe oder so etwas ähnlichem war und daß man ihn um ein Haar herausgeworfen hätte. Nun ist er also bei der Polizei, und er wird auch um ein Haar davongejagt. Er ist ein Kerl, der gern bei der Polizei ist, aber er langweilt sich leicht bei den Arbeiten, die er als Banalitäten ansieht, die der Job nun mal mit sich bringt. Beispielsweise, wenn er Formulare ausfüllen muß oder Richtlinien einzuhalten hat. Das sind ja genau die Dinge, die Friday liebend gern macht. (…) Er ist ein toller Kerl und ein guter Polizist«, führt Hanks zu seiner Rolle weiter aus. »Dem gefällt das Polizistenleben, wenn es sich genau so abspielt wie im Fernsehen … Mit knatternden Gewehren und quietschenden Autoreifen. Streebeck ist kein Polizist wie Friday.« (Presseheft) Genau aus diesem Widerspruch zwischen dem wilden Individualisten Streebeck und seinen merkwürdigen Praktiken und dem überaus akkuraten Friday, einem Polizisten alter Schule, immer in korrekter Kleidung und die Vorschriften streng beachtend, sollte sich die Komik des Films entwickeln.

Leider ging diese alte Komödienregel in DRAGNET nicht auf. Zu viele der parodistischen Elemente behinderten sich gegenseitig. Dem Verhältnis der beiden ungleichen Bullen wurde zu wenig Platz eingeräumt, um sich gegen all die Anspielungen auf Filmgenres und kalifornische Verhaltensweisen zu behaupten. So wirkt denn auch Tom Hanks häufig unbeteiligt, unentschlossen und gelegentlich fehl am Platze. Irgendwie schien er den Regieanweisungen mehr gefolgt als sich selbst vertraut zu haben. Der Spaß bei den Dreharbeiten hat sich nicht auf den Film übertragen, der die Vorlage auf ein ziemlich kindliches Niveau herunterbrachte. Ein großer Erfolg wurde DRAGNET daher nicht. Mit einem Produktionsbudget von dreiundzwanzig Millionen Dollar, wohl hauptsächlich durch die Autojagden und Zerstörungsszenen so hoch veranschlagt, spielte der Film in den USA nur einunddreißig Millionen Dollar an der Kinokasse ein – zu wenig, um von einem Erfolg reden zu können.

Kurz nach Abschluß der Dreharbeiten stürzte sich Hanks bereits in die nächste Aufgabe. In PUNCHLINE spielte er zwar einen Komiker, doch war der Film keine Komödie, sondern im Grunde ein trauriger, ernster und anspruchsvoller Film (siehe Kapitel 5). BIG, die romantische Komödie, die ihn zum wirklichen Star machte (siehe Kapitel 4), ließ ihn wieder an Komödien glauben, doch seine weitere Wahl fiel nicht sehr glücklich aus. Vielleicht, weil er immer noch nicht an sein Glück und seinen Erfolg als Schauspieler glauben wollte. Vielleicht, weil er ein Star war, ohne darauf vorbereitet zu sein. Denn nun konnte er nicht mehr unerkannt mit seinen Kindern zu seinem Lieblingssport Baseball gehen, konnte sich nicht mehr ein Sandwich in einem Drugstore bestellen, ohne einen Aufruhr zu erzeugen. Sein Privatleben bedeutete mehr und mehr einen Rückzug aus der Öffentlichkeit und den Verlust an Normalität. Und gerade diese Normalität war und ist es, die seinen Star-Appeal ausmacht. »Ich bewunderte immer die Leute, die Ziegel legen oder etwas bauen oder Piano spielen können«, meinte er. »Der Grund, weshalb sie es so gut machen, ist an einem gewissen Punkt ihr Spaß daran. Wenn sie älter und erfahrener werden, fordern sie sich am Ende selbst heraus, es besser zu machen. Wenn du so etwas bemerkst, sagst du dir; ›Hey, ich machte eine gute Arbeit, und es war schön.‹ So fühle ich immer öfter, wenn der Film beendet und raus ist. Das ist das höchste Lob.« (Trakin, 149) Nach BIG (1988) also drehte Hanks 1989 wieder Komödien, gleich zwei in einem Jahr. THE 'BURBS

(MEINE TEUFLISCHEN NACHBARN) von Joe Dante und TURNER AND HOOCH (SCOTT AND HUUTSCH) von Roger Spottiswoode. Beide zeigen einen Tom Hanks, der sehr normal wirkt, weil er völlig durchschnittliche Typen verkörpert, der dann aber etwas außer Kontrolle gerät, weil ihn ungewöhnliche Begegnungen nachhaltig verunsichern. Gemeinsam ist beiden Filmen auch, daß Tom Hanks im Grunde nur eine Nebenrolle hat, in beiden irgendwie deplaziert wirkt und sich unwohl zu fühlen scheint. Nach beiden Filmen aber wurde klar, daß Tom Hanks zwar ein komischer Mensch sein konnte, er aber kein richtiger Komiker war. Er verstand es nicht, sich selbst glaubhaft als Komödiant darzustellen; die Komik seiner Filme beruhte auf dem Kontrast zwischen der Normalität der Hanks-Figuren und der Ungewöhnlichkeit der Situationen, in die sie geraten. Komik entsteht, gelungen oder nicht, aus der Art und Weise, wie sich die Hanks-Figuren mit der neu eingetretenen Lage auseinandersetzen.

»Ein Komiker muß sich seiner (…) Arbeit zuerst als Schauspieler nähern, und erst dann als Komiker. Für mich ist die Komödie die gefährlichste Form des Schauspielens. Wenn man die Leute vor sich nicht zum Lachen bringt, hat man versagt. Mit einem Drama kann man die Leute auf verschiedene Weise ansprechen. Ich bin ein irgendwie bekloppter Typ, und als ich mit der Schauspielerei anfing, sprang zuerst meine komödiantische Fähigkeit ins Auge.« (Presseheft EVERY TIME WE SAY GOODBYE) Die ihm in Komödien auferlegte schauspielerische Eindimensionalität findet sich in seinen späteren, ernsten Rollen nicht mehr. In THE 'BURBS indes durchzieht sie den ganzen Film und ist vielleicht mitverantwortlich für den kommerziellen Reinfall. Noch in BIG konnte Hanks seine darstellerischen Facetten zeigen, in Joe Dantes Film wurde er Teil eines aufwendigen, von Special Effects dominierten Ganzen. Dabei besitzt der Film durchaus einige witzige Einfälle und parodiert gelungen das amerikanische Vorstadtleben, eben jene Normalität, die sich in Tom Hanks so kongenial reflektiert.

Mit einem Zoom nähert sich die Kamera aus dem All einer typisch amerikanischen Vorstadt und dort dem Haus von Ray Peterson (Hanks). Den wecken merkwürdige Geräusche und unerklärliche Ereignisse im Nachbarhaus der Klopeks auf: heulender Wind, flackernde Lichter im Keller, Klopfen. Am

Nette Nachbarn: Tom Hanks, Carrie Fisher und Vierbeiner in ›Meine teuf-lischen Nachbarn‹

Etwas eindimensional: Hanks in ›The 'Burbs‹

nächsten Morgen scheinen die Ereignisse der Nacht vergessen.
Ray macht Urlaub zu Hause, zum Ärger seiner Frau Carol
(Carrie Fisher), die am liebsten wegfahren würde. Doch Ray
zieht es vor, seine Nachbarn bei ihrer allmorgendlichen Routi-

ne zu beobachten und sich dabei zu amüsieren. So sieht er, wie Mark Rumsfield (Bruce Dern) die US-Flagge in seinem Vorgarten hißt und dabei in Hundekot tritt. Später beobachtet er, wie einer der Klopeks vor das nachbarliche Haus tritt, aus dem die nächtlichen Geräusche kamen. Mit einem Schlag hört das Leben in allen Vorgärten auf. Ray hat Angst, den finstern Mann anzusprechen, bevor dieser wieder im Haus verschwindet. Doch weil sein Freund Art (Rick Ducommun) ihn hänselt, will er den Versuch wagen, bei Klopeks zu klingeln. Allerdings nur, wenn Art mitkommt. Zur Musik von SPIEL MIR DAS LIED VOM TOD und unter den neugierigen Blicken der Nachbarn schreiten die beiden zur Tat und zur Tür. Als sie klopfen, fällt die Hausnummer von der Wand und setzt einen Schwarm Bienen frei. Ohne einen Klopek zu Gesicht bekommen zu haben, springen die beiden in Panik davon. Nachbar Mark spritzt sie zum Vergnügen von Ricky (Corey Feldman) und Rays Sohn mit Wasser ab. Rays Sohn schüttelt über seinen Vater und dessen merkwürdiges Benehmen nur den Kopf.

Tatsächlich wirkt Tom Hanks merkwürdig und normal zugleich. Mit einem T-Shirt, großkariertem Überhemd und Bermudashorts bekleidet, verkörpert er den Mittelklasse-Amerikaner schlechthin. Unauffällig, ohne besondere Kennzeichen, sympathisch, hilfsbereit. Wenn solch ein Mensch dann glaubt, mutig werden zu müssen, entsteht Komik. Hanks versuchte dabei, die Würde des Durchschnittsbürgers mit der Lächerlichkeit seiner Ambitionen zu verbinden, und tatsächlich ist es genau diese Fähigkeit zur Harmonisierung, die ihn zu einem Star für alle Schichten werden ließ.

Hanks' Ray ist ein Niemand mit menschlichen Schwächen. So läßt er sich von Rickys und Arts Horrorgeschichte über einen Mord in der Nachbarschaft derart erschrecken, daß er es vorzieht, nach Hause zu gehen und eine Quiz-Show anzuschauen. Seine Neugier aber überwiegt dann doch. Von seinem Kumpel Art läßt er sich zu weiteren Beobachtungen des Klopek-Hauses überreden. Dabei werden sie Zeuge eines seltsamen Vorgangs. Klopek stopft eine schwere Tüte in den Müll und prügelt wild auf sie ein. Währenddessen blitzt und dröhnt es im offenbar verwunschenen Haus. In der Nacht sieht Ray dann, wie in Nachbars Garten bei heftigem Regen etwas vergraben wird, in seiner Phantasie natürlich eine Leiche. Als am nächsten Morgen der Müllwagen kommt, wühlt Ray im Müll. Vergeblich, es ist nichts zu finden. Alles nur eine Frage der Einbildung? Das jedenfalls besagt Hanks' ewig gleichbleibend fragender Gesichtsausdruck, dem eine gewisse Einsilbigkeit nicht abzusprechen ist. Die großen Augen, der leicht geöffnete Mund, die Haltung des Kopfes: Tom Hanks verkörpert perfekt die intellektuelle Naivität des Vorstadt-Kleinbürgers, ohne sie zu persiflieren.

Walter, der ständig kläffende Schoßhund eines Nachbarn, ist verschwunden. Zunächst wird Ray verdächtigt, weil der immer mit Mord gedroht hatte, wenn der Hund weiter sein Geschäft auf seinem Rasen verrichte, doch dann vermutet man Dämonen oder wenigstens die Klopeks. Ray glaubt, daß die unheimlichen Nachbarn den Hund als Kultopfer benutzt haben, und sieht sich in seinen nächtlichen Träumen selbst als Opfer auf dem Grill. Der nächste Morgen findet ihn verstört und abwesend. Seiner Frau Carol wird es jetzt zu bunt. Sie läßt ihn nicht mehr mit seinen Freunden Art und Mark weg und sperrt ihn in den Garten. Doch Art erscheint und verbreitet weiter Schreckensmeldungen und Horrorhypothesen. Als dann auch noch Rays Hund mit einem Knochen auftaucht, ist das Entsetzen groß. Ray gerät in Panik und rennt vor die Verandatür. Daraufhin organisiert die praktisch veranlagte Carol einen Besuch bei den Klopeks. Zusammen mit Ray, Mark und dessen Frau Bonnie lädt sie sich bei ihnen zu Hause ein. In der Wohnung begegnen sie seltsamen, mürrisch verschlossenen und ängstlichen Menschen. Der junge Klopek, der entfernt an Frankensteins Monster erinnert, serviert Sardinen auf Brezeln, was bei Ray einen lang anhaltenden, allergischen Hustenanfall auslöst. Da erscheint der Herr der Familie, Dr. Klopek (Henry Gibson), und ist die Freundlichkeit in Person. Doch als er Ray seine rotverschmierte Hand reicht, glaubt dieser, es handele sich um Blut, und macht sich fortan vor Angst fast in die Hose. Dennoch gelingt es ihm, etwas aus Klopeks Haus zu entwenden. Es ist das Toupet ihres Nachbarn Walter, des Besitzers des verschwundenen Hundes.

Am darauffolgenden Tag beobachten Ray, Art und Mark, wie die Klopeks fortfahren. Für sie das Signal, ins Haus der Nachbarn einzubrechen und es näher zu untersuchen. Zuerst aber gräbt Ray wie besessen den Garten um, hofft er doch, vergra-

Schrecken und Horror: Tom Hanks, Rick Ducommun und Bruce Dern in
›Meine teuflischen Nachbarn‹

bene Leichen zu finden. Vergebens. Deshalb gräbt er im Keller
weiter, in dem sich ein merkwürdiges, furchterregendes Labo-
ratorium befindet. Doch nun überschlagen sich die Ereignisse,
denn nicht nur Walters vermißter Hund kehrt zurück, auch die
Klopeks werden gesichtet. In seiner Besessenheit trifft Ray bei

seiner Grabung die Gasleitung, und das Haus fliegt in die Luft. Ray überlebt, ist aber verletzt. Doch inzwischen weiß er, daß krankhaft neugierige Leute wie er selbst und seine Freunde in Wahrheit die schlimmsten Nachbarn sind. Sein Verdacht wird am Ende aber doch noch bestätigt. Dr. Klopek taucht in Rays Ambulanz auf und versucht ihn umzubringen. Denn tatsächlich gibt es Leichen im Keller, und sein Kofferraum ist voller Skelette. So gibt es doch noch ein gutes Ende, und die Neugier von Ray hat sich bezahlt gemacht.

Der Film war, das stellte sich schnell heraus, ein Reinfall. Das Budget hatte siebzehn Millionen Dollar betragen, und das Einspielergebnis an den amerikanischen Kinokassen war nur geringfügig besser. Immerhin erhielt Tom Hanks bereits eine Gage von dreieinhalb Millionen Dollar. Hinzu kam, daß die Dreharbeiten in eine Zeit fielen, in der der Streik der Drehbuchautoren stattfand. »Wir hatten bei diesem Film«, erzählte Regisseur Joe Dante, »die Kanten alle selbst abzuschleifen. Glücklicherweise besitzt Tom einen sehr guten Sinn für das, was zu ihm paßt.« (Connelly) Unglücklicherweise aber waren nicht alle Kanten in der Story dieses Films abgeschliffen, und Tom Hanks wirkte teilweise recht deplaziert. 1981 war bereits mit NEIGHBORS (DIE VERRÜCKTEN NACHBARN) von John Avildsen ein thematisch gleichartiger Film an der Kasse durchgefallen. Vielleicht wollte der amerikanische Zuschauer sich nicht vorhalten lassen, was sich hinter seiner kleinbürgerlichen Fassade verbarg. Vielleicht wollte er nicht in den Spiegel schauen und die Karikatur seiner selbst entdecken. Vielleicht aber wollte er einfach nur keinen mißlungenen Film sehen, mit einem Tom Hanks, dessen Normalität zum Fluch zu werden drohte und in einer Komödie offenbar nicht mehr funktionierte.

»Ich habe immer versucht, gute Filme zu machen, und verstanden, meiner früheren Fehler bewußt zu sein«, sagte er. »Jetzt stelle ich es so an, daß alle Chancen eines Erfolges meinerseits schon vor den Dreharbeiten klar sind, indem ich die Besten ihres Faches treffe und ein Maximum von mir aus bearbeite … Wissen Sie, das Wichtigste in einer Karriere ist es, seine Zähne mit Zahnseide zu reinigen. Wo ist der Zusammenhang? Weil die Zähne letztlich alles sind, was uns wirklich gehört, der Rest, vor allem das Filmgeschäft, ist unkontrollierbar.« (Rebichon) Möglicherweise führte diese Einstellung dazu, daß der Regis-

seur seines anschließenden Films TURNER AND HOOCH alsbald
gegen einen anderen ausgetauscht wurde. Dabei hatte es sich
immerhin um Henry Winkler gehandelt, mit dem er am Anfang
seiner Karriere zusammenspielte. Winkler war damals »The
Fonz« in der Serie HAPPY DAYS, geriet aber in den Jahren danach zunehmend in Vergessenheit.

Die Regie des Films übernahm dann der vormalige Cutter Roger Spottiswoode, dessen bekannteste Werke der Journalisten-
Thriller UNDER FIRE (1983) und die Verfolgungsjagd SHOOT
TO KILL (MÖRDERISCHER VORSPRUNG, 1988) sind. Allerdings
konnte auch er nicht mehr retten, was fünf Drehbuchautoren
zuvor nicht in den Griff bekommen hatten. Immerhin gelang
ihm ein einigermaßen solide inszenierter Film, über den sich
Hanks selbst kaum äußerte. Wahrscheinlich zu Recht, denn die
Geschichte eines Polizisten und seines ungewöhnlichen Partners, eines monströs häßlichen Hundes, war 1989 weder neu
noch sonderlich aufregend. Allerdings verhinderte dies nicht
ein hervorragendes US-Einspielergebnis von etwa fünfundsiebzig Millionen Dollar, womit der Film zu den umsatzstärke-
ren in Hanks' Karriere zählte, die anschließend ein paar herbe
Rückschläge verzeichnen mußte.

In TURNER AND HOOCH spielt Hanks den Ermittlungsbeamten
Scott Turner, einen überaus korrekten Einzelgänger, der unter
einem fast krankhaften Sauberkeits- und Ordnungsfimmel leidet. Er putzt sich selbst ebenso besessen wie seine Wohnung.
Er wirkt bieder und ist es auch. Ein Langweiler, der Wert darauf legt, daß seine Mitfahrer sich im Auto anschnallen. Scott
soll versetzt werden und macht deshalb einige Abschiedsbesu-
che. Da ruft ihn der alte Amos (John McIntire), ein Schrott-
händler am Hafen. Dessen bester Freund ist Hooch, ein ausgesprochen häßlicher Riesen-Boxer, der Scott zur Begrüßung an-
fällt und dabei wirkt, als wolle er ihn verschlingen. Hooch sab-
bert, jault und verspritzt zu Scotts Mißvergnügen reichlich
Schaum aus der Schnauze. Nachts geschieht am Hafen ein
Mord, den Amos beobachtet, weshalb er das nächste Opfer des
Killers wird. Der Mörder kann sich dann selbst gerade noch
vor Hooch retten. Als Scott von der Ermordung seines Freundes hört, fährt er an den Hafen und wird Zeuge, wie mehrere
Polizisten vergeblich versuchen, Herr des fletschenden Hooch
zu werden. Der Köter wird unversehens wichtig, denn er ist der

einzige Augenzeuge. Scott gelingt es, den Hund einigermaßen zu beruhigen. Allerdings schafft er es nicht, ihn ins Auto zu manövrieren, weshalb er ihn an einer Stange neben dem fahrenden Wagen führt. Scott bringt Hooch zu der Veterinärin Emily Carson (Mare Winningham), die die Blessuren des Hundes behandelt und ihn Scott anvertraut. Dieser hatte sich zwar eine andere Lösung vorgestellt, aber wer kann schon der beste Freund eines alleinstehenden Polizisten sein, wenn nicht ein Hund. Doch kaum ist das Vieh bei Scott zu Hause, beginnt für diesen der Ärger.

Nachts läßt Scott den Hund draußen, doch der kläfft so hartnäckig, daß der wütende Polizist ihn ins Haus läßt und sich selbst dabei aussperrt. Sein Versuch, durch ein Fenster einzusteigen, endet mit einem gefährlich knurrenden, fletschenden Hooch vor seinem wütend-ängstlichen Gesicht. Tom Hanks zeigt in Situationen wie dieser ein überdeutliches Spiel, er spielt sehr physisch und kaum nuanciert. Allerdings durchaus angemessen in einer Komödie, deren Gags an Deutlichkeit ebenfalls nichts zu wünschen übriglassen.

Die nächsten Szenen dienen der Zerstörung und Scotts machtlosen, wütenden Reaktionen darauf. Zuerst macht sich Hooch über die Innenausstattung von Scotts Wagen her, als dieser in sein Büro geht. Dann bricht der Hund während Scotts Abwesenheit aus dem Zimmer aus, in das er gesperrt worden war. Als der ordnungsliebende Sauberkeitsfanatiker Scott in seine Wohnung zurückkommt, trifft ihn fast der Schlag. Hooch hat gründlich »aufgeräumt«, die Wohnung ist nicht mehr wiederzuerkennen. Entsetzt über das Chaos in seinem ruhigen Leben, jagt Scott den Hund fort, der wenig später mit einer Hundedame aus Emilys Klinik zurückkehrt. Daraufhin packt der verzweifelte Polizist beide Hunde ein und bringt sie zur Tierärztin. Das hat immerhin zur Folge, daß er der sympathischen Frau ein Zimmer streichen darf und ihr dabei ein wenig näher kommt, worin er nur dem Vorbild seines Hundes folgt. Seine Versuche allerdings, diesen zu baden, enden mit einem völlig erschöpften Scott in und einem sabbernden Hooch vor der Wanne.

Im Revier gelingt es Hooch in bewährter Weise, alles durcheinanderzubringen. Keiner kann ihn mehr halten, als er den Killer erblickt und dem Flüchtenden nachsetzt. Scott gelingt es noch, den Mann zu identifizieren. Zunächst ohne Ergebnis bleibt dagegen eine Durchsuchung der Fischfabrik, in der der vermeintliche Killer beschäftigt war. Während Scott beruflich weniger Glück hat, winkt ihm privat mehr Erfolg. Zu Hooch hat er inzwischen fast eine »Liebesbeziehung« entwickelt – man tollt im Wohnzimmer herum. Mit Emily spaziert er am Strand, man küßt sich, bleibt zusammen. Nachts beim Küssen in Scotts Küche hat er plötzlich eine Eingebung. Er stürzt davon und observiert mit Hooch die Fischfabrik, in der sich aber nichts bewegt. Deshalb spielt er seinem Hund Figuren aus Fernsehserien vor, was bei Hooch zu erstaunten Blicken führt. Es ist eine witzige Szene, doch für Hanks trotz aller mimischen Erfolge eine höchst undankbare. Denn immer wieder sind Reaktionen des Hundes zwischengeschnitten, und bei dieser Form der Montage hat der Schauspieler gegen das Tier keine

Hanks und Hooch (Mitte), die Hauptdarsteller von ›Scott & Huutsch‹

Chance. Es ist ein beliebter und einfacher dramaturgischer Trick, von Rin Tin Tin bis zu K-9, die Reaktion des Hundes als vernünftig gegenüber dem merkwürdigen Verhalten des Menschen darzustellen. Die Lacher sind garantiert.

Scott untersucht schließlich zusammen mit Hooch die Fabrik und findet Plastikbeutel mit Geldpäckchen. So kommt er einem Verbrecherring auf die Spur, fällt aber zunächst dem Killer in die Hände. Der will ihn umbringen, doch Scott und Hooch zusammen sind eben unschlagbar. Der am Boden liegende Killer, Hoochs mächtiges Gebiß an seinem Hals, verrät die Geschichte vom Geldschmuggel. Es kommt zum Finale in der Fischfabrik. Deren Besitzer und der Polizeichef (Craig T. Nelson) stecken unter einer Decke. Es entwickelt sich eine Schießerei, bei der Hooch Scott das Leben rettet, aber selbst verletzt wird. Der Polizeichef erschießt seinen Partner, dann legt er auf Scott an. Noch einmal aber kann Hooch im rechten Moment zubeißen. Als er im Operationssaal von Emily sein Leben aushaucht, weint Scott im Lichte der untergehenden Sonne. Er hat einen Freund verloren, doch viel gewonnen.

Scott ist neuer Polizeichef, Emily seine Frau. Und in ihrem Haus regiert das Chaos, denn Hoochs Sohn ist frei …

TURNER AND HOOCH bot Tom Hanks nicht nur einen ungewöhnlichen Partner, der ihm häufig die Show stahl, sondern auch die Möglichkeit einer abwechslungsreichen, wenn auch überzogenen Darstellung. Er durfte sentimental und romantisch sein. Er mußte in Action-Szenen spielen, war bewegt und quirlig. Und er hatte ausgiebig Gelegenheit, seine komödiantischen Fähigkeiten auszuspielen. All dies aber in einem Film, der überaus konventionell inszeniert war und dem es an Rhythmus und Überraschungen fehlte. Doch Hanks bewies darin zum einen seine schauspielerische Vielseitigkeit, zum anderen seine Fähigkeit, auch mittelmäßige Filme für den Zuschauer ansehbar zu machen und über Schwächen eines Drehbuchs hinwegspielen zu können.

Im Rückblick wirkt TURNER AND HOOCH wie ein Testlauf für die kommenden Herausforderungen seiner Karriere, die mit Filmen wie THE BONFIRE OF THE VANITIES, PHILADELPHIA und FORREST GUMP eine Anfang der neunziger Jahre völlig überraschende und unerwartete Wendung nahm. Tom Hanks, »Mr. Nice«, der archetypische Komödiant des weißen Durchschnitts-

Des Polizisten bester Freund …

amerikaners, legte seine frühere Unsicherheit, seine standar-
disierte Mimik und seine Zappeligkeit ab und entpuppte sich
als ein Charakterdarsteller von hoher Qualität. Immer wieder
aber präsentierte er sich, wie in TURNER AND HOOCH in den
Sequenzen zusammen mit Mare Winnigham, auch als Romantiker. Ein Mann mit fragendem, sympathischem Blick, ein Partner und Träumer, der Sanftmut ausstrahlte und zum Sinnbild
des häufig geschmähten Softies wurde. Doch erzielte er gerade mit solchen Rollen seinen eigentlichen Durchbruch zum
Star.

KAPITEL 4

Der Romantiker

Auf die Karriere von Tom Hanks gab nach Filmen wie HE
KNOWS YOU'RE ALONE, MAZES AND MONSTERS und der abge-
setzten Serie BOSOM BUDDIES kaum jemand einen Pfifferling.
Nichts deutete in dieser Zeit Anfang der achtziger Jahre darauf hin, daß er zu einem neuen »alten« Helden des amerikanischen Films werden würde. Und doch wurde er »der« *leading
man* der romantischen Komödie. Drei Filme – SPLASH, BIG und
SLEEPLESS IN SEATTLE – formten dieses Bild. Und von Film zu
Film wurde sein Erfolg größer, unfaßbarer. Doch die Er-
klärung ist einfach. Tom Hanks ist anrührend und ernst. Und er
ist komisch, romantisch und verletzlich. Der Zuschauer ist besorgt um sein Wohlergehen, er leidet mit ihm. Die Spannung,
die Hanks zu erzeugen versteht, dreht sich nicht darum, ob er
das Mädchen am Ende bekommt – er bekommt es –, sondern
darum, wie er es anstellt. Auf dem Weg dorthin versteht er es,
die Sympathien des Zuschauers zu gewinnen; man kann sich
förmlich in seine Situation hineinversetzen. Sein Blick ist dabei
ebenso verschmitzt wie fordernd. Oder aber traurig und zu
Mitgefühl auffordernd.

SPLASH war der dritte Film von Ron Howard nach seiner Zeit
als Seriendarsteller. Neben HAPPY DAYS wurde er bekannt als
Andy Griffiths junger Sohn Opie in THE ANDY GRIFFITH
SHOW; 1977 drehte Howard dann für Roger Corman den Ac-
tion-Film GRAND THEFT AUTO (GIB GAS ... UND LASST EUCH
NICHT ERWISCHEN) und 1982 NIGHT SHIFT (NIGHTSHIFT – DAS
LEICHENHAUS FLIPPT VÖLLIG AUS) mit Henry »The Fonz«
Winkler und Michael »Batman« Keaton in seinem Filmdebüt.
Howards weitere Erfolge sind unter anderem COCOON (1985),
WILLOW (1987) und BACKDRAFT – MÄNNER, DIE DURCHS
FEUER GEHEN (1991). Mit Tom Hanks drehte er 1995 erneut
einen Film, APOLLO 13, die authentische Geschichte eines bei-
nahe tragisch verlaufenen Fluges zum Mond (siehe Kapitel 5).
Ron Howard ist schon sein ganzes Leben lang im Filmgeschäft.
Bereits im zarten Alter von achtzehn Monaten gab er 1956 sein
Leinwanddebüt in einem B-Western mit dem Titel FRONTIER

Mit Elizabeth Perkins in ›Big‹

WOMAN (TODESPFEIL AM MISSISSIPPI) von Ron Diamond. In
den folgenden Jahren tauchte Ron Howard, häufig mit seinem
Bruder Clint, in diversen Serienepisoden und Filmen auf. Erste
Berühmtheit erlangte der rothaarige, sommersprossige Howard in THE ANDY GRIFFITH SHOW als jüngster Sohn Opie.
Ganze acht Jahre alt. Den meisten aber wird er durch seine
Rolle in George Lucas' Kultfilm AMERICAN GRAFFITTI (1973)
in Erinnerung sein. Dort spielte er den Part des Vernünftigen,
der seiner Freundin zuliebe nicht auf die Universität geht und
Karriere macht. 1975 bekam Howard neben Henry Winkler
eine Hauptrolle in der TV-Serie HAPPY DAYS, in der er wiederum im Gegensatz zum wilden Winkler den Vernünftigen
mimte.
Aber schon seit seinem fünfzehnten Lebensjahr drehte Howard auch selber Filme, zunächst auf 8 mm. Er besuchte die
Filmschule an der USC und sprach bei Roger Corman vor, der

schon vielen jungen Talenten die Chance gegeben hatte, ihren ersten Film zu drehen. Zusammen mit seinem Vater Rance, ebenfalls ein Schauspieler, Autor, Regisseur und Produzent, verkaufte er Corman die Idee zum Film EAT MY DUST (FRISS MEINEN STAUB, Regie Charles Griffith, 1975), in dem er auch eine Hauptrolle übernahm. Nach dem Erfolg des Films bewirkte er, daß er die Fortsetzung GRAND THEFT AUTO selbst inszenieren durfte. Es wurde ebenfalls ein erfolgreicher Film, und Ron Howard war jetzt nicht mehr nur ein Schauspieler, sondern vor allem ein Regisseur mit einem Gespür für kassenträchtige Stoffe. Das bewies auch sein zweiter Film, NIGHT SHIFT, den er zusammen mit seinem neuen Partner Brian Grazer und den beiden befreundeten Autoren Babaloo Mandel und Lowell Ganz herstellte. Die in einem Leichenschauhaus spielende schwarze Komödie wurde im Kino nur ein verhaltener Erfolg, konnte aber um so mehr Zustimmung im Fernsehen und im Videogeschäft finden. Auf jeden Fall erleichterte sie es Howard, SPLASH realisieren zu können.

Die erste Idee dazu hatte Brian Grazer. Der gebürtige Kalifornier zählt inzwischen zu den erfolgreichsten Komödienproduzenten der achtziger Jahre. Zusammen mit Howard gründete er die Produktionsfirma Imagine Films Entertainment. Ihm wird zudem ein Auge für Talente zugeschrieben. So ermöglichte oder förderte er tatsächlich die Karriere späterer Stars wie Michael Keaton, Meg Ryan, John Candy und eben Tom Hanks. Grazer gehört inzwischen zu den erfolgreichsten Hollywood-Produzenten überhaupt.

»Er fuhr am Pacific Coast Highway entlang«, schildert Howard die Entstehungsgeschichte, »und dachte an Meerjungfrauen. Und er dachte, daß dies eine gute Komödie ergeben könnte. Er arbeitete eine Weile daran und gab sie zur Weiterentwicklung an United Artists, wo Bruce Jay Friedman einen Entwurf schuf ... « (Trakin, 64) Zunächst war sich Howard nicht sicher, ob er schon wieder eine Komödie drehen wollte, und er suggerierte eine andere Richtung, die der Stoff nehmen sollte. In der von den Komödienspezialisten Mandel und Ganz entworfenen neuen Struktur wurde daraus dann weniger eine Komödie als vielmehr eine romantische Liebesgeschichte mit komischen Elementen. Was vorher unter Wasser spielte, wurde nun aufs Land verlegt und damit glaubwürdiger im Sinne der intendierten romantischen Komödie. Wie der Erfolg zeigte, hatte man richtig kalkuliert. Special Effects spielten nur am Rande eine Rolle, das Gewicht lag auf der in mancher Hinsicht ungewöhnlichen Liebesgeschichte.

SPLASH war von Beginn an ein Projekt, das Howard und Grazer mit der ihnen eigenen Energie verfolgten. Doch das schien zunächst nicht zu genügen, den Stoff zu realisieren. Zwei Faktoren kamen zusammen und ermöglichten schließlich den Film. Zunächst gab es mit »Mermaid« ein prestigeträchtiges Konkurrenzprojekt, mit Warren Beatty und Jessica Lange unter der Regie von Herbert Ross. Doch ein Schauspielerstreik führte bei dem Dreißig-Millionen-Dollar-Projekt zu Verzögerungen und schließlich zur Annullierung. Howard und Grazer dagegen brauchten nur ein Budget von neun Millionen Dollar. Sie hatten schon vergeblich mehrere Studios für SPLASH zu interessieren versucht, bis sie endlich bei Disney Gehör für ihr modernes Märchen um eine Meerjungfrau fanden. Für die Disney Studios sollte der Erfolg des Films ein dringend benötigter Segen werden. In den achtziger Jahren hatte das Studio nur geringen Erfolg mit seinen Filmen für Jugendliche und Kinder. SPLASH sollte von Disneys neuer Marke Touchstone hergestellt werden und den Erwachsenenmarkt anpeilen. Ein Risiko, zumal zwei Unbekannte die Hauptrollen spielten. Doch Hanks mit seiner Mischung aus Verdattertsein und Naivität, Bereitschaft und gelegentlich inspirierter Clownerie sowie Daryl Hannah in ihrer bezaubernden Unschuld machten den harmlosen Stoff mit seinen vorsichtigen Andeutungen auf Sex zum Erfolg.

Es beginnt auf Cape Cod. Der kleine Freddie schmeißt gerne Münzen auf das Bootsdeck und schaut Frauen beim Aufheben unter die Röcke. Seinen Bruder Allen hingegen zieht es unwiderstehlich ins Wasser, und so fällt er über Bord. Während jeder glaubt, er sei ertrunken, wird er von einer kleinen Nixe in seinem Alter gerettet.

Zwanzig Jahre später kann sich Allen (Tom Hanks) daran nicht mehr erinnern. Zusammen mit Freddie (John Candy) betreibt er in New York einen Obstgroßhandel. Allen schmeißt den Laden, Freddie verpraßt das Geld, mit Autos und beim Poker, bei dem er verliert und dafür eine Partie fauler Kirschen übernimmt. Ganz aufgeregt aber ist Freddie, als sein Leserbrief

Mit Daryl Hannah in ›Splash‹

in *Penthouse* erscheint. Um Allens Sorgen noch zu erschweren, hat er eine Sekretärin, die schlicht verrückt ist, aber aus Familientradition weiter durchgefüttert wird. Inmitten all des Chaos bleibt Allen der einzig Vernünftige. Da taucht seine Freundin auf und erklärt, ihn zu verlassen, denn er kann ihre Frage, ob er sie liebt, nicht beantworten. Als sie ihn verlassen hat, ist er am Boden zerstört, betrinkt sich und läßt sich von Freddie in eine Bar entführen. Mit seinem Selbstmitleid belästigt er die Bargäste, während Freddie gerade ein paar Mädchen auf seine plump-direkte Art anmacht.

Tom Hanks darf in Szenen wie dieser beweisen, daß er sein

Metier versteht, was ihm aber nur zum Teil gelingt. Natürlich kann er den Betrunkenen mimen, psychisch wie physisch, natürlich kann er Schmerz und Verzweiflung ausdrücken. Allerdings ist nicht zu übersehen, wie unausgebildet seine darstellerischen Fähigkeiten noch sind, wie sehr er sich um den richtigen Ausdruck bemüht und in welchem Maße er sich dabei verkrampft. Aber erkennbar wird auch sein Potential als romantischer Held, der erst durch ein kleines Tal der Verzweiflung muß, bevor er in den Genuß von angenehmeren (Liebes-) Dingen kommt. Auch in der folgenden Szene zeigt sich, daß Hanks seine darstellerischen Mittel noch nicht optimal einzusetzen verstand. Der verzweifelte Allen läßt sich nach Cape Cod fahren, es zieht ihn, ohne daß er es weiß, wieder ins Wasser. Am Strand trifft er noch einen fahrigen Wissenschaftler namens Walter Kornbluth auf der Suche nach Meerjungfrauen, gespielt von dem Fernsehkomiker Eugene Levy, und setzt seine Fahrt ohne Ziel in einer Nußschale fort. Mitten auf dem Meer versagt der Motor, und der Nichtschwimmer Allen fällt bei dem Versuch, ihn wieder zu starten, ins Wasser; zudem wird er noch beim Auftauchen von dem kreisenden Boot gerammt. Hanks ist in dieser Sequenz von einer nervösen Unruhe, ja Zappeligkeit, die enervierend wirkt und nicht einmal komisch ist. Als hätte dem jungen Schauspieler keiner gesagt, daß er sich in einer romantischen und nicht in einer Slapstick-Komödie befindet. Fünfzehn Jahre später, in SLEEPLESS IN SEATTLE, erweist sich Hanks als ein Meister in diesem Genre, verbindet Leichtigkeit mit Verschmitztheit und verwechselt Grimassieren nicht mit Komik.

Schnitt. Mit einem Brummschädel wacht Allen am Strand auf. Vor ihm steht eine nackte Blondine, die ihn küßt und dann ins Meer entschwindet. Dort ist sie in ihrem Element, denn sie ist eine Meerjungfrau, verzaubernd gespielt von der damals noch unbekannten Daryl Hannah. Unter Wasser haben sich die langen Beine in einen Fischschwanz verwandelt, was nicht ohne Erotik ist. Das bemerkt auch Walter Kornbluth, der auf Tauchstation gegangen ist und plötzlich den lebenden Beweis für seine abenteuerlich anmutende Vermutung vor Augen hat, ohne daß er in der Lage ist, den Beweis auch dingfest zu machen. All das, der geübte Seher weiß es, bereitet auf den weiteren Verlauf der Geschichte vor.

Der sieht die Nixe im Besitz von Allens Brieftasche, woraufhin sie beschließt, Allen in New York zu besuchen. Denn, wir ahnen es schon, sie hat sich in ihn verliebt. Nackt steigt sie in der Nähe der Freiheitsstatue an Land und erzeugt einen Aufruhr. Die Polizei erscheint, nimmt sie fest wegen Erregung öffentlichen Ärgernisses und kontaktet Allen aufgrund der Briefta-

Sympathisches Paar: Hannah und Hanks

sche. Der überraschte Junggeselle fährt aufs Revier und verfällt sogleich in einen träumerischen Zustand, als er sie (wieder)sieht. Die Nixe, an Land ohne Fischschwanz, küßt ihn, da sie über keine anderen Kommunikationsmittel verfügt. Allen ist hingerissen, nimmt sie mit nach Hause und ist am folgenden Tag in seinem Betrieb ein völlig anderer Mensch, tanzt und singt zum Erstaunen seiner Angestellten.

Währenddessen macht sich die Nixe auf Erkundungsgang durch New York und strandet im Luxuskaufhaus Bloomingdales. Die laufenden Fernseher in der Elektroabteilung haben es ihr angetan. Völlig unbeeindruckt von den Verkäufern, spricht sie die Sätze nach, die sie im Fernsehen hört. Als Allen erscheint und dem Treiben fasziniert zuschaut, fragt er nach ihrem Namen. Ihre Antwort ist eine Art Quietschen, wie bei Delphinen, das die Mattscheiben zum Bersten bringt. Allen weiß nicht, ob er erschreckt oder belustigt sein soll. Sie laufen durch New York und wirken wie ein frisch verliebtes Paar. An einer Straßenecke der Madison Avenue tauft Allen die Namenlose Madison.

Tom Hanks zeigt sich in dieser Szene durchaus als romantischer Held, wie es sie in Hollywoods intelligenten Komödien der dreißiger und fünfziger Jahren gab. James Stewart fällt einem da ein oder Cary Grant und später auch Jack Lemmon. Ein *leading man* voll Sanftheit und Humor, ein Sympathieträger mit Wirkung auf das weibliche Geschlecht. Vergleiche, die zu Beginn seiner Karriere immer wieder gezogen wurden und die eines gewissen Wahrheitsgehaltes nicht entbehren, wie er selbst indirekt zugab. »Was ich an Jimmy Stewart mag, ist sein lustiges Aussehen – nicht sehr attraktiv, aber auch nicht schlecht. Er hat eine piepsige Stimme, die man leicht imitieren kann, und er geht komisch. Aber man glaubt ihm und mag ihn. Wie Jack Lemmon. Er kann in dummen Komödien mitspielen und sich dann rumdrehen und ein sehr ernstes Stück machen.« (US-Presseheft EVERY TIME WE SAY GOODBYE) Häufig bezeichnete Hanks die Laufbahnen von Stewart und Lemmon als Vorbilder für die eigene Karriere.

Madison eröffnet ihm, ohne Gründe zu nennen, nur wenige Tage bleiben zu können. Unbemerkt vom verliebten Allen, nimmt sie nachts Salzbäder in der Badewanne, um ihre Schwanzflosse zu dehnen. Der Witz von SPLASH in dieser Pha-

Überraschung: Tom Hanks in ›Splash‹ zwischen echter und steinerner Nixe

se des Films beruht, ein klassisches Komödienmoment, auf Madisons Unwissen und ihren Reaktionen auf die moderne Zivilisation. So hält sie zum Beispiel eine Verpackungsschachtel für das eigentliche Geschenk. Madisons Geschenk für Allen fällt dagegen etwas ungewöhnlicher aus. Sie läßt einen Springbrunnen in seiner Wohnung installieren, den sie vor der Zerstörung bewahren wollte, weil er von einer Nixe gekrönt wird. Obgleich sich Allen anfangs fasziniert vom Brunnen gezeigt hat, ist er doch erstaunt, ihn in seiner Diele wiederzufinden. Natürlich darf auch der Sex zwischen Madison und Allen nicht fehlen. Da es sich aber um einen Familienfilm handelt, bleibt alles im Rahmen des Züchtigen.

Unterdessen sucht Walter, der Meeresbiologe, zum Beweis für seine These weiter nach Madison. Als er sie schließlich findet – hier muß das Drehbuch ganz auf die Phantasiebereitschaft der Zuschauer setzen –, will er sie mit Wasser bespritzen, damit die Schwanzflosse erscheint. Schon selbstverständlich, daß er die Falsche trifft.

Mit einem Gefühl für romantische Szenen, das man aufgrund seiner vorherigen Filme nicht erwarten konnte, drehte Ron Howard die Momente des Glücks. Etwa das Schlittschuhlaufen im Sommer. In dem Glauben, Madison sei eine illegale Einwanderin, schlägt der immer noch völlig ahnungslose Allen ihr die Heirat vor. Madison lehnt ab. Das Bemühen von Tom Hanks, Enttäuschung auszudrücken, zeigt noch nicht den Charakterdarsteller der späteren Jahre. Sein Spiel wirkt vielmehr unsicher in seinen Mitteln, angestrengt, gewollt und ohne echten Ausdruck. Allerdings überzeugt er mit seinen Sarkasmen, die Hanks auf unnachahmliche Weise gewissermaßen aus der Hüfte abschießt. Es war schon früh eine seiner Stärken, hintergründig-witzige oder sarkastisch-flapsige Bemerkungen ganz beiläufig zu machen und ihnen eine Art Spätzünder-Effekt zu verleihen. Seine Miene bleibt unbewegt, doch die verschmitzten Augen scheinen zu zwinkern. Dabei wirkt Hanks nicht zynisch, sein Witz ist von der sympathischen Art und für jung und alt verstehbar.

Die verschreckte Madison verschwindet erst einmal. Als sie zurückkommt, willigt sie in eine Heirat ein.

Ein *Fund Raising*-Dinner für den Präsidenten. Reiche Menschen zahlen für ein mittelmäßiges Essen eine enorme Summe, die dazu dient, den Wahlkampf eines Politikers zu finanzieren. Allen und Madison nehmen an einem solchen Dinner teil, wie auch Walter Kornbluth. Er plant ein Attentat, mit Erfolg. Gerade als Madison ihrem Verlobten alles erklären will, trifft sie ein Wasserstrahl, und sie verwandelt sich in eine Nixe. Auch Allen findet sich daraufhin in einem Wasserbecken wieder, doch bei ihm bildet sich keine Flosse. Als Madison zu ihm ins Wasser gelassen wird, ist er zunächst entsetzt. Wieder auf freiem, trockenem Fuß kann er sich nicht erklären, warum die einzige Frau, die er liebt, ein Fisch ist. Hanks spielt dies mit dem umwerfenden Charme des enttäuschten Romantikers, zeigt das Bedürfnis nach moralischer Unterstützung, gepaart mit dem Unverständnis darüber, in eine Situation geraten zu sein, die der Normalität des Verliebten nicht entspricht.

Wie gut, daß es seinen Bruder Freddie gibt, der für komplizierte Lagen einfache Lösungen weiß. Jetzt, da Allen die Liebe seines Lebens gefunden hat, ist seine Wehleidigkeit nicht zu verstehen. Praktische Schritte sind gefragt. Zum Beispiel, um Madison aus den Fängen der Wissenschaftler zu befreien. Denn die traktieren die leidende Nixe mit Experimenten, die selbst Walter Kornbluth Mitleid empfinden lassen. Und so ist er auch bereit, bei ihrer Befreiung mitzuwirken. Allen funktioniert dabei rein mechanisch, weiß er doch nur, daß er Madison liebt, ganz gleich, ob sie Mensch oder Fisch ist.

Die Befreiung gelingt. Durch die verstopften New Yorker Straßen aber werden sie daraufhin sogar von der Army verfolgt, bis an den Hafen. Hier muß sich Allen entscheiden. Auch er könnte im Wasser überleben, wenn er sich nur dazu entschlösse. Während Madison schon im nassen Element ist, zögert Allen. Denn es ist ein gewaltiger Schritt. Sein angenehmes Leben als Mensch aufzugeben und ein Fisch zu werden, ist nicht jedermanns Sache. Doch das Märchen obsiegt über die Logik. Als die Soldaten ihn festnehmen wollen, springt Allen ins Wasser, in dessen Tiefe es zum Happy-End kommt. Ein schönes Ende, das der Phantasie Rechnung trägt und nicht der Realität. Vielleicht lag darin der überraschende Erfolg des Films begründet. Mehr als siebzig Millionen Dollar betrug das amerikanische Einspielergebnis an den Kinokassen. Gleich mit seinem ersten »wirklichen« Film avancierte Hanks über Nacht zu einem heißen Star, ebenso wie seine Partnerin Daryl Hannah.

Daryl Hannah wurde 1960 in Chicago als Tochter wohlhabender Eltern geboren. Ihr Onkel ist übrigens der bekannte Kameramann Haskell Wexler. Aufmerksamkeit erregte die langbeinige, schlanke Blondine zunächst als schöne Androidin in BLADE RUNNER von Ridley Scott (1982), bevor sie dann nackt als Nixe in SPLASH ihren Durchbruch hatte. Obgleich sie danach in zahlreichen Rollen brillierte, wurde sie doch nicht zu einem Superstar wie etwa Julia Roberts, mit der zusammen sie in STEEL MAGNOLIAS (MAGNOLIEN AUS STAHL – DIE STÄRKE DER FRAUEN, Regie Herbert Ross, 1989) auftrat. Anders Tom Hanks.

Denn gleich zu Beginn seiner Karriere bekam er die Chance, eine Rolle spielen zu können, die sein Image bis heute formt. Er ist schlicht der Junge von nebenan, der das Glück hat, das Mädchen seiner Träume auch zu bekommen. Obgleich er keine Schönheit ist und unbeholfen wirkt, ist er doch romantisch und voller Zärtlichkeit. Kongenial vereint wirken seine beiden Seiten, die des Träumers und die des machohaften Yuppies. Dabei steht die Figur von Allen Bauer gar nicht im Mittelpunkt. Alles dreht sich um die hübsche Nixe, und an Hanks lag es, die Liebe von Allen zu einem Fischwesen glaubhaft zu machen. Was ihm offensichtlich gelungen ist.

»Ernsthaft« bedankte er sich bei seinem Regisseur: »Ronnie machte aus mir einen Filmstar. Das tat er wirklich. Eine zwanzigminütige Unterhaltung mit ihm verdeutlichte mir, was auf dem Spiel stand und was man von mir erwartete. Es war das Produkt all dessen, was ich bis dahin gemacht hatte, und es reichte für diese Rolle immer noch aus. Denn diese Rolle stellte an mich als Schauspieler Anforderungen, die ich bis dahin noch nicht gekannt hatte.« (Trakin, 69–70) Dennoch, das darstellerische Repertoire von Tom Hanks wirkt noch begrenzt und unsicher im Einsatz. Manchmal steht ihm der Romantiker allzu angestrengt ins Gesicht geschrieben, ebenso wie sein etwas dümmliches Staunen über ungewöhnliche Situationen oder das für ihn inadäquate Grimassieren in Szenen, in denen der Film ebenfalls seine Souveränität verliert und klamaukig wird.

Immer wieder aber ist die Qualität von Hanks zu erkennen. Als Madison in einem vornehmen Restaurant zum Entsetzen der Gäste, und auch Allens, einen Hummer ißt, als handele es sich um eine Bratwurst, fragt er nur trocken: »Haben Sie noch nie ein Mädchen einen Hummer essen sehen?« Hanks verstand es, in dieser Szene den richtigen Ton zu finden, eine Mischung aus Schlagfertigkeit und beleidigter Romantik. »Allen war schwierig zu besetzen«, erinnerte sich Grazer, »komisch, aber nicht eigenartig. Die meisten Komiker haben

Wissenschaftler, Fischwesen, ungleiche Brüder: das Erfolgsteam von ›Splash‹ – Levy, Hannah, Hanks, Candy

eine niedliche persönliche Neigung. Das wollten wir nicht. Tom ist warmherzig. Männer mögen ihn. Frauen mögen ihn. Aber es war seltsam. Für ihn stand alles auf dem Spiel. Seine Karriere war festgefahren. Sie würden ihn schon nicht mehr für POLICE ACADEMY vorsprechen lassen. Aber er kam zum Vorsprechen in Jeans, Bauarbeiterstiefeln und einem Arbeitshemd. Ich habe schon Tausende von Schauspielern beim Vorsprechen gesehen, aber noch nie jemanden, der so mit sich im reinen war.« (A. M.)

Kaum zu glauben, daß zunächst andere Schauspieler für die Rolle vorgesehen waren. Howard hatte Michael Keaton, dann John Travolta, Bill Murray, Dudley Moore und Chevy Chase gefragt. Keiner hatte Interesse oder Zeit. Als Hanks vorsprach, war die Suche nach der richtigen Besetzung beendet, obgleich er ursprünglich für die Rolle des Freddie las, die dann an John Candy vergeben wurde. »Ich glaube, das ist eine meiner schönsten Erinnerungen«, beschrieb er später seine Empfindungen. »Ich dachte, die Rolle des Bruders zu bekommen (die dann John Candy übernahm), aber als Ron Howard mir sagte: ›Ich möchte dich für die Hauptrolle‹, glaubte ich ihm nicht! Am gleichen Abend war ich mit meiner Familie und Freunden in einem Restaurant und wurde gefragt: ›Also, und das Casting für Disney?‹ Und ich habe einfach nur geantwortet: ›Sie haben mich genommen.‹ Aber dann habe ich mir gesagt: ›Was für ein Blödmann bin ich! Diese Rolle ist das Größte, was mir bis heute in meinem Leben passiert ist, und ich rede davon, als hätte ich einen Zehn-Dollar-Schein auf der Straße gefunden!‹ In diesem Augenblick war mir klar, verdammt noch mal, ICH BIN EIN SCHAUSPIELER, IN EINEM FILM.« (Rebichon)

Ein interessanter Aspekt in SPLASH ist die Kombination von Hanks mit dem schwergewichtigen John Candy. Den dunkelhaarigen schlanken Hanks mit seinem lockigen Haar und den verschmitzt schauenden Augen und den massigen Candy, aufgeblasen wie ein Ballon, groß und tapsig, als Brüder zu verkaufen, war schon eine gewagte Idee. Aber sie funktionierte. Es ist eine krasse Kombination, doch beide ergänzen sich wunderbar. Hanks steht in der Mitte des Films, ist lebendig und aktiv, während Candy am Rande des Geschehens für reichlich Unruhe sorgt.

John Franklin Candy wurde 1950 im kanadischen Toronto geboren. Er begann 1972 seine Komikerkarriere in der Chicagoer Komiktruppe *Second City*, deren Ableger er in Kanada gründete. Einem breiten Publikum fiel er auf als Mitwirkender und Autor der Fernsehsendung SCTV, einer legendären Comic-Show, bei der auch John Belushi und Bill Murray ihre Karriere begannen. Candy spielte in den Jahren bis zu seinem Tod 1994 in zahlreichen Erfolgskomödien, mal in der Hauptrolle, mal wie in SPLASH die wichtige, weil stichwortgebende Nebenrolle. Mit Hanks war er später noch einmal zu sehen, in der klamaukigen Komödie VOLUNTEERS (siehe Kapitel 3).

»John und ich entwickelten ein überraschendes Zwillingsverhältnis«, erinnert sich Tom Hanks an den verstorbenen Vollblut-Komiker. »Überhaupt nicht kompetitiv oder: ›Kannst du das besser?‹ Es war von Anfang an: ›Was sollen wir hier machen?‹ John ist ein Tempomacher – er lief herum und fragte: ›Was ist, wenn wir das probieren?‹ Als wir schließlich dazu kamen, es zu machen, war es wie das Ineinandergreifen eines Getriebes, das sehr schöne Musik hervorbringt. John ist ein Botschafter des guten Willens. Ich kenne niemand, der so sanft und großzügig ist. Ich spiele mit ihm außerhalb der Kamera nicht den Kumpel, aber seine Gedanken sind lustig und heben

Zwölfjähriger im Körper eines Dreißigjährigen: Tom Hanks als Josh mit Freund Billy (Jared Rushton) in ›Big‹

auch meine Stimmung. Er wußte auch von seiner Zeit mit *Second City*, wie man improvisiert. Wir haben dasselbe Ziel vor Augen, komisch und interessant zu sein und das Publikum zu fesseln.« (Trakin, 65–66)

Für SPLASH hat Tom Hanks 1984 nur siebzigtausend Dollar Gage bekommen. Selbst für ihn, den nahezu Unbekannten, der den Kassenerfolg nicht garantieren konnte, war dies eine bescheidene Summe. 1988, nach einer Reihe teurer Mißerfolge, betrug sein Honorar bereits eine Million Dollar. Freilich ist die Höhe der Gage kein Maßstab für Qualität oder Erfolg. In BIG, seiner ersten romantischen Komödie nach Ron Howards Nixenmärchen, kam allerdings beides zusammen. Es sollte ein Höhepunkt in Hanks' darstellerischer Laufbahn werden. Dabei hätte der Film eine Komödie wie jede andere werden können. Doch Hanks erkannte die Chance, denn es war die Begegnung eines Schauspielers mit *seiner* Rolle. Einer Rolle, die ihm erlaubte, sein intimes Geheimnis der Kamera zu offenbaren. Wie keine andere Rolle zeigt die des Zwölfjährigen im Körper eines Dreißigjährigen, daß das Talent von Tom Hanks im wesentlichen darin besteht, einen Teil seiner eigenen Kindheit bewahrt zu haben. Das schien auch das amerikanische Publikum gespürt zu haben. Kaum vorstellbar ist, daß entweder Robert De Niro oder Harrison Ford die Rolle gespielt hätte, wie es ursprünglich einmal vorgesehen war. Beide sind hervorragende Akteure, doch es fällt schwer, sich einen von beiden als Zwölfjährigen im Körper eines Dreißigjährigen vorzustellen.

Regie führte Penny Marshall, die Schwester des Regisseurs und Produzenten Garry Marshall, der Tom Hanks Jahre zuvor in einer Episode seiner Erfolgsserie HAPPY DAYS besetzt hatte. Hanks spielte dann für einige Zeit im Softball-Team der Serie. Penny Marshall, die gelegentlich auch vor der Kamera steht, hatte Hanks durch einen Gastauftritt in dessen Serie BOSOM BUDDIES kennengelernt. Ihr Bruder Garry gab ihr für BIG einige Hinweise für die Schauspielerführung. »Er kannte meine Schwester und mich aus der Welt der Komödie, und er respektierte uns«, erzählte Marshall in einem Interview. »Als mich Penny fragte, wie man am besten mit ihm arbeite, sagte ich ihr: ›Sei einfach offen. Mach ihm keine Show. Wenn du Probleme hast, sag's ihm.‹« (Flippo) Penny Marshall schien keine Probleme mit Tom Hanks gehabt zu haben. So gut wie nie wird übrigens über Schwierigkeiten mit ihm bei Dreharbeiten berichtet. Tom Hanks ist auch im Privatleben »Mr. Nice«.

Josh Baskin ist ein normaler zwölfjähriger Junge. Und das heißt, er hat es schwer wie viele in seinem Alter. Der Grund sind die Eltern, die ihn vom Computer weglocken wollen oder ihm auftragen, den Müll fortzubringen. Weitere Gründe sind die unerreichbare Schulschönheit, die ihm nur ein flüchtiges Lächeln schenkt, und der Mißerfolg beim Baseball. Auf der Kirmes begegnet er dem Mädchen seiner Wünsche wieder, will sie auf ein attraktives Karussell einladen; da kommt ihr Freund hinzu, und Josh wird wegen seiner geringen Größe nicht auf das Karussell gelassen. Als er traurig und gedemütigt über den Jahrmarkt streift, sieht er in einer Ecke eine Wahrsagemaschine stehen. Mehr aus Langeweile wirft er eine Münze ein, und der Apparat verheißt ihm die Erfüllung eines Wunsches: Josh wünscht sich, groß zu sein.

Am Morgen des folgenden Tages. Josh steht auf, geht wie immer ins Bad und sieht sich im Spiegel: Doch ihm schaut ein völlig fremdes Gesicht entgegen, und so guckt der erstaunte, nunmehr erwachsene Josh mit dem Verstand des Zwölfjährigen zuerst einmal hinter den Spiegel. Dort aber ist niemand. Vergeblich dann der Versuch, in die Jeans reinzukommen. Josh – nunmehr in der Person von Tom Hanks – schleicht sich aus dem Haus, er will die Wahrsagemaschine wiederfinden. Aber der Platz ist leer, der Jahrmarkt verschwunden. Und mit ihm die Chance, wieder in seinen alten Körper zu schlüpfen.

Als er zurück nach Hause kommt und seiner resoluten Mutter (Mercedes Ruehl) begegnet, glaubt diese, einen Einbrecher vor sich zu haben, und geht mit dem Messer auf ihn los. Kein Wort glaubt sie von seiner Geschichte und jagt ihn davon. Einzig seinen Freund Billy (Jared Rushton) kann er von seiner Identität überzeugen, indem er dem ungläubigen Jungen ihren gemeinsamen Song vorsingt. Tom Hanks versteht es schon in diesen wenigen Szenen, sein außerordentliches Gespür für die Rolle unter Beweis zu stellen. Die unkoordiniert wirkende Gelenkigkeit erinnert dabei an die zerbrechliche Unsicherheit einer neu geborenen Giraffe. Hanks vermeidet es, zappelig zu agieren; es gelingt ihm, die ungewohnten Größenverhältnisse seiner Rollenfigur physisch und psychisch deutlich zu machen. Das wirkt eigentlich nicht wirklich komisch, sondern eher humorvoll, vor allem aber sympathisch.

Billy ist es, der praktischen Verstand beweist. Er hilft Josh, nach New York zu entkommen, um dort die Wahrsagemaschine wiederzufinden. Billy ist es auch, der für sie in einer billigen Absteige eine Unterkunft organisiert. Daß im Körper des Dreißigjährigen noch ein Kind steckt, zeigt Hanks in seiner Reaktion auf die New Yorker Umweltgeräusche. Sirenen, Schreie, all diese Hinweise auf eine alltägliche Gewalt machen ihm angst. Ohne lächerlich zu wirken, gelingt es Hanks vergessen zu machen, daß der Zuschauer einen Erwachsenen vor sich sieht. Seine subtile Darstellung evoziert den Jungen und zieht das Publikum auf dessen Seite. Als wäre er selbst auch noch zwölf, beherrscht Hanks die Körpersprache eines Heranwachsenden, demonstriert eine unaufdringliche, natürliche Lockerheit, zeigt in seinen Blicken und seiner Mimik das Staunen des Kindes über die Erlebnisse in einer fremden Welt.

Obgleich Josh noch sehr kindlich wirkt, zum Beispiel wenn er ein Eis ißt, kommt er dank Billy auch zu einer Arbeit, als Sachbearbeiter am Computer in einer Spielzeugfabrik. Denn von Computern verstehen die Kids der achtziger Jahre etwas, und Spielzeuge sind ihnen auch noch nicht ganz fremd. Vom ersten Lohn machen Josh und Billy einen drauf: sitzen vor dem Fernseher und schütten sich Spaghetti über den Kopf. Am nächsten Tag geht Josh in ein großes Spielzeug-Kaufhaus. Dort beschäftigt er sich so intensiv mit diversen Spielen und Spielgeräten, daß er seinem Boß »Mac« McMillan (Robert Loggia), den er tags zuvor im Büro umgerannt hatte, auffällt. Beide spielen auf einer riesigen, in den Boden eingelassenen Klaviatur. Begeistert von Joshs kindlicher Begeisterungsfähigkeit bei Spielzeugen, macht »Mac« ihn zum Vizepräsidenten für Produktentwicklung in seiner Firma. Zum Ärger von Paul Davenport (John Heard) und Susan Lawrence (Elizabeth Perkins), die beide voller Ehrgeiz stecken und die Firma unter ihre Kontrolle bringen möchten. Während Josh, der Erwachsene, also eine kometenhafte Karriere macht, prangt sein kindliches Konterfei auf den Milchtüten, denn er gilt als entführt. In einem Brief an seine Mutter versucht er zu erklären, daß es ihm gutgehe.

Josh hat nun eine Sekretärin und ein Büro, das allein zum Spie-

Groß ist auch die Tastatur: Tom Hanks mit Robert Loggia in ›Big‹

len dient. Billy staunt gewaltig, was seinem Freund inzwischen widerfahren ist. Er hilft ihm, ein Loft zu mieten, das beiden anschließend als große Spielhalle dient. Denn statt Möbeln finden sich dort alsbald diverse Spielgeräte, ein Flipper, Skateboards, auf denen Josh durch die Wohnung rollt, ein Basketballkorb – Hanks spielt kniend gegen Billy –, und ein Etagenbett, wie man es bei Brüdern sieht. Mit seinem praktischen Verstand für Spielzeuge bringt Josh, inzwischen dreizehn geworden, die Pläne von Paul und Susan durcheinander, ohne daß er es ahnt. Zwischen den beiden gibt es Spannungen, denn Susan hat inzwischen gemerkt, daß ihr an Paul nicht mehr allzuviel liegt, und so ist es kein Wunder, daß sie sich während einer Firmenparty an Josh heranmacht. Der ist in einem weißen, paillettengeschmückten Tuxedo erschienen, hat aber ansonsten kein Interesse an der Party, weder am Tanzen noch am Trinken oder an den Frauen. Statt dessen probiert er sich durchs Buffet, ißt zum Beispiel kleine Gewürzmaiskolben zum Erstaunen anderer Gäste wie richtige große. Als ihm Susan einen Löffel Beluga gibt, spuckt er den Kaviar wieder aus und fängt an zu husten wie ein Kind, das sich verschluckt hat.

Susan schlägt ihm vor zu gehen. Sie will ihn auf ihre Seite ziehen, doch Josh hat andere Gedanken. So faszinieren ihn die technischen Möglichkeiten einer Luxuslimousine mehr als die emotionalen Befindlichkeiten und Probleme Susans, die vergeblich seine Aufmerksamkeit eben darauf zu lenken versucht. Nur zögernd nimmt sie, von Hanks mit einem unschuldigen Augenaufschlag angetragen, Joshs Einladung in sein Apartment ein. Statt in dessen Bett, wie sie erwartet, landet sie auf dem Trampolin. Denn die ganze Wohnung ist ein einziges Spielereich, und Josh ist dessen König. Nur mit seinem Blick macht Hanks dabei deutlich, daß der Dreizehnjährige gar nicht weiß, was die Lady von ihm will. Zunächst geht es Josh darum, dem Mädchen zu imponieren. Mit kostenlosem Flipper beispielsweise. Oder einem Cola-Automaten im Zimmer. Susan landet dann doch noch im Bett, allerdings nur in der unteren Etage, während Josh es sich in der oberen Hälfte gemütlich macht. Für Susan eine ungewöhnliche Erfahrung, ist sie es doch gewohnt, von Männern nur aus einem Grund in deren Wohnung eingeladen zu werden.

Am nächsten Tag spielt Josh mit Paul Davenport Squash. Während sich bei Paul geschäftliche und persönliche Interessen hinter dem Match verbergen, ist es bei Josh der reine Spieltrieb. Er nimmt das Geschehen überhaupt nicht ernst, spielt mit Paul, als sei dieser ein Dreizehnjähriger. So kommt es schließlich zur Rauferei um den Ball, den Josh festhält und nicht rausgeben will. Weil für Paul Krieg bedeutet, was für Josh nur kindliches Verhalten ist, läuft dieser anschließend zu Susan, die bislang für ihn eher ein Kumpel oder Mutterersatz ist. Er läßt sich von ihr, wie ein Kind, die Blessuren pflegen, und Susan beschimpft später, wie eine Mutter, den Übeltäter Paul. Dann aber kommt es zum ersten richtigen Rendezvous. Eine allmähliche Veränderung zum Jugendlichen zeichnet sich ab, als er seinen Freund Billy stehenläßt, um Susan zu besuchen. Tom Hanks gelingt hier eine glaubwürdige Mischung aus Vorfreude, Spannung und Schuld wegen des Verrats an seinem Freund. Die Erwartung des Jungen auf ein unbekanntes, vielleicht verbotenes Abenteuer richtet seinen Körper auf. Sein Verhalten aber bleibt von Schüchternheit geprägt. Josh befindet sich auf einem fremden Terrain, und Hanks macht daraus die Suche des Akteurs nach der richtigen Geistesverfassung, eine Suche, die zurückführt bis in die eigene Kindheit, deren Erinnerungen sich in seinem Gesicht und in seiner Körpersprache widerspiegeln. Auch als Josh und Susan auf den Jahrmarkt gehen und der Junge endlich jenes Vergnügen erleben darf, das ihm anfangs wegen seiner Größe verwehrt blieb, spielt Hanks den jungen Erwachsenen mit kindlicher Angst und Unsicherheit. Wieder wird Josh eine Entscheidung treffen, und erneut wird seine Entscheidung sein Leben von Grund auf verändern. Und so ist sein Ausdruck geprägt von spannungsvoller Erwartung und fast ängstlicher Ungewißheit über das, was auf ihn zukommen wird.

Womit imponiert man einem Mädchen?

Zunächst gehen Josh und Susan tanzen. Beim Tanz dann der erste Kuß. Und Hanks, der vorher unkoordiniert wie ein Kind bei der Musik zappelte, fängt an, sich rhythmisch zu bewegen. Der Übergang vom Kind zum Jugendlichen, vor allem aber die erste Berührung mit der Sexualität ist noch bestimmt von einer gewissen Angst. Als Josh dann beginnt, Susan auszuziehen, und er dabei eine Welt entdeckt, von der er zuvor nicht zu träumen wagte, zeichnet sich in seiner Haltung das Erwachsenwerden ab. Am nächsten Morgen hat sich sein Gang verändert, und Hanks macht ihn zu dem Yuppie, den er schon in anderen Rollen hat mitschwingen lassen. Zur Überraschung seiner Sekretärin trinkt Josh jetzt Kaffee und benimmt sich wie ein erwachsener Angestellter. Während eines steifen Essens bei Susans blasiert-intellektuellen Freunden verblüfft er die Anwesenden durch seine elementare Sicht der Dinge, hinter der sich allerdings nichts anderes als sein kindliches Gemüt verbirgt. Als dann Susan über ihre Beziehung reden will, schaut Josh sie verständnislos an, beginnt sie aus Verlegenheit liebevoll zu schlagen, einem Kind ähnlich, das sich nicht mehr anders zu helfen weiß.

Am folgenden Tag erscheint Billy in Joshs Büro, ist erschreckt über das veränderte Verhalten seines Freundes, der jetzt wie ein Erwachsener wirkt. Die beiden streiten, Billy verschwindet. Josh kehrt derweil zurück an die Stätten seiner Kindheit. In seinem Gesicht spiegelt sich die Sehnsucht nach den alten Verhältnissen wider, aber auch die Trauer darüber, nie wieder zur Unschuld des Dreizehnjährigen zurückzufinden. Er gesteht Susan die Wahrheit, doch die glaubt ihm nicht. Am nächsten Morgen taucht Billy wieder auf und gibt ihm die Adresse der Wahrsagemaschine. Josh gerät in einen Gewissenskonflikt. Er möchte wieder in die Sicherheit seiner Kindheit, wünscht sich einfach, wieder normal zu sein, doch Susan wäre ein Grund, der einzige, wie er ihr später sagt, erwachsen zu bleiben. Mitten in der Präsentation eines neuen Computerspiels verläßt Josh den Raum, um sich den Wunsch zu erfüllen, zurück in die Kindheit zu gelangen. Vielleicht ist es traurig und kein richtiges Happy-End, doch am Ende wird Josh wieder zu dem dreizehnjährigen Jungen, dessen Verhalten er schon fast vergessen hatte. Vorher aber verabschiedet er sich von der traurigen, doch verständnisvollen Susan.

Trauer über den Verlust der Kindheit: Hanks in ›Big‹

BIG ist ein romantischer Film, der neben komischen auch melancholische Aspekte hat: die Trauer über den Verlust der Kindheit, das Wissen darüber, wieviel man als Erwachsener falsch machen kann, und die Sensibilität, mit der man eine Beziehung behandeln sollte. Der Film trägt die Handschrift einer

Frau, obgleich er das Serienprodukt eines Studios ist. BIG ist aber auch ein sanfter, zärtlicher und heiterer Film, der seine Drehbuchprobleme (Joshs Mutter zum Beispiel glaubt ohne sichtbare Folgen an eine Entführung ihres Sohnes) vergessen läßt. Nicht zuletzt wegen Tom Hanks, auf dessen Schultern der Film liegt. Seiner Darstellung ist die Glaubwürdigkeit dieses Märchens zu verdanken. Wenn er wie ein Junge durch die Bürokorridore läuft und springt, wenn er sich über die gesellschaftlichen Konventionen der Yuppies hinwegsetzt, wenn er mit Überzeugung das Spielzeug testet, dann zeigt sich das Verständnis des Schauspielers für seine Rolle, für die er trotz aller Selbstsicherheit auch Ratschläge akzeptierte.

»Tom weiß, was komisch ist«, schilderte Penny Marshall ihren Eindruck, »er hört zu und hat keine Angst, jemandem zu trauen.« (Flippo) Penny Marshall ist einem breiten Publikum in den USA durch ihre Rolle als Laverne in der Serie LAVERNE AND SHIRLEY (1976–1983) bekannt, zu deren Autoren die beiden SPLASH-Autoren Mandel und Ganz zählten. Schon sehr früh also gab es Verbindungen, von denen Tom Hanks profitierte, gab es persönliche Verhältnisse, die bis in die Arbeit hineinreichten. Penny Marshall drehte später das einfühlsame Drama AWAKENINGS (ZEIT DES ERWACHENS, 1990) mit Robin Williams und Robert De Niro sowie mit Tom Hanks dessen Comeback-Erfolg A LEAGUE OF THEIR OWN (siehe Kapitel 5). Noch vor dem Kinostart von BIG vollzog Tom Hanks aber einen der wichtigsten Schritte in seinem Leben.

Am Silvesterabend 1987 hatte er der Schauspielerin Rita Wilson die Heirat angetragen. Im April 1988 war es dann soweit. »Die Person, die du heiratest, ist möglicherweise für den Rest deines Lebens dein Gesprächspartner. Dazu mußt du schon bereit sein.« (Trakin, 154) Es war keine Liebe auf den ersten Blick. Tom war seiner zukünftigen Frau bereits während der Zeit von BOSOM BUDDIES begegnet, doch hatte es damals nicht gefunkt. Außerdem war er verheiratet. Doch nach fünf Jahren war seine Ehe mit Samantha Lewes am Ende. Es kam später zu einer schwierigen, offensichtlich unappetitlichen Scheidung, die dem bis dahin skandallosen Tom Hanks mächtig zusetzte. »Die Scheidung machte mich fix und fertig. Ich war gerade nach Los Angeles gezogen, und das ist wohl der feindseligste Platz der Welt. Ich hatte keine Freunde, trank fünfzig Tassen

Kaffee am Tag, dazu die Kokserei. Ich rutschte langsam ab. Sechs oder sieben Monate lang ging ich dann zu einem Psychotherapeuten. Zum erstenmal beschäftigte ich mich mit meinen ganz persönlichen Problemen, schob nicht mehr alles weg. Ich konnte über die Wut sprechen, die ich in mir spürte, weil ich als Kind nirgendwo wirklich daheim gewesen war. Ich fühlte mich einsam und frustriert, ohne genau zu wissen warum. Diese Gefühle habe ich jetzt so ziemlich überwunden. Aber ich kann sie immer noch an die Oberfläche holen, wenn meine Filmrollen es verlangen.« (Kursk)

Erst während der Dreharbeiten zu VOLUNTEERS nahm die Beziehung zu Rita Wilson eine ernsthafte Wendung. »Es war sehr romantisch«, erinnert sich der auch privat romantische Hanks. »Doch es war mit allen möglichen unangenehmen Dingen beladen, die alles ausschlossen, was ernsthaft weitergehen konnte. Ich würde lügen, wenn ich sagte, ich hätte nicht gedacht, daß ich in Rita etwas sah, was das Größte in der Welt war. Aber als der Film zu Ende war, sind wir unserer Wege gegangen. (…) Von diesem Februar bis Oktober ging alles schief. Die erste Ehe zerbrach. Wir hatten gerade ein neues Haus gekauft, in dem ich nur zwei Wochen gewohnt habe, und ich war wieder zu Dreharbeiten unterwegs. Ich hatte zwei Kinder, für die ich nicht da war. Das Schlimmste dabei war, daß ich dabei war, meine Kinder zu demselben Gefühl zu verurteilen, das ich in ihrem Alter gekannt hatte. Ich fühlte mich schrecklich schuldig. Das Essen schmeckte nicht gut, das Leben war nicht nett, ich schlief nicht. Es war eine Zeit, die beschwert war mit Unglücklichsein. (…) Es war, als wäre man zum ersten Male nach Los Angeles zurückgekommen. Ich lebte in einem schlechten Haus mit gemieteten Möbeln. Aber jetzt konnte ich mich richtig mit Rita treffen. Der Zauber war schon vorher ziemlich fühlbar, aber du mußt es richtig machen. Wir gingen jenen Oktober zum ersten Male offiziell zusammen aus, um den Konzertfilm von Jonathan Demme, STOP MAKING SENSE mit den Talking Heads, zu sehen.« (Morrison)

Als sie dann heirateten, nahmen Hanks' Leben und Karriere eine andere Wendung. Der Erfolg von BIG war zu diesem Zeitpunkt mehr als ungewiß. Man billigte dem Film nur geringe Chancen zu, denn ähnliche Filme (18 AGAIN von Paul Flaherty, 1988; LIKE FATHER, LIKE SON von Rod Daniel, 1987), in denen Heranwachsende in einen Erwachsenenkörper versetzt wurden oder umgekehrt, fielen an der Kinokasse durch. BIG wurde die große Ausnahme und spielte allein in den USA nahezu 125 Millionen Dollar ein. Für Hanks war es nach einer Reihe von weniger erfolgreichen Komödien, denen vor allem vorzuwerfen ist, daß sie unromantisch sind und nur einen zappeligen Hanks zeigen, erstmals der Durchbruch in eine andere Liga. Jetzt gehörte er dem exklusiven Club derjenigen an, deren Filme mehr als hundert Millionen Dollar eingespielt haben. »Natürlich hat er sich verändert«, erklärte seine Schwester Sandra. »Aber zu sagen, daß er sich geändert hat, heißt nicht, daß er sich in einem *negativen* Sinne verändert hat. Ich bin *wirklich* stolz, wie er mit diesem ewigen Arschkriechen fertig wird. Das ist nicht sein Stil. Seine Vorstellung von einem tollen Tag in der Stadt ist ein Besuch im Dodger Stadium, eine Cola Light und ein Hot dog. Das ist Tom.« (Connelly)

Nicht weniger wichtig war sein Erfolg bei den Kritikern. »Nötig ist eine ganz neue Art und Weise zu schauen, zu sprechen und zu denken«, schrieb *Time*. »Aber Hanks, der nach diesem Film zu Hollywoods Top-Komikern gehört, ist ebenso glaubhaft wie anrührend als ein Junge, der in der Welt der Erwachsenen verloren ist.«

Glaubhaft war Tom Hanks auch in einer weiteren romantischen Komödie. JOE VERSUS THE VOLCANO (JOE GEGEN DEN VULKAN – MANCHE MÖGENS HEISSER) war das Regiedebüt des Bühnenautors John Patrick Shanley, der für sein Drehbuch MOONSTRUCK (MONDSÜCHTIG, Regie Norman Jewison, 1987) mit einem »Oscar« ausgezeichnet worden war und seitdem zu den gefragtesten Spezialisten für romantische Stoffe zählte. Sein Regie-Erstling aber sollte darüber hinausgehen und komplexer werden. »Es ist eine Reise, eine Art von existentiellem Abenteuer mit viel Komik und Romantik.« (Avins)

Hanks war teilweise durchaus glaubhaft in einem Film, der ein gewichtiges Problem hatte. Durch ein Maximum an Stilwillen wurde ein Minimum an Stil erreicht. Hanks bildete dazu eine Art Gegengewicht dank eines sehr zurückgenommenen Spiels, zurückgenommen bis zur Unkenntlichkeit. Für ihn war die Rolle eine Herausforderung, ließ sie sich doch nur noch schwer kategorisieren. »Man kann nicht sagen: ›Das ist die Story eines Polizisten, der diesen Hund bekommt‹ oder ›Ein Kind, das plötzlich 31 ist‹ oder ›Ein Standup-Komiker, der einen großen Wettbewerb gewinnen will‹. Das ist eine Geschichte über Leben und Abenteuer und Erneuerung und Wiedergeburt und solche Sachen. Ich hatte (das Drehbuch) erst bis zur Hälfte gelesen, als ich schon dachte, oh, hoffentlich möchten sie, daß ich mitmache, denn es ist so besonders und schön.« (Avins)

Tom Hanks spielt Joe Banks. »Es gab einmal einen Jungen, der hatte einen lausigen Job.« Da hat man schon gleich den richtigen Eindruck von Joe, der ein farbloser Angestellter in einer miesen Fabrik ist. Joe fühlt sich immer schwach und krank, bekommt Ärger mit seinem Vorgesetzten und leidet darunter, nicht mehr bei der Feuerwehr zu sein. Als er zum Arzt geht, um seine Schwäche untersuchen zu lassen, diagnostiziert Dr. Ellison (Robert Stack) eine Gehirnkrankheit, eine Art Nebel zwischen den Gehirnhälften, und sagt ihm einen schnellen Tod in

Der Schock ist noch größer als der Hut: Joe erfährt, daß er bald sterben muß

fünf bis sechs Monaten voraus. Dr. Ellison rät ihm, seine verbleibende Zeit kräftig zu genießen, ein richtiges Leben zu führen. Draußen vor der Tür umarmt Joe erst einmal eine vorbeilaufende Dogge. Dann geht er zurück ins Büro und bringt die gewohnte Ordnung durcheinander. Er kündigt und rechnet ab. Mit seinem Chef, mit der Sinnlosigkeit des Arbeitslebens. Seine Kollegen sind starr vor Schreck, nur die Sekretärin Dede (Meg Ryan) lächelt verstohlen. Deshalb wagt Joe, sich mit ihr zu verabreden. Doch ihr Rendezvous scheitert letztlich an den unterschiedlichen Lebensauffassungen. Vor allem, da Joe die seine über Nacht geändert hat.

Am nächsten Morgen erscheint in Joes Wohnung der reiche Geschäftsmann Graynamore (Lloyd Bridges), der dem verkaterten jungen Mann zeigt, wie ärmlich er haust, und ihm dann ein ungewöhnliches Angebot macht. Joe soll in einen aktiven Vulkan springen. Der befindet sich auf einer Südsee-Insel, die von den eingeborenen Waponis bevölkert wird. Außerdem birgt die Insel seltene Mineralien, auf die Graynamore für sein Unternehmen angewiesen ist. Alle hundert Jahre aber braucht der Feuergott der Insel ein Menschenopfer zur Besänftigung, und inzwischen sind bereits neunundneunzig Jahre, elf Monate und elf Tage vergangen. Es bleibt also nur noch wenig Zeit, um die Insel vor dem Untergang zu retten. Falls Joe einverstanden ist, kann er zuvor leben wie ein König, mit einer American Express Gold Card. Der Blick auf das Plastikkärtchen überzeugt den mittellosen Joe, der ohnehin nichts mehr zu verlieren hat. Er ist einverstanden.

Als erstes mietet er sich einen Rolls-Royce mit Fahrer. Marshall (Ossie Davis) heißt dieser und ist ein Philosoph des guten Stils. Den hat der Film zu diesem Zeitpunkt bereits verloren, denn immer noch unklar ist die Zielrichtung und zunehmend absurder wird die wahllose Anhäufung von Klischees. Joes erster Schritt in ein besseres Leben ist daher ein Einkaufsbummel durch die teuersten Boutiquen der Edel-Designer. Wichtiger aber wird der Gang zum Friseur und die neue Frisur. Tom Hanks, zuvor mit schulterlangen Haaren ein wenig verfremdet, ist plötzlich wieder erkennbar. Jetzt scheint er allmählich aus einem tranceartigen Zustand aufzuwachen, in dem er die Zeit zuvor verbracht hatte. Zum einen hängt dies mit der Rolle zusammen, zum anderen aber kann man sich des Ein-

An der Seite von Meg Ryan kann Tom Hanks wieder lachen: ›Joe gegen den Vulkan‹

drucks nicht erwehren, als hätte Hanks eine innere Befreiung verspürt, als sei sein kurzer, gewohnter Haarschnitt das Signal zur Normalität im Ausdruck. Der Erwerb riesiger Schrankkoffer beendet Joes Einkaufsbummel. Ein sinnvoller Einkauf, wie sich später erweisen wird.

Bevor es auf die Insel geht, reist Joe nach Los Angeles, von wo per Schiff die Fahrt weitergehen soll. Am Flughafen erwartet ihn Angelica (Meg Ryan), die rothaarige Tochter seines Auftraggebers. Ein Essen im Restaurant. Angelica ist Poetin und Malerin und leidet darunter, von ihrem Vater abhängig zu sein. Joe versteht ihre Probleme nicht, für ihn war ein finanziell sorgenfreies Leben immer nur ein Traum, der sich plötzlich und unerwartet für ihn erfüllt hat. Tom Hanks spielt seine Figur mit dem erstaunten Blick des einfachen Mannes, dessen Erlebnisse über sein Verständnis gehen. Es ist ein Ausdruck, der sich häufig bei Hanks findet. Der erstaunte Blick gehört zu seinem Standard, und er gehört zu seinem mimischen Arsenal, mit dem er die Sympathien seines Publikums anspricht.

Am Strand von Los Angeles kommt es zum Nachdenken über das Leben im allgemeinen. »Es ist eine sehr einfache Geschichte über einen Menschen«, erklärt Regisseur Shanley, »der sich mit der Tatsache seiner eigenen Sterblichkeit konfrontiert sieht, und darüber, wie dies sein Leben erst öffnet.« (Avins) Am nächsten Tag wartet im Hafen Graynamores zweite Tochter Patricia (ebenfalls von Meg Ryan gespielt) auf ihn. Ihr Schiff ist nur eine Yacht, und Patricia soll ihn zur Insel bringen. Joe spürt, daß es eine ungewöhnliche Reise werden wird, denn Patricia erweist sich als ausgesprochen eigenständiger Charakter und überdies verärgert über Joe, weil sie den Grund der Reise auf die Insel der Waponis nicht kennt. Außerdem stößt ihr sauer auf, daß sie für ihren Vater arbeitet, was sie bislang vermeiden konnte. In einem langen Monolog schildert sie ihre Probleme. Dabei kommen sich Joe und Patricia langsam näher. Erst jetzt gewinnt der Film den Charakter einer romantischen Komödie. Erst jetzt beginnt Shanley, die funktionierende Chemie zwischen seinen beiden Hauptdarstellern in entsprechende Szenen umzusetzen. Beim nächtlichen Rendezvous unter bunten Lampions sind es die kleinen Gesten, die verstohlenen und die offenen Blicke, ein Lächeln, das aus beiden eines der homogensten Leinwandpaare der neunziger Jahre macht. Eigentlich kann in dieser und den folgenden Szenen Tom Hanks zum erstenmal seine romantische Qualität, seine liebevolle Sanftheit richtig einsetzen.

John Patrick Shanley, dem in seinem Erfolg MOONSTRUCK als Autor hinreißend romantische Szenen und komische Dialoge gelungen waren, zeigt in JOE VERSUS THE VOLCANO eindeutig stilistische Schwächen als Regisseur. Tiefrote Sonnenuntergänge, kräftiges Nachtblau, das strahlende Gelb der Lampions sind derart übertrieben, daß dies zum einen als Persiflage nicht funktioniert, zum anderen die Romantik der Szene nachhaltig zerstört. Dieses Mißverhältnis zwischen Ambition und Resultat durchzieht auch alle weiteren Szenen des Films. Es ist fast schmerzlich, mitanzusehen, wie die bezaubernde Beziehung zwischen Hanks und Ryan durch falschen Stilwillen behindert wird.

Als Patricia den wahren Grund der Reise erfährt, reagiert sie erschüttert und verstimmt. Doch das hält nicht lange an. Im Wind und Regen eines nahenden Taifuns kommt es zu Umarmungen und Küssen. Kitsch löst nun die Romantik ab, während das Gesicht von Tom Hanks sich entspannt und Zufriedenheit ausstrahlt. Dies konnte nicht an den Bedingungen liegen, unter denen die Szene in einem riesigen Wassertank gedreht worden war. »Trotz des ganzen Zirkus«, meint Hanks, »hat eine Liebesszene immer noch dieses bizarre Gefühl von Intimität, das man am Ende teilt. Die ganzen Menschen sind um uns herum, aber das Wichtigste in diesem besonderen Augenblick ist das, was zwischen uns passiert. Ich halte dies für einen sehr erfreulichen kleinen Augenblick mit hoffentlich jemandem, der ein angenehmer Mensch ist. Was für Meg zutrifft.« (Avins) Die Zufriedenheit in Hanks' Miene ändert sich allerdings wenig später. Denn nach dem ersten Kuß wird Patricia ins Wasser geweht, und Joe muß hinterher, um sie zu retten. Immer wieder muß er tauchen, um sie endlich greifen zu können. Und immer wieder mußte Hanks unter Wasser, bis die Szene im Kasten war, was ihm schließlich eine schmerzhafte Ohrenentzündung einbrachte.

Gerade als er Patricia im Rettungsgriff hält, schlägt ein Blitz in die Yacht ein, die auseinanderbricht und vor seinen entsetzten Augen sinkt. Gott sei Dank aber hatte Joe jene riesigen Schrankkoffer gekauft, die nun zum rechten Zeitpunkt wieder an der Oberfläche auftauchen und fortan als Floß dienen. Patricia ist weiterhin bewußtlos, fern aller Realität, die keine Rolle mehr spielt, sogar einige Tage lang. Das gibt Hanks Gelegenheit zu einigen kleinen Soloauftritten. Er tanzt Rock'n'Roll zur Musik aus dem Radio. Er spielt Golf mit dem mitgebrachten Übungsset. Er singt einen Westernsong und begleitet sich dabei selbst auf der Mandoline. Eine kleine Szene, die nicht unbedingt von seinem gesanglichen Talent zeugt. Am Ende der Tage auf dem Floß ergibt sich Joe seiner Erschöpfung, während Patricia wieder zu Bewußtsein kommt. Glücklicherweise stranden die beiden gerade auf Waponi, wo sie von den Eingeborenen schon sehnsüchtig erwartet werden. Ein großes Fest findet Joe zu Ehren statt. Standesgemäß erscheint er im Smoking, während alle zappelnden Eingeborenen mit bunten Röckchen und Blumenketten bekleidet sind. Überhaupt leistet sich Shanley hier

Kurz vor dem großen Sprung: Tom Hanks und Meg Ryan

einige Geschmacklosigkeiten. Seine Eingeborenen sind Witz-
blattfiguren und verkörpern die üblen Klischees aus den billigen Hollywood-Filmen der dreißiger und vierziger Jahre, in
denen alle Eingeborenen in der Regel in Baströckchen her-
umliefen und von geschminkten Weißen dargestellt wurden.
Am Ende der Zeremonie, bei der Hanks und Ryan merkwürdig unbeteiligt wirken, soll Joe in den Vulkan springen. Er ist
bereit dazu, denn er hat ohnehin nichts im Leben, das es lohnt,
weiterzuleben. Bis ihm Patricia ihre Liebe gesteht. Sie will ihn
heiraten. Joe ist es gleich, und so sagt er ja. Nach der Schnell-
Trauung durch den Häuptling der Waponis geht er an den
Rand des Vulkans. Patricia, die ihn zum Unwillen der Waponis
vom Sprung abhalten will, kommt mit. Angesichts des nahen
Endes gesteht auch Joe seine Liebe. »The timing stinks«, bemerkt er trocken. Einmal mehr zeigt Hanks seine Fähigkeit,

mit einer witzigen Bemerkung eine Szene völlig umzufunktionieren und einer im Grunde platten Situation unerwartetes Niveau zu verleihen.

Dann springen beide gemeinsam. Doch der Vulkan bläst sie wieder heraus, spuckt sie ins Meer, wo zum rechten Zeitpunkt erneut die Schrankkoffer auftauchen. Die Insel geht derweil unter. Bei ihrem langsamen Dahintreiben unter rotem Kunsthimmel, einem Riesenmond entgegen, erfährt Joe, daß er von Graynamore und dessen Arzt Dr. Ellison hereingelegt worden war. Doch das interessiert nur noch am Rande. JOE VERSUS THE VOLCANO ist längst zu einem mißlungenen, weil ungewollt kitschigen Film geworden, dessen Sentimentalität übertrieben wurde bis zur Lächerlichkeit. Vielleicht wäre der Film gelungener geraten, hätte ihn Steven Spielberg nicht nur produziert, sondern auch inszeniert. Denn Spielberg versteht es, seine sentimentalen Geschichten in all ihrer Naivität in einer bestimmten emotionalen Balance zu halten, die einen Realismus ausschließt, aber nicht lächerlich erscheint. Unter der Regie von Shanley wirkt selbst Tom Hanks gekünstelt. Eigentlich ist es verwunderlich, daß Spielberg mit Hanks nie selbst einen Film gedreht, sondern ihn nur in den weitgehend mißlungenen Werken anderer produziert hat.

»Dieser Film handelt von Menschen, die in einer künstlichen Umgebung gefangen sind, die dann daraus freigelassen werden und sich von Angesicht zu Angesicht dem Universum gegenüber wiederfinden«, meinte Shanley und beschrieb damit das Dilemma seines Films (Avins). Denn statt kunstfertig ist seine Inszenierung nur künstlich und läßt die beiden Hauptdarsteller im Stich. Tom Hanks und Meg Ryan versuchten das Beste aus ihrer Situation zu machen, und tatsächlich gelang es ihnen in wenigen Szenen, jene Magie zu erzeugen, durch die sich die großen Leinwand-Liebespaare auszeichnen. Der Film hätte zu einem Erfolg werden können, hätte er sich auf das romantische Potential seiner beiden Darsteller verlassen und nicht versucht, sie innerhalb eines gigantischen, künstlichen Dekors zu funktionalisieren. Dennoch wurde auch hier deutlich, daß Hanks' eigentliche Qualität die des *leading man* ist, des hoffnungslosen Romantikers mit einer Prise Selbstironie.

Als das romantische Leinwandpaar schlechthin zeigen sich Tom Hanks und Meg Ryan erst in ihrem nächsten gemeinsamen

Film. Vor allem Hanks gefällt in seiner Rolle als anrührend-liebevoller Vater und träumerisch-verführerischer Witwer. SLEEPLESS IN SEATTLE heißt diese bezaubernde romantische Komödie, 1992 von einer Frau gedreht, die wie Penny Marshall in BIG die sanfte Seite von Hanks zum Klingen brachte. Nora Ephron heißt die Regisseurin, bis dahin bekannt nur als ehemalige Ehefrau des Watergate-Aufdeckers Carl Bernstein und als Drehbuchautorin von WHEN HARRY MEETS SALLY (HARRY UND SALLY, Regie Rob Reiner, 1989). Gerade hatte Hanks mit einer Nebenrolle in Penny Marshalls A LEAGUE OF THEIR OWN nach Jahren des Mißerfolgs ein überraschendes Comeback gefeiert, da sollte sein nächster Film ein noch größerer Erfolg werden. Erneut also war seine Partnerin Meg Ryan, doch nach dem Reinfall mit JOE VERSUS THE VULCANO ergaben beide nun ein funktionierendes Paar.

»Es ist kein Film über Liebe«, sagte die Regisseurin und Ko-autorin Ephron, »sondern ein Film über die Liebe im Film.« (Trakin, 169) So äußert sich an einer Stelle des Films einmal auch die Freundin der Protagonisten. Und deshalb wird immer wieder in Dialog und Bild auf Leo McCareys AN AFFAIR TO REMEMBER (DIE GRÖSSTE LIEBE MEINES LEBENS, 1957) verwiesen, in dem Cary Grant und Deborah Kerr sich ineinander verlieben und sich auf dem Empire State Building verabreden. Doch natürlich geschieht einiges auf dem Weg zum Happy-End. Nicht viel anders ist auch SLEEPLESS IN SEATTLE.

Um die Trauer über den Tod seiner geliebten Frau zu überwinden, zieht der Architekt Sam Baldwin (Hanks) mit seinem Sohn Jonah (Ross Malinger) von Chicago nach Seattle an die Westküste. Er ist seit dem tragischen Verlust ziemlich deprimiert, will von anderen Frauen nichts mehr wissen, sehr zum Leidwesen seines cleveren Sohnes.

Baltimore, zur Weihnachtszeit. Die Journalistin Annie (Meg Ryan) kündigt ihrer Familie ihre baldige Heirat mit dem Allergiker Walter (Bill Pullman) an. Später am Abend wird sie von ihrer Mutter beiseite genommen. Sie erzählt von der Bedeutung des Schicksals und von der Magie der Liebe. Annie ist skeptisch, glaubt nicht an Schicksal, eher vielleicht noch an magische Momente. Die wollen ihr allerdings nicht einfallen, wenn sie an Walter denkt. Auch Tom Hanks glaubt nicht an Schicksal. »Ich weiß nichts über Schicksal. Schicksal kündigt

Das romantische Paar aus ›Joe gegen den Vulkan‹ kommt auch in ›Schlaflos in Seattle‹ zusammen

sich so laut an, nicht wahr? Ich glaube eher, daß der Film davon handelt, wie die zweite Chance einer Person die erste für die andere Person sein kann.« (Coburn)

Nachts fährt Annie nach Washington, zu Walters Eltern. Sie hört Radio, die Ratgeber-Sendung »You and Your Emotions«, in der Menschen anrufen und ihre Sorgen ansprechen können. Einer dieser Anrufer ist Jonah, der sich eine neue Frau für seinen Vater wünscht. Der Moderatorin gelingt es, Sam ans Telefon zu holen, der nach anfänglichem Zögern über seine große Liebe zu seiner Frau redet. Annie ist gerührt von Sams Ausführungen, von seiner sympathischen Stimme und tiefen Trauer. Sofort und unwillkürlich fühlt sie sich zu diesem Mann von der anderen Seite der USA, den sie nicht einmal kennt, hingezogen und kann ihre Tränen nicht unterdrücken. Nachdem die Anruferinnen das örtliche Telefonnetz zum Erliegen gebracht haben, soll Annie über diese und ähnliche Ratgeber-Sendungen schreiben. »Mit über vierzig ist es wahrscheinlicher, von einem Terroristen getötet zu werden«, sagt einer ihrer Kollegen, »als noch mal zu heiraten.« Annie sieht das anders, doch noch ahnt sie nur, daß ein anderer Mann als Walter ihre große Liebe sein wird. Ein Gedanke, der ihr immer wieder kommt, der ihr dennoch sehr fremd ist.

Neujahr. Annie tanzt mit Walter, der – ganz unromantisch – ihre Ehe verplant. Derweil sitzt Sam verloren auf dem Sofa und denkt an seine Frau, die ihm erscheint. Trauer liegt auf seinem Gesicht und in seinem Blick, denn er glaubt nicht mehr daran, noch einmal eine wahre Liebe zu finden. »Ich glaube ganz fest daran, daß ein Leben ohne Liebe nicht wert ist, gelebt zu werden«, äußerte sich Nora Ephron in einem Interview (Chaillet). »Daran habe ich die Schauspieler während der Dreharbeiten immer erinnert. Ich sagte ihnen, daß ihre Figuren uns überhaupt nicht ähneln, weil sie ihre Arbeit und ihre Karriere nicht über ihre Liebesbeziehungen stellen würden.« Obgleich Sam kein Kind von Traurigkeit ist, durchaus Humor und Wärme besitzt, hat er den Geschmack am Leben verloren. Hinterlistig verwickelt ihn sein Sohn in ein Gespräch über *dating,* über das Verabreden mit Frauen. Denn zahlreiche Briefe von Hörerinnen sind eingetroffen, weil der clevere Jonah dem Sender die Anschrift genannt hat. Schließlich hofft er weiter, für seinen Vater eine neue Frau zu finden. Annie raubt derweil der Gedanke an »Schlaflos in Seattle«, so Sams Codename, den Schlaf. Sie denkt an die Worte ihrer Mutter und daran, daß es vielleicht doch so etwas wie Schicksal und vor allem Magie gibt. Von der fühlt sie sich inzwischen heftig ergriffen, vor allem wenn sie ihren trockenen, unromantischen Bruder sieht. Meg Ryan versteht es auf herzerweichende Weise, diese unklare, ungewollte, träumerische Verliebtheit auszudrücken, ohne daß es allzu kitschig wirkt. Ihr gelingt es, obgleich das Ende ja absehbar ist, den Zuschauer an ihren Gefühlen zu beteiligen. Ebenso Tom Hanks, wenn er sich von seinem Freund (gespielt vom WHEN HARRY MEETS SALLY-Regisseur Rob Reiner) über die modernen Verhaltensweisen bei geplanten Eroberungen und die Bedeutung von Tiramisu aufklären läßt. Sohn Jonah ist da schon weiter, er hat eine kleine Freundin gefunden, die sein Anliegen voll begreift und von nun an mit daran arbeitet, Sam zu verkuppeln. Der hat nämlich seine sympathisch-komischen Probleme, eine Frau anzumachen.

›Sleepless in Seattle‹: Tom Hanks als liebevoller Vater mit Film-Sohn Jonah (Ross Malinger)

Annie gibt sich inzwischen bei ihrer Freundin Becky (Rosie O'Donnell) ihren Träumereien hin. Beide schauen mit Tränen in den Augen AN AFFAIR TO REMEMBER an, und Annie ist entschlossen, Sam einen Brief zu schreiben. Sie schlägt ihm vor, sich am Valentinstag auf dem Empire State Building zu treffen. »Du willst nicht verliebt sein«, kommentiert ihre Freundin. »Du willst in einen Film verliebt sein«. Den Brief schickt sie dann aber doch nicht ab. Das macht Becky dann heimlich an ihrer Stelle.

Tom Hanks spielt derweil mit einem authentischen Gefühl den zärtlichen, nachdenklichen Vater. Jonah beginnt allmählich, seine Mutter zu vergessen. Auch, daß sie einen Apfel schälen konnte ohne abzusetzen. Später wird er Annies ohne ihr Wissen abgeschickten Brief erhalten und mögen. Für ihn ist das ein Zeichen. Doch da hat sich Sam bereits mit Victoria (Barbara Garrick) verabredet. Als Jonah sie kennenlernt, weiß er, daß sie nicht die Richtige ist. Vor allem wegen ihres hyänenhaften Lachens. Ihm fährt der Schreck in die Glieder, als er sieht, wie Sam sie küßt. Nur durch einen Schrei kann er Schlimmeres verhindern. Nun ergreift er die Initiative, da Sam von Annies Brief nichts wissen will. Jonah schreibt ihr einen Brief.

Annie gibt vor, eine Story zu recherchieren, und fliegt nach Seattle. Am Flughafen die erste Begegnung zwischen ihr und Sam, ohne daß beide voneinander wissen. Sam hat Victoria verabschiedet. Er erklärt gerade seinem Sohn, daß es die perfekte Frau nicht gibt, als Annie auf Stichwort durch die Tür kommt. Sofort ist er hingerissen, völlig gebannt, versucht ihr zu folgen, doch verliert sie im Getümmel. Annie, die weiß, wo Vater und Sohn wohnen, fährt zum Haus und beobachtet beide. Doch sie traut sich nicht, sie anzusprechen. Am nächsten Tag will sie die beiden besuchen und ansprechen. Da sieht sie, wie Sam eine fremde Frau umarmt. Mitten auf der Straße bleibt sie mit offenem Mund, ein wenig düpier, stehen. Sam entdeckt sie, auf seinem Gesicht zeichnet sich das Wiedererkennen ab, und erstarrt. Dann, als sie beide einen Schritt aufeinander zu machen, zerstört ein hupendes, vorbeifahrendes Taxi den magischen Moment.

Annie ist zurück in Baltimore, bei ihrer Freundin Becky, die ihr gesteht, den Brief an Sam abgeschickt zu haben. Derweil erfährt Suzy, Sams Schwester, gespielt von Hanks-Ehefrau Rita

Wilson in ihrem Comeback, von dem Brief und erzählt die Geschichte von AN AFFAIR TO REMEMBER. Rita Wilson spielt diese Szene, eine der schönsten des Films, auf eine ungeheuer intensive Weise. Ihr kullern die Tränen, und mancher Zuschauerin mag es ähnlich gegangen sein. Die Männer dagegen bleiben kühl, verstehen die Emotionen nicht. Ihnen kommen die Tränen, als Sam die Geschichte des Kriegsfilms THE DIRTY DOZEN (DAS DRECKIGE DUTZEND) erzählt, was wiederum Suzy völlig unbeeindruckt läßt. Es ist eine Schlüsselszene des Films, denn hier formuliert Nora Ephron ihr Anliegen eindeutig. »Ich mochte den Gedanken, daß unsere Auffassung von Liebe von den Filmen beeinflußt ist, die wir kennen.« (Chaillet) Und es ist eine Szene, die amüsant wird durch das darstellerische Duett von Hanks und Rita Wilson. Die Ehefrau von Tom Hanks bekam danach von Nora Ephron das Angebot, auch in ihrem nächsten Projekt »Lifesavers« mitzuspielen.

Nun aber nimmt der weitere Verlauf eine noch stärkere märchenhafte Wendung. Jonahs Freundin ist die Tochter einer Reisebüro-Besitzerin und kann mit Computern umgehen. Sie besorgt Jonah ein Ticket nach New York. Dorthin will Jonah auf jeden Fall, denn er hofft, jene Annie zu finden, die in ihrem Brief ein Treffen auf der Aussichtsplattform des Empire State Building vorgeschlagen hat. Sam hatte sich geweigert, dorthin zu fahren, und will lieber mit Victoria in die Ferien. Am nächsten Morgen ist Jonah verschwunden. Sam folgt ihm nach New York, wo Annie mit Walter Einkäufe macht. Abends sitzt sie mit ihrem Verlobten in einem Restaurant mit Blick auf das Empire State Building. Sie beichtet Walter ihr Gefühl, und dieser reagiert ganz verständnisvoll, gar nicht traurig. Er läßt sie gehen, als ein rotes Lichterherz auf dem berühmten Gebäude sichtbar wird. Annie eilt zum Empire State, an dem auch Sam inzwischen angekommen ist und Jonah auf der Aussichtsplattform gefunden hat. Vergeblich hatte dieser nach Annie gesucht. Enttäuscht fahren beide mit dem Fahrstuhl nach unten, während Annie mit dem anderen Lift heraufkommt und sich auf der inzwischen leeren Plattform allein wiederfindet. Allerdings entdeckt sie den Rucksack eines Jungen, und in diesem Augenblick kehren Vater und Sohn zurück. Endlich kommt es zur Begegnung. Keine Überraschung, sondern Zufriedenheit macht sich in ihren Mienen breit, weil man sich nun doch gefunden hat. Die Magie der Liebe ist also immer noch existent, ebenso wie das Schicksal, an das nie einer glauben wollte.

SLEEPLESS IN SEATTLE ist ein hoffnungslos altmodischer Film und eine unverfroren romantische Komödie. Keiner hätte den Erfolg vorausgesagt, und doch war es der bis FORREST GUMP kassenstärkste Film von Tom Hanks. Ein Film voller warmherziger, komischer Momente, bisweilen rettungslos sentimental und völlig unrealistisch, getragen von nur einer einzigen Idee: daß es die wahre, große Liebe gibt, wenngleich, das schränkt Nora Ephron allzu deutlich ein, auch nur im Kino. Interessant ist, daß die beiden Liebenden sich erst am Ende wirklich treffen. Verwandte Herzen, die füreinander schlagen, finden sich auch trotz der großen Distanz, denn sie sind füreinander bestimmt, so lautet die romantische Essenz.

Dennoch ist das romantische Konzept des Films nur möglich durch die Glaubwürdigkeit der Schauspieler.»Meg Ryan scheint stets der Gefahr ausgesetzt, sich zu verflüchtigen. Sie wirkt so verträumt, daß man sich nie sicher sein kann, was sie tut.« (Pavlovic) Ihr gelingt es, Tugenden akzeptabel darzustellen, die aus der Mode gekommen sind: sentimentale Verträumtheit, die Fähigkeit zu Tränen, das Aufopfern für ein Gefühl. Sie wirkt zerbrechlich und konfus im Chaos ihrer Emotionen. Vor allem aber ist sie unendlich nett und sympathisch. Wie Tom Hanks, dessen herausragendes Merkmal eben auch ist, nett und sympathisch zu sein. »Er ist nett und klug«, sagt Meg Ryan über ihren Partner und ergänzt: »Ich glaube, er ist eine komplexere Persönlichkeit, als viele denken.« (Morrison)

Einmal mehr gelingt es Hanks, sich zur Identifikationsfigur zu machen, weil er sich auf charmante Weise – wie Cary Grant oder James Stewart – als reichlich wehrlos im Kampf der Geschlechter erweist. In seinen früheren Komödien war er da anders, war vielfach der drängende Anmacher, der machohafte Gockel mit vorsichtig angedeuteten animalischen Trieben. »Er ist dieser Jedermann«, beschrieb ihn der SPLASH-Regisseur Ron Howard, »der Typ, der ein ziemlich normales Leben führt, aber nicht langweilig ist, sondern sehr unterhaltsam sein kann; der dich dazu bringt, dich mit ihm zu identifizieren.« (Flippo)

Der Erfolg von drei seiner romantischen Komödien beruhte dabei wohl nicht zuletzt darauf, daß sich jeder Amerikaner in

Kassenträchtig: ›Sleepless in Seattle‹

Tom Hanks wiedererkennen konnte oder mochte. In seiner »Normalität«, seiner Gutmütigkeit, seinem Humor und seiner Ernsthaftigkeit, seiner Cleverneß und seiner Naivität, seiner Sympathie, die er freigebig verteilt, und dem Bedürfnis nach Zuneigung, das er erweckt. Er schrieb sich im amerikanischen Kino fest als eine natürliche, selbstverständliche, unverfälschte Größe, als »Mr. Nice«.

Seine Normalität, seine scheinbare Durchschnittlichkeit und

die Selbstverständlichkeit, mit der er ungewöhnliche, ja unglaubhafte Ereignisse alltäglich erscheinen läßt, machen seinen unwiderstehlichen Star-Appeal aus.

»Er gehört weder zu den Schönen noch zu den Starken, noch zu den Willensstarken oder den reichen Persönlichkeiten innerhalb verführerischer dunkler Bereiche. Noch gehört er zu den genialischen Clowns, doch er gehört zu den Menschen, die jedermann trifft, jeden Tag, in seinem Spiegel oder auf der Straße. Und dennoch, dieser Mann ist ein Rätsel. Er scheint jedem zu ähneln, und ist doch wie keiner. Er verkörpert den Durchschnittsamerikaner, den ›boy next door‹, er gesteht, regelmäßig zur Kirche zu gehen und nur sieben Frauen in seinem Leben gehabt zu haben, aber er gewinnt den Oscar dafür, daß er einen homosexuellen Anwalt gespielt hat, der an Aids erkrankt ist und nicht sterben will, ohne zuvor seine Rechte verteidigt zu haben!« (Rebichon)

Nach dem Erfolg von SLEEPLESS IN SEATTLE wechselte Hanks tatsächlich radikal sein Fach und zeigte, daß er in Wahrheit ein Charakterdarsteller ist. Denn er nahm eine Rolle an, von der ihm viele abgeraten hatten, die eines homosexuellen, aidskranken Anwaltes in dem Film PHILADELPHIA, dem ersten Werk, das dieses komplexe Thema einem breiten Mainstream-Publikum nahebrachte. Daß dies gelang, ist vor allem Tom Hanks zu verdanken.

KAPITEL 5

Die Charakterrollen

1986 schien für Tom Hanks ein Wechsel dringend geboten. Er
hatte in rascher Folge in fünf Komödien mitgewirkt, wahrlich
nicht in den besten, und vor allem nicht in den erfolgreichsten.
Seine noch junge Laufbahn drohte ein unrühmliches Ende zu
finden, falls er nicht bald einen Hit aufweisen konnte. So jedenfalls stellte es sich für Hanks und seinen väterlichen Freund und
Regisseur Garry Marshall dar. Ihr gemeinsames Projekt war
NOTHING IN COMMON (SIE HABEN NICHTS GEMEINSAM) betitelt
und kam offenbar zum richtigen Zeitpunkt. »Das Timing für
diesen Film gab es nur einmal im Leben«, erzählte Hanks einem

Mit Jason Robards in ›Philadelphia‹

Radioreporter. »Wie oft bekommt man einen Film angeboten, der alles verlangt, was du über dich als Schauspieler und als Mensch weißt? Es ist eine gewaltige Palette an Gefühlen … Ich fragte mich, ob wir in der Lage seien, es richtig zu machen. Man geht ein großes Risiko ein bei einem Film wie diesem, weil man die Menschen auffordert, ernsthaft zu lachen, aber sich auch ernsthaft gefühlsmäßig darauf einzulassen. Dieser Film ist so lustig wie das alltägliche Leben … und er ist berührend, so wie der Alltag. Er unternimmt diese Gratwanderung. Ich glaube, der Film behandelt eine Reihe von instinktiven Gefühlen, zu denen wir alle als Angehörige der menschlichen Rasse 1986 eine Beziehung haben.« (Trakin, 119–120)

Tatsächlich gefällt NOTHING IN COMMON durch seine gelungene Mischung aus sanftem Humor und anrührender Menschlichkeit. Und er stellt für Tom Hanks einen gelungenen Übergang in ein anderes Rollenfach dar, das des Charakterdarstellers. Noch war überhaupt nicht abzusehen, daß er gerade mit seinen ernsten Rollen seine größten Erfolge und Hollywoods höchste Anerkennung finden würde. Am Anfang überwog, selbst bei Garry Marshall, die Skepsis. »Tom machte das, was keiner von ihm gedacht hatte. Es ist hart, wenn du von so etwas wie BACHELOR PARTY kommst und dir dann jemand sagt: ›Hey, Junge! Wein mal!‹ Aber er schaffte es.« (Orlean)

Seine ersten Szenen in NOTHING IN COMMON erinnern an seine vorherigen Rollen. David Basner (Hanks) sitzt im Flugzeug und knutscht mit einer Stewardeß. Von Beruf ist er Werbefachmann, wie Kip Wilson in der TV-Serie BOSOM BUDDIES, ein Superprofi, der entsprechend von sich selbst überzeugt ist. Vor allem von seinem Erfolg bei Frauen. Basner ist ein unsympathischer Typ, laut und aufdringlich, stolz auf seine kürzliche Beförderung, ein *womanizer*, der die Frauen gleich im Dutzend anmacht, und das bei jeder sich bietenden Gelegenheit. Diese Yuppie-Attitüde, hier zunächst vorgetragen ohne Distanz, war ohnehin eines der Merkmale des Schauspielers Hanks, das ihm anfangs ein Publikum sicherte. Verkörperte er doch immer wieder zeitgemäße Figuren, die in den achtziger Jahren durchaus normal erschienen. Zumal Hanks seine Charaktere nicht überzeichnete oder karikierte, sondern sie zu Erscheinungen d˄s Alltags und damit für viele Zuschauer wiedererkennbar machte.

»Ich habe nicht das Gefühl«, sagte der Drehbuchautor David Chambers über seinen Freund Hanks, den er seit ihrer Zusammenarbeit bei BOSOM BUDDIES kannte, »daß Tom etwas darstellt, sondern eher, daß er seine Persönlichkeit auf seine Rolle projiziert, was ohnehin die Essenz des Filmschauspielens ist.« (Trakin, 126) Ein Frauenheld aber war Tom Hanks beileibe nicht, wie er immer wieder freimütig einräumte. Obgleich in dieser Zeit seine Ehe endgültig in die Brüche ging, er zu David Chambers zog und offenbar eine Affäre mit seiner Schauspielkollegin Sela Ward hatte, die in NOTHING IN COMMON den weiblichen Gegenpart zu David Basner spielte, kam er wegen irgendwelcher Affären nie in die Schlagzeilen. Abgesehen von der Trennung von seiner Frau Samantha verlief sein Leben in eher geordneten Bahnen und blieb konzentriert auf die Arbeit. Das Leben seines David Basner aber gerät durcheinander, als ihn ein Anruf seines Vaters Max (Jackie Gleason) erreicht. Nach sechsunddreißig Jahren ist dieser von seiner Frau Lorraine (Eva Marie Saint) verlassen worden. Bestürzt fährt David zu seinem Vater, findet ihn in der leergeräumten Wohnung. Doch wenig verbindet die beiden, sie haben sich nichts zu sagen. Seine Mutter erklärt dem fassungslosen Sohn, sie habe ihren Mann verlassen, weil sie sein Schweigen nicht länger ertragen konnte. David ist ziemlich hilflos gegenüber den Problemen seiner Eltern, die er, wie er feststellen muß, im Grunde gar nicht kennt. »Meine Figur wuchs in einer Familie auf, die nicht zufrieden war. Es war kein glückliches Zuhause, und er hatte keinen Gefallen an seinen Eltern«, äußerte sich Hanks über seine Rolle. »Es war nicht die beste Kindheit, aber wenn der Film vorüber ist, weiß er, daß das noch immer gilt, daß sie aber immer noch seine Eltern sind und daß es immer noch seine Kindheit ist. Das war das Heim, in dem er aufwuchs. Es gibt Bande, die tiefer, wichtiger und wertvoller sind als welche, bei denen man über alles einfach hinweggeht, indem man die Schuld allein seinen Eltern in die Schuhe schiebt. Ich glaube, das ist ein wichtiger Aspekt des Erwachsenwerdens.« (Trakin, 129) Rat sucht David bei seiner alten High-School-Freundin Donna (Bess Armstrong), die nicht so glücklich scheint, ihn zu sehen, und ihm auch nicht helfen kann.

Max Basner war einmal ein erfolgreicher Verkäufer von Kinderbekleidung. Doch seine Erfolge gehören, wie er selbst, der

Vergangenheit an. Sein Optimismus ist nur noch aufgesetzt, er betrügt sich selbst. Wie sein Sohn schaut auch Max, trotz seines Alters, weiterhin jedem Rock hinterher. Jahrelang hat er seine Frau, wie er David später gestehen muß, mit anderen Frauen betrogen. Doch auch David kann es nicht lassen. In der Lobby des Hotels, in dem er sich mit einem neuen Klienten treffen soll, sieht er eine aufregende Schönheit. Obwohl er in Kürze mit dem potentiellen Kunden, der einen großen Werbeetat zu vergeben hat, verabredet ist, vergißt er seine berufliche Professionalität und macht direkt und unverschämt die junge Frau an. Die aber gibt ihm kalt einen Korb. Peinlich berührt muß David kurz darauf feststellen, daß die junge Frau die Tochter des potentiellen Kunden und dessen Mediendirektorin ist. Doch in ihr schlummert ein verwandter Geist.

Cheryl Ann (Sela Ward) ist eine moderne, knallharte Geschäftsfrau, die einen klaren Trennstrich zieht zwischen Liebe und Sex. Zu letzterem lädt sie ihn nach der Sitzung unverblümt ein. Danach wird David mehrmals von ihrem Vater Andrew Woolridge (Barry Corbin) eingeladen, einem Tycoon alter Schule, der gerne Golf spielt und Enten jagt. David ist eindeutig deplaziert und schlägt sich lieber mit Cheryl in die Büsche. Wenig später bekommt seine Agentur die Aufforderung, eine Präsentation zu machen. David wird der Verantwortliche. Intensiv sitzt er mit seiner Crew zusammen, um ein Werbekonzept zu finden. Da kommt die Nachricht, sein Vater habe einen Unfall gehabt, höchst ungelegen. Noch merkt er nicht, welche Probleme sein Vater hat. Zunächst geht es ihm nur um die eigene Karriere.

Tom Hanks verkörpert perfekt, wie später auch in THE BONFIRE OF THE VANITIES, den großstädtischen Jungmanager, den energischen Yuppie, den Baby-Boomer, dessen Gesichtsausdruck nur Oberflächlichkeit und keine Menschlichkeit mehr ausstrahlt. Gang, Mimik, Gestik wirken wie angeboren und zeigen, in welchem Maße Hanks' schauspielerische Entwicklung die gesellschaftlichen Stimmungen seiner Zeit reflektiert. Sein Körper wird getrieben von einer inneren Dynamik, doch sein Charakter ist wie sein Äußeres blaß.

Während David beruflichen Erfolg hat, widerfährt seinem Vater das Gegenteil. Max wird entlassen. Jackie Gleason, der kurz nach Beendigung der Dreharbeiten starb, zeigte in seiner letz-

Kalt und knallhart: Sela Ward und Tom Hanks in ›Nothing in Common‹

ten Rolle darstellerische Qualitäten, die man ihm nach den SMOKEY AND THE BANDIT-Filmen kaum noch zugetraut hatte. Wie er körperlich in sich zusammensackt, nachdem ihm gekündigt wurde, wie er mit verkniffener, verzweifelter Miene als gebrochener Mann ohne Lebensenergie davongeht, zeigte, welch großartiger und zeit seines Lebens vielleicht verkannter Schauspieler Gleason war. »Du hast es mit einer Ikone zu tun«, äußerte sich Hanks über seinen Kollegen. »Und es geht über den Komiker oder die Schnapsdrossel hinaus. Er ist erheblich komplexer als das. Und wenn es Zeit war, vor die Kamera zu treten, wollte er durch nichts belästigt werden, was seine Konzentration auf die Arbeit beeinträchtigen konnte. Jackie probt nicht. Er will es gleich beim ersten Mal. Er will durch nichts die Spontaneität beeinträchtigen.« (Trakin, 124)

Es spricht nicht gegen Tom Hanks, wenn man feststellt, daß

Gleason in ihren gemeinsamen Szenen den emotional stärkeren Eindruck hinterläßt. Etwa als Max seinen Sohn mitten in einer von dessen Kreativsitzungen besucht, ihm gesteht, arbeitslos zu sein, Potenzprobleme zu haben, und ihn um Hilfe bittet. Auch Mutter Lorraine ruft jetzt häufiger ihren Sohn an, dem die Bitten seiner Eltern um Geld oder Besorgungen oder einfach nur um Gespräche allmählich lästig werden.

Genervt überrascht er Donna um Mitternacht zu Hause. Da sie nicht alleine ist, vertreibt er durch sein ständiges Gerede ihren Freund. Donna erklärt ihm, eine richtige Beziehung haben und nicht mehr, wie damals, als Davids emotionale Reparaturwerkstatt dienen zu wollen. Darüber vergißt David für kurze Zeit die Probleme mit seinen Eltern. Beide werden in ihren Beziehungen bleiben. Doch als sich David, Cheryl, Donna und ihr Freund auf der Straße begegnen, sprechen die Blicke zwischen Donna und David bereits eine andere Sprache. Hanks läßt hier nur kurz aufblitzen, zu welch nuanciertem Spiel er fähig ist. In anderen Szenen ist immer wieder ein Rückfall in frühere Zeiten zu sehen. Wenn er zum Beispiel seine Faxen vor Cheryl abzieht, die das offenbar ebenso wenig lustig findet wie wohl auch der Zuschauer. Doch der Film, und mit ihm Tom Hanks, nimmt nun eine andere Wendung. Aus der leichten Geschichte wird eine ernsthafte.

David erfährt von seiner Mutter, daß die Ehe seiner Eltern schon seit Jahren zerrüttet gewesen ist. Er erfährt, wie schäbig sein Vater sich gegenüber seiner Mutter verhalten hat. Es kommt zum Streit zwischen ihm und Max; der Sohn wirft dem Vater vor, ihr Zuhause in eine Pension verwandelt und sich nie richtig um seine Familie gekümmert zu haben. Bei den Dreharbeiten zu einem Werbespot hat David schließlich einen Nervenzusammenbruch. Und als er später mit seinem Vater in einen Jazzclub geht, entdeckt er schwarze Flecken an dessen Füßen. David erfährt, daß Max an einer schweren Diabetes leidet und sich nie behandeln ließ. Er bringt seinen Vater ins Krankenhaus, wo dieser sofort operiert werden soll. Als er dann seine Kampagne vorstellt und Woolridge von ihm verlangt, sein Konzept am Tag der Operation seines Vaters in New York zu präsentieren, weigert sich David, bricht mit der verständnislosen Cheryl und wird von Woolridge hinausgeworfen. Doch zum erstenmal ist ihm sein Privatleben wichtiger als sein

Beruf. Eine Haltung, die von Tom Hanks offensichtlich geteilt wurde, berührte sie doch seine eigene Realität.

Der Film beinhaltet viel Persönliches von Tom Hanks, der seine Familie, seinen Vater zu einer Sondervorführung einlud. »Du bist überall in diesem Film, Pop«, sagte Hanks. »Das war für uns ein nur schwer anzusehender Film«, berichtete seine Schwester Sandra, »weil es unserer eigenen Wirklichkeit sehr nahe kam, dieser Krankheitsaspekt. Wir waren alle gerade da durchgegangen. Tom inklusive hatten wir alle sehr viel Zeit am Bett meines Vaters verbracht ... Sie sagten, er würde sterben.« (Connelly)

Bei genauerer Betrachtung zeigt sich im Spiel von Hanks nicht mehr wirklich nur ein schauspielerischer Ausdruck. Eher glaubt man, eine persönliche Betroffenheit zu entdecken, Mitgefühl und Sorgenfalten. »Gelegentlich muß man auf seine eigenen Erfahrungen zurückgreifen«, bestätigte Hanks seine persönliche Nähe zur Rolle. »Das war hier der Fall. Ich fand mehr und mehr von mir selbst in der Rolle und brachte immer mehr meines eigenen Lebens in die Geschichte ein. David Basner ließ mich sogar über meine eigene Beziehung zu meinen Eltern nachdenken.« (Trakin, 120)

Hanks, dessen Eltern geschieden wurden, als er fünf war, und der in Folge kein Familienleben mehr im gemeinhin normalen Sinn hatte, wurde sich bewußt, daß Eltern nicht austauschbar sind und daß ein Verhältnis zu ihnen immer bestehenbleibt. »Man kann keine Eltern-Transplantation haben. Man kann nicht zu einem Arzt gehen und einen neuen Vater und eine neue Mutter bekommen. Wir sind mit ihnen verbunden, im Guten und im Schlechten. Ich glaube, daß daraus eine gewisse Spannung im Leben resultiert. Es gibt immer Liebe und manchmal Haß. Normalerweise ist es ein Verhältnis von Haß-Liebe.« (Trakin, 122)

Allein in solch »ernsten« Rollen, in denen er seine eigene Persönlichkeit einfließen ließ, wurde Hanks zu einem wahren Charakterdarsteller. Er, der nie eine klassische Schauspielschule besucht hatte, agierte aus dem Instinkt heraus und fand so zu größerer Glaubwürdigkeit. Deshalb sind seine Charakterrollen die interessanteren. Und deshalb sind wohl auch diese Filme seine erfolgreicheren. Selbst wenn NOTHING IN COMMON mit 13,5 Millionen Dollar US-Einspiel weit hinter den Erwartungen blieb.

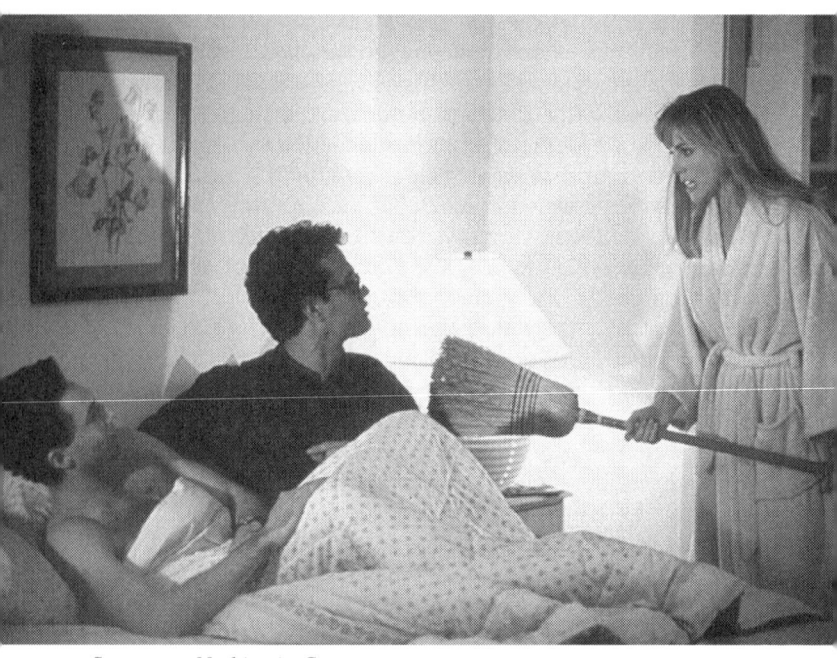

Szene aus ›Nothing in Common‹

Als David auf das Ergebnis der Operation wartet – sein Chef hat ihn verständnisvoll beurlaubt –, gesellt sich Donna zu ihm. Jetzt, da sich David zu einer menschlichen Entscheidung durchgerungen hat, für seine Eltern und gegen seinen Beruf, gibt es vielleicht eine Chance auch für die beiden. Ein Lächeln mit den Augen erscheint in Davids Gesicht, als ihm sein Vater nach der Operation gesteht, nicht geglaubt zu haben, daß ihm sein Sohn helfen werde. Vielen Kritikern war dieses Ende zu sentimental, und sie hatten recht. Der Film folgte mit seinem Happy-End einmal mehr einer gängigen, stereotypen Hollywood-Formel und brachte sich damit um die Glaubwürdigkeit und die Chance, ein bedeutendes, großes Werk zu werden. In dem Bestreben, es jedem recht zu machen und alle Themen anzuschneiden, stand am Ende ein Film, der weder Komödie noch Drama, der weder völlig unterhaltsam noch völlig langweilig war. Eine weitgehend unentschlossene Mischung guter Absichten und kommerzieller Erwägungen.

Positive Kritiken bekam nur Tom Hanks, dem man die beste Darstellung seiner bisherigen Karriere attestierte. Tatsächlich markierte NOTHING IN COMMON seinen Schritt vom Jugendlichen zum Erwachsenen. Zum ersten Male hatte er auf der Leinwand wahre Gefühle gezeigt: Schmerz, Leid, Freude, Zufriedenheit, Erschrecken. Die ganze Palette menschlicher Emotionen wurde von ihm unter der einfühlsamen Regie des PRETTY WOMAN-Regisseurs Garry Marshall ausgebreitet. Für manchen mag es eine Entdeckung gewesen sein, doch Hanks hatte schon in seinen bisherigen Filmen immer wieder sein Können aufblitzen lassen.

Hätte man nun geglaubt, Tom Hanks würde sich wieder auf sicheres Terrain zurückziehen, so irrte man. Bei seinen nächsten Film – weder THE MONEY PIT (siehe Kapitel 3) noch NOTHING IN COMMON waren zu diesem Zeitpunkt in den Kinos angelaufen – entschied sich Hanks für das Risiko, zum ersten Mal. Doch seine Kriterien für die Rollenauswahl hatten sich geändert. Nicht mehr die Sorge um den Lebensunterhalt bestimmte seine Entscheidung, sondern die eigene künstlerische Weiterentwicklung. »Was ich suche«, beschrieb er seine Kriterien, »sind die Überraschungen, sind die Filme, die in mir Fragen evozieren, die ich mir nicht gestellt habe. Oder Filme, die unbekannte Gefühle erwecken und die auf eine originelle und persönliche Weise darzustellen ich mich für fähig halte. Ich frage einen Regisseur immer: ›Sind Sie sicher, daß Sie mich für diese Rolle möchten?‹ Und wenn er ja sagt, sage ich: ›Sehr gut, Sie sind der vernünftigste Mensch der Welt, weil kein anderer Schauspieler so gut sein wird wie ich!‹ Ich brauche eine solche Beziehung, damit etwas in meinem Kopf ausgelöst wird. Das hat nichts mit dem Begriff Herausforderung zu tun, den ich aus meinem Wortschatz gestrichen habe; sagen wir, es handelt sich um einen Akt des Glaubens. Glaube an das Drehbuch, Glaube an das Team und Glaube an das eigene Talent, das einen in Bereiche bringt, in denen man zuvor noch nie war … Wenn ich spiele, ist das, als ob ich fliege. Ich habe Augen, die im Grunde meines Kopfes rollen, ich habe nicht das Gefühl zu ›arbeiten‹, ich habe nicht den Eindruck, eine Anstrengung zu unternehmen. Ich fliege! Ich kann immer noch nicht glauben, daß man mich dafür bezahlt!« (Rebichon)

Seine Wahl fiel auf ein ungewöhnliches Projekt. EVERY TIME WE SAY GOODBYE (LIEBE IST EIN SPIEL AUF ZEIT) von Moshe Mizrahi, einem israelischen Regisseur, der 1977 für seinen Film LA VIE DEVANT SOI (MADAME ROSA) einen »Oscar« gewonnen hatte. LA VIE DEVANT SOI schildert, wie EVERY TIME WE SAY GOODBYE, eine traurige, weil unmögliche Liebesgeschichte. Simone Signoret spielte in dem 1976 in Frankreich produzierten Film eine ehemalige Prostituierte und Holocaust-Überlebende, die in einem jungen arabischen Waisenkind einen Freund findet. Tom Hanks spielte zehn Jahre später einen amerikanischen Soldaten in Jerusalem, der sich 1942 in eine sephardische Jüdin verliebt. (»Sephardim« nennt man spanisch-portugiesische Juden und ihre Nachkommen.) Doch ihre Liebe steht unter einem ungünstigen Stern, zu verschieden sind die gesellschaftlichen und vor allem die religiösen Hintergründe.

»Es ist die Geschichte, wie zwei Menschen zusammenfinden, nicht zwei Kulturen«, erzählte Hanks während der Dreharbeiten in Israel der *Jerusalem Post*. »David kommt aus einer sehr offenen, amerikanischen Gesellschaftsschicht, in der es nicht unüblich ist, gegen seine Familie zu rebellieren. Ich betrachte ihn als Einzelgänger, der während der Depression eine Zeitlang durch die USA zieht, als viele Menschen umherzogen, ohne etwas zu tun zu haben. (…) In diesem Film sieht man Leute von völlig unterschiedlichen sozialen Hintergründen, die einander nicht verstehen und doch mit einem unglaublichen, tiefen Gefühl füreinander kommunizieren. Als David zu Sarahs Haus geht und zu verstehen versucht, was um ihn herum passiert, ist das sehr komisch. Wirklich komisch.« (Trakin, 135–136)

David Bradford (Hanks) ist nach Kanada geflohen, um als Amerikaner in die Dienste der Royal Air Force zu treten. In Jerusalem erholt er sich von seinen Verletzungen, die er sich bei Luftkämpfen gegen Rommels Afrika-Truppen zugezogen hat. Nachdem er das Lazarett verlassen hat, zieht er zu seinem Freund und Vorgesetzten Peter Ross (Benedict Taylor). Durch Peter, der sich in eine junge Jüdin verliebt hat und sie heiraten will, lernt er die junge Sarah Perrara (Cristina Marsillach) kennen. Es dauert nicht lange, und David ist bis über beide Ohren in sie verliebt. Auch Sarah ist dem jungen amerikanischen Piloten nicht abgeneigt. Doch ihrer Liebe steht ein gewichtiges Problem entgegen. Sarah kommt aus einer sephardischen Fa-

Eine überraschende Rollenwahl: Tom Hanks als GI in ›Liebe ist ein Spiel auf Zeit‹

milie, deren lange moralische und religiöse Tradition im Exil noch strikter angewendet wird und die allein schon den Gedanken an eine Bindung der Tochter mit einem Nichtgläubigen weit von sich weist. Als Besuch ist David willkommen, jedoch nicht als Sarahs Verehrer und schon gar nicht als ihr möglicher Ehemann. Doch die Romanze läßt sich nicht länger verheimlichen, und Sarahs Brüder setzen alles daran, die Verbindung zu zerstören. Sarah soll einen Mann heiraten, den sie nicht liebt, während David zurück in den Krieg zieht. Aber, das beherrscht auch ein aus Ägypten stammender, in Israel aufgewachsener und nach Paris emigrierter Filmemacher, ein Happy-End muß sein, und so kommt das ungleiche Liebespaar trotz aller gesellschaftlichen Widerstände doch noch zusammen. Wahre Liebe findet eben immer einen Weg.

»Dieser Film enthält viel Witz und amüsante Augenblicke, aber auch Traurigkeit. Diese Mischung aus Humor, Wärme und Leid ist der Maßstab für ein großes Werk, das nie altert oder langweilt«, beschreibt Tom Hanks EVERY TIME WE SAY GOODBYE (Trakin, 134) und stellte den Film damit auf eine Stufe mit den großen Dramen der Kulturgeschichte. Natürlich spielt sich der Film auf einem völlig anderen Niveau ab, doch Hanks hatte nicht unrecht zu betonen, wie groß die Bedeutung von Humor, von komischen Augenblicken in leidvollen Dramen und grauen Tragödien ist. Erst durch die Verbindung von Komischem mit Traurigem wird die Spannweite des menschlichen Schicksals erfaßt.

Und gerade jene Verbindung ist es, die Tom Hanks erneut in den Mittelpunkt seines schauspielerischen Schaffens stellte. Vielleicht hatte er insgeheim bei den Dreharbeiten zu NOTHING IN COMMON gespürt, diesen Grundsatz einer gelungenen Darstellung unter Hollywood-Bedingungen nicht entwickeln zu können. Vielleicht brauchte er die Abgeschiedenheit des Drehortes in Israel, fernab von dem beginnenden Starrummel um seine Person, um sein schauspielerisches Instrumentarium endlich für die großen Rollen zu schärfen. Rollen, wie gesagt, die Freud und Leid verbinden und ihrem Darsteller auch die Möglichkeit bieten, dies in seinem Spiel zum Ausdruck zu bringen. Nicht erst mit FORREST GUMP hat Tom Hanks bewiesen, daß er diese menschheitsumspannende Verbindung allein in seinem Blick spüren lassen kann.

Die Dreharbeiten in Israel hatten auf die Qualität seiner Arbeit besondere Auswirkungen. »Ich war sehr begierig darauf, die Gelegenheit zu haben, mit einer kleinen Gruppe von Menschen zu arbeiten, die eine ganz besondere Geschichte erzählen«, erläuterte Hanks seine Entscheidung für Mizrahis Film. »In einer intimen Weise ohne Druck zu arbeiten, ist für mich etwas Neues. Wir machen keinen Studiofilm mit Parkplätzen, Restaurants und Angestellten. Wir machen nur einen Film, bei dem Moshe Mizrahi sich darauf konzentrieren kann, ein Regisseur zu sein und kein Studioangestellter. Und ich kann mich darauf konzentrieren, ein Schauspieler zu sein und kein Filmstar. Vielleicht sind europäische Schauspieler diese Arbeitsweise gewohnt, ich bin es nicht.« (Produktionsnotizen) Dennoch konnte er nicht vermeiden, in Israel als Star angesehen zu werden, da auch daheim in den USA sein Ruhm wuchs. Sonnenbrillen, verdunkelte Limousinen, Autogrammjäger zählen zu den Attributen eines Stars, der kaum noch allein über die Straße gehen kann. Für Tom Hanks wurde dies mehr und mehr zu einer Bürde. Er, der es liebte, in Jeans und kariertem Hemd zu Basket- oder Baseballspielen zu gehen, sah sich plötzlich in seiner Bewegungsfreiheit eingeschränkt. Immer schwieriger wurde es, die nötige Konzentration für eine Rolle aufzubringen. Zugleich war ihm daran gelegen, sich weiterzuentwickeln. »Es gibt eine Reihe von Überlegungen, wenn man eine Rolle annimmt. Eine ist natürlich, daß es sich um eine gute Rolle handelt. Ich bin ein egoistischer Schauspieler; ich mag gute Rollen. Manchmal dreht ein Schauspieler einen Film wegen seiner Geschichte oder Botschaft. Manchmal wegen der Beteiligten. Manchmal ist es das Geld. Wenn du Glück hast, kommt alles zusammen. Heute ist für mich die kreative Her-

Mit Cristina Marsillach in ›Every Time We Say Goodbye‹

163

ausforderung viel wichtiger, als rumzulaufen, eine gute Zeit zu haben und Freunde zu machen. Der Glamour des Filmemachens spielt gegenüber diesem kreativen Aspekt eine untergeordnete Rolle. Denn von da an bleibt allein das Spielen sichtbar.« (Produktionsnotizen)

Als EVERY TIME WE SAY GOODBYE in New York am 14. November 1986 seine Premiere hatte, wurde er eigentlich nur wegen der Mitwirkung von Tom Hanks beachtet. Nichtamerikanische Filme haben es in den USA ohnehin schwer, ein Publikum außerhalb der Großstädte zu finden. Doch selbst mit einem Tom Hanks an der Spitze des Vorspanns fand Mizrahis Film zu Unrecht keine Gnade, weder vor der Kritik noch vor dem Publikum. Offenbar hatte jeder auf einen witzelnden Hanks gewartet, doch der paßte sich dem Stil des Liebesfilms an und unterspielte in den seltenen komischen Passagen seine komödiantischen Fähigkeiten. Sie wären ohnehin deplaziert gewesen. Die anstrengenden Dreharbeiten zu zwei anspruchsvolleren Filmen innerhalb eines Jahres brachten den arbeitswütigen Hanks dazu, als nächstes eine »leichtere« Rolle anzunehmen, die des Pep Streebeck in der Komödie DRAGNET. Doch gleich anschließend stürzte er sich erneut in ein künstlerisches Wagnis und eine herausfordernde Rolle. PUNCHLINE (PUNCHLINE – DER KNALLEFFEKT) heißt der Film von David Seltzer und war Bestandteil eines Vertrages, den Tom Hanks mit Columbia Pictures über die Entwicklung einiger gemeinsamer Projekte geschlossen hatte.

Im März 1987 begannen die Dreharbeiten zu diesem Film, in dem Hanks eine ungewohnte Rolle übernommen hatte, die eines Stand-up-Komikers, eines Komikers also, der in kleinen Clubs auf der Bühne steht und das Publikum mit Witzen zum Lachen bringen soll. Eine Knochenarbeit, die Tausende gescheiterte Hoffnungen zurückläßt und nur ganz wenige Erfolge. Hanks hatte übrigens nie auf der Bühne eines Comic Club gestanden. Zur Vorbereitung wurden Hanks und seine Partnerin Sally Field, die den Film mit ihrer Firma Fogwood Productions auch produzierte, von mehreren professionellen Club-Komikern trainiert. So lernten sie, daß nicht nur die Qualität der Witze wichtig ist, sondern daß fast noch wichtiger Timing und Rhythmus sind, mit denen die Gags einem Publikum vorgetragen werden. Zum erstenmal trat Hanks dann in Clubs auf. Er sprang als Überraschungsgast im Igby's und im Comedy Store in Los Angeles auf die Bühne und stand zwei Nächte im Comic Strip in New York durch. Deren Publikum, erinnert sich Hanks, »interessierte sich für mich anderthalb Minuten. Als ich dann verschwand, wünschten sie sich immerhin, daß ich komisch gewesen wäre. Doch nach einiger Zeit bekamen wir eine ganz anständige Nummer hin. Es war nicht zu schlecht.« (Connelly)

Diese Clubs können mörderisch sein. Die Konkurrenz unter den Komikern ist gnadenlos, und eine klammheimliche Schadenfreude macht sich breit, wenn einer von ihnen beim Publikum durchfällt. Um gutes Material zu haben, müssen sie Witze kaufen, denn mit einem alten Witz fallen sie todsicher durch. Wie Lilah (Field), die es schwer hat, sich als Komikerin zu verkaufen. Ihr Wille ist spürbar, doch ihre Gags und ihr Timing sind einfach nicht gut genug. Denn ihr »Markenzeichen« als Komikerin ist ihr polnischer Ehemann, der als Witzfigur für alles mögliche herhalten muß. Anders ist dies bei Steven Gold (Hanks), der in einem lokalen Club mit seinen anzüglichen Witzen gut ankommt. Im Hauptberuf ist Lilah Hausfrau und dreifache Mutter, mit einem Ehemann (John Goodman), der nichts von ihren Bühnenambitionen hält und sie deshalb in einen permanenten Gewissenskonflikt stürzt. Steven ist Medizinstudent, der schließlich in der Prüfung durchfällt, weil er instinktiv spürt, nicht für den Arztberuf geeignet zu sein. Da er in permanenten Geldnöten steckt, muß er seine Witze selbst im Krankenhaus reißen. Menschliche Witze sind es und morbide. Er kommt an bei den Patienten und bei einer Agentin, der seine Medizin-Gags gefallen. Als Steven Lilah kennenlernt, ist diese verzweifelt. Denn sie hat Krach mit ihrem Mann, weil sie das Urlaubsgeld der Familie für schlechte Witze ausgegeben hat. Auch Steven will ihr Witze andrehen, es kommt zum Streit im Coffee-Shop. Doch dann erklärt er ihr, daß sie ihr eigenes Leben als Quelle für ihre Komik nutzen soll. Er nimmt sie mit zu einem seiner Krankenhausauftritte. Lilah ist so fasziniert von der Wirkung guter lebensnaher Komik, daß sie darüber ihre familiären Pflichten beinahe vergißt und erst in letzter Minute ein Dinner für die Geschäftsfreunde ihres Mannes organisiert. Wieder kommt es zum Krach mit ihrem Mann, der sie überhaupt nicht komisch findet. Lilah verläßt ihre Familie.

Die Hausfrau und der Medizinstudent: Sally Field und Tom Hanks in
›Punchline‹

Währenddessen wartet Steven im Club ungeduldig auf die avi-
sierten Agenten. Als der Clubbesitzer Romeo (gespielt vom
Regisseur Mark Rydell) sie im Publikum glaubt, schickt er Steven auf die Bühne. Doch die vermeintlichen Agenten sind sein
Vater und sein Bruder. Sein Auftritt wird zur Rechtfertigungs-
rede und Anklage an den Vater, der ihn zum Medizinstudium
gezwungen hat, obwohl Steven nicht einmal Blut sehen kann.
Noch auf der Bühne hat er einen Nervenzusammenbruch.
David Seltzer schilderte in einem Interview, wie es zu der
Intensität dieser Szene kam: »Tom wollte an diesem Morgen
nicht gesehen werden. Er wollte aus seinem Trailer gerufen
werden, wenn die Kameras schon fast liefen. Gott allein weiß,
was er sich da heraufbeschwor, aber er kam raus und machte es
einfach, machte es den ganzen Tag lang. Ich fragte ihn am En-

de des Tages, ob er die leiseste Ahnung gehabt habe, wie er es anstellen wollte, da hochzugehen und in Tränen auszubrechen. Und er sagte: ›Ich hatte keine Ahnung, daß ich dazu noch nach drei Uhr fähig sein würde.‹« (Connelly) Hanks gelang es tatsächlich sehr glaubhaft, die Komik unversehens ins Tragische zu verwandeln und dabei zu verdeutlichen, wie nahe beides beieinander liegt. Obwohl er einen Komiker spielte, war es doch eine dramatische Rolle. Einmal mehr zeigte er die ganze Spannbreite der menschlichen Existenz zwischen Freud und Leid. Doch einmal mehr mußte man sich erst daran gewöhnen, den verknautschten Yuppie und zappeligen Anmacher in einer dramatischen Rolle zu sehen, und dies überzeugend.

Nach Stevens Nervenzusammenbruch kümmert sich Lilah um ihn, indem sie ihm einfach nur zuhört. Und ihm von ihren eigenen Frustrationen erzählt. Beide bauen sich gegenseitig auf und gewinnen an neuer Kraft für ihre Komik. Sally Field und Tom Hanks spielen diese Szenen mit routinierter Abgeklärtheit, ein professionelles Duett, solides schauspielerisches Handwerk, aber nicht unbedingt aufregend. PUNCHLINE ist ohnehin kein Film, der Emotionen heraufbeschwört. Steven macht Lilah deutlich, daß sie nur dann komisch ist, wenn sie von ihren eigenen Erfahrungen erzählt. Endlich gelingt ihr in einem Club der Durchbruch. Endlich wird sie vom Publikum akzeptiert, denn ihre Witze sind jetzt treffend und bestens plaziert. Auch Steven findet zur alten Stärke zurück. Gerade rechtzeitig für einen Wettbewerb, dessen Sieger in der legendären Johnny Carson Show auftreten darf. Möglicherweise das Sprungbrett für eine richtige Karriere.

Ganz allmählich hat Steven sich in Lilah verliebt, aber sie liebt weiterhin ihren Mann und ihre Kinder. Wieder einmal ist Steven also der Verlierer, doch diesesmal zieht er daraus seine Kraft. Mit seinem Witz überwindet Steven seine Verzweiflung, mit seinen Gags gibt er sich neue Hoffnung, zunächst. Hanks wirkt sehr sublim: Mit feinen Abstufungen seiner Mimik, Blicke und Gesten verkörpert er diesen Komiker, der darunter leidet, komisch sein zu müssen.

Der Abend der Wettbewerbe. Lilah hatte ihrer Familie versprochen, nicht mehr im Club aufzutreten. Doch nun hält sie es nicht mehr aus. Allerdings geht sie nicht allein, ihr Mann bittet sie, mitkommen zu dürfen. Vor dem Club pöbelt Steven die

Gäste an. Er hat seine Nerven nicht mehr unter Kontrolle und wird zunehmend verzweifelter. Die Spannung steigt. Nervös drückt sich Steven in den Kulissen herum, Tom Hanks läßt seine körperliche Energie nur mäßig gebändigt erscheinen. Es wird noch schlimmer. Lilahs Auftritt ist ein Triumph, während Steven einen schlechten Start erwischt. Dann aber findet er endlich zu seiner Form zurück und liefert ein brillantes komisch-sarkastisches Feuerwerk ab. Indes reicht dies nicht zum Gewinn des Wettbewerbs. Lilah ist die Siegerin, doch sie verzichtet, weiß sie doch, daß ein Sieg für Steven eine existentielle Frage ist. Sie geht mit ihrem Mann fort, zurück zu ihrer Familie, und Steven wird zum Gewinner gekürt.

Tom Hanks zeigte in PUNCHLINE, daß er inzwischen über eine ziemliche Ausdrucksbreite verfügte und in der Lage war, Gefühle in all ihren Schattierungen darzustellen. Immer wieder demonstrierte er in Seltzers Film einen erstaunlichen Reigen von emotionalen Nuancen und Grenzüberschreitungen. Lachen, Traurigkeit, Leichtigkeit, Verzweiflung, Schwung und Nachdenklichkeit: Tom Hanks spielte sich immer stärker in die kleine Riege universeller Darsteller, die keinem Genre mehr zuzuordnen sind, die – wie Robert De Niro oder Dustin Hoffman – vor allem durch ihre Intensität überzeugen. Das Publikum aber schien den Wandel vom reinen Komiker zum abgerundeten, vielseitigen Charaktermimen noch nicht hinnehmen zu wollen. PUNCHLINE fiel an der Kinokasse durch. Doch da steckte Hanks bereits in den Dreharbeiten zu seinem ersten großen Komödien-Hit, BIG (siehe Kapitel 4), in dem er einen Zwölfjährigen spielte, der sich plötzlich im Körper eines Dreißigjährigen wiederfand. Der Riesenerfolg des Films, der ihm seine erste »Oscar«-Nominierung einbrachte, zeigte allerdings auch, daß er sich langsam über einen dauerhaften Rollenwechsel Gedanken machen mußte.

So nahm er, zudem nach dem unerwarteten Fiasko von JOE VERSUS THE VOLCANO (siehe Kapitel 4), die Gelegenheit wahr, sein Image aufzupolieren und gleichzeitig zu verändern. Der Film heißt THE BONFIRE OF THE VANITIES (FEGEFEUER DER EITELKEITEN) und beruht auf dem gleichnamigen sensationellen Bestseller von Tom Wolfe, der darin auf unnachahmlich sarkastische Weise der New Yorker Gesellschaft einen entlarvenden Spiegel vorgehalten hat. Regie führte Brian De Palma

Professionelles Duett: Field und Hanks in ›Punchline‹

(CARRIE, 1976; DRESSED TO KILL, 1980; THE UNTOUCHABLES, 1987), ein ausgewiesener Meister formaler Extravaganzen und hintergründiger Beobachter des amerikanischen Traums mit all seinen Schattenseiten.

Die Hauptfigur von Roman und Film ist Sherman McCoy, ein zynischer Wall-Street-Broker und Edel-Yuppie, der sich selbst als der Meister des Universums versteht und glaubt, die Welt beherrschen zu können. Der Erfolg von Wolfes Roman hatte ihn zu einem der teuersten Stoffe gemacht. Für siebenhundertfünfzigtausend Dollar erwarb Warner Bros. die Verfilmungsrechte, ohne zu ahnen, daß die Realität die Fiktion zwischenzeitlich einholte. Börsenmakler wie Michael Milken und ihre unlauteren milliardenschweren Geschäfte ließen den Mythos

Wall Street zu einem Gespenst verwelken. »Es ist ein Museumsstück«, meinte Hanks. »Es gibt heute keinen Makler mehr, der sich für den Meister des Universums hält, nach allem, was mit ihnen passiert war.« (Griffin) Die Entscheidung von Warner Bros., De Palma als Regisseur zu verpflichten und den allgemein als nett abgestempelten Hanks in der Hauptrolle des arroganten und anmaßenden Sherman McCoy zu besetzen, rief schon von Beginn an Skeptiker auf den Plan. Dazu noch Bruce Willis als schleimigen Sensationsreporter Peter Fallow, das überstieg die Vorstellungskraft der meisten. Selbst Hanks hatte anfangs Bedenken.

»Ich fragte, ob ich alt genug sei, um Sherman zu spielen – immerhin ist er im Buch achtunddreißig, und ich bin erst vierunddreißig«, meinte er in den Produktionsnotizen. »Brian antwortete: ›Es handelt nicht vom Alter, nicht von einer Midlife-Crisis oder von einem Typen, der zu lang verheiratet war. Es handelt von einem Mann, der glaubt, er habe die Macht, zu tun, was er will.‹ Als ich hörte, daß mich Brian De Palma für die Rolle haben wollte, war ich erst einmal völlig eingeschüchtert. Der Roman selbst wurde so hoch geschätzt, weil er das Bild eines ganzen Jahrzehnts entwirft. Und Sherman ist darin die Hauptfigur. Jeder, der das Buch gelesen hat, macht sich seine eigenen Vorstellungen, wie Sherman aussieht, redet, sich verhält. Ich mußte die wandelnde Verkörperung eines Typen werden, von dem sich die Leute schon ihr eigenes Bild und ihre Meinung gemacht hatten.« (Presseheft) So wurde es tatsächlich schwer für Hanks, zu beweisen, daß er die richtige Besetzung für die Rolle war. Für die meisten Kritiker und Zuschauer war er es offenbar nicht. Der Film wurde mit weniger als zehn Millionen Dollar Einspielergebnis in den USA der größte Reinfall in Hanks' Karriere.

Beeindruckend ist THE BONFIRE OF THE VANITIES dennoch. Allein sein Anfang, mit einer mehrminütigen, ungeschnittenen Kamerafahrt von der Tiefgarage durch die Gänge und die Küche, vorbei an zahlreichen Menschen und Aktionen, bis ins Foyer des New Yorker Winter Garden, hat bereits Filmgeschichte gemacht. Eine Szene, die den hyperrealistischen Stil des Films bereits andeutet. Von nun an sind die meisten Einstellungen mit einer Weitwinkeloptik und aus einer unteren Perspektive aufgenommen. Alles erscheint so größer als das

Leben selbst. Wie Peter Fallow, der Sensationsjournalist, der ein Buch geschrieben hat über den Fall des Meisters des Universums, Sherman McCoy. Einen Fall, den er selbst mit ausgelöst hatte und den er nun, in Abänderung zur Romanvorlage, im Rückblick erzählt.

Ein Jahr zuvor wollte Sherman einen Anruf tätigen. Doch obgleich er mehrere Anschlüsse und Räume in seinem Sechs-Millionen-Dollar-Apartment besitzt, geht er bei strömendem Regen in eine Telefonzelle und ruft versehentlich seine Frau Judy (Kim Cattrall) an, nicht seine Geliebte Maria Ruskin (Melanie Griffith). Natürlich erkennt Judy seine Stimme und fragt ihn bei seiner Rückkehr, warum er eine Maria sprechen wollte. Sherman gerät ins Stottern, er ist ein schlechter Lügner. Dem immer so integer wirkenden Hanks gelingt es brillant, die Unehrlichkeit Shermans zu verwandeln in einen Ausdruck

Der Meister des Universums wird erkennungsdienstlich behandelt: ›Fegefeuer der Eitelkeiten‹

der Überheblichkeit. Denn schließlich ist er immer noch ein Meister des Universums, und deshalb gibt es für ihn keine Grenzen. Am nächsten Morgen geht Sherman wie gewohnt ins Büro, ganz von sich selbst überzeugt. McCoy ist Börsenmakler und es gewohnt, Dollars millionenweise zu verschieben und dafür Provisionen zu bekommen, die ihm seinen aufwendigen Lebensstil ermöglichen. Einem Kollegen empfiehlt er, Ruhe zu bewahren und nicht die Fassung zu verlieren angesichts der vielen Millionen. Er selbst leitet ein Geschäft im Wert von sechshundert Millionen Dollar in die Wege. Dann holt er seine Geliebte Maria vom Flughafen ab und übersieht die Ausfahrt nach Manhattan, während Maria an seinem Reißverschluß nestelt.

Das Pärchen im teuren Mercedes landet in der Bronx. Maria wundert sich, wo all die Weißen geblieben sind, und Sherman hat Angst um den Lack seines Wagens. Bei dem Versuch, die Schnellstraßenauffahrt nach Manhattan zu finden, landen sie in einer versperrten Straße. Sherman steigt aus, will das Hindernis beseitigen. Da tauchen zwei Jugendliche auf, und Maria dreht durch. Sie tritt aufs Gas, Sherman springt in sein Auto, und Maria fährt los. Dabei überfährt sie einen der beiden Jugendlichen. Sherman ist beunruhigt, will zur Polizei und den Unfall melden. Doch Maria denkt an etwas anderes. Sie will ihren Geliebten im Bett.

Unglücklicherweise ist Wahljahr in New York. Und so wird aus dem Unfall, für den es zunächst keine Zeugen und keinen Ankläger gibt, doch noch ein Fall für die verschiedenen Interessen der Politiker. Richter White (Morgan Freeman) muß bei übereifrigen Staatsanwälten die Gerechtigkeit gegenüber populistischem Rassismus durchsetzen, während der Oberstaatsanwalt Weiss (F. Murray Abraham) dringend Erfolge sehen will und deshalb seinen ehrgeizigen, skrupellosen Assistenten Larry Kramer (Saul Rubinek) auf den angeblichen Fall ansetzt. Es muß ein weißer Schuldiger her, um die wahlentscheidenden Stimmen der Schwarzen zu bekommen. Auch der Reverend Bacon (John Hancock) sieht eine Chance in dem Fall des Opfers, das erst mit einem gebrochenen Handgelenk vom Krankenhaus nach Hause geschickt und anderntags mit einem Schädelbruch von seiner Mutter zurückgebracht wurde. Der Reverend bietet sich als Ventil für die brodelnde Bronx an, deren Stimmung er erst entfacht und dann für sich nutzt.

Im Tatwagen: Melanie Griffith und Tom Hanks kurz vor dem fatalen Unfall

Doch davon ahnt Sherman McCoy noch nichts, auch Peter Fallow nicht, der Reporter auf dem absteigenden Ast, immer besoffen und willenlos. Zögernd, von seinem Verleger unter Druck gesetzt, macht er sich an die Arbeit und liefert eine Schlagzeile, die Panik bei Sherman auslöst. Die ersten drei Buchstaben des Nummernschildes konnten vom Opfer noch erkannt werden, und daß es sich um einen Mercedes handelte. Als Sherman die Schlagzeile liest, versucht er gerade, seinen sechshundert Millionen Dollar schweren Deal abzuschließen. Doch aus der Ruhe und Konzentration gebracht, eine bislang unbekannte Angst und Unsicherheit im Gesicht anstelle der üblichen Überheblichkeit, verdirbt er das Geschäft und leitet damit seinen Untergang ein. Fallow hingegen entdeckt seine Reporterspürnase wieder, der Reverend heizt kräftig die Emotionen auf, und Sherman gerät immer mehr in die Enge.

Zunächst will ihm Maria nicht helfen, indem sie als Fahrerin zur Polizei geht, und dann tauchen zwei Polizisten zu einer Routinebefragung bei ihm auf. Sherman reagiert so nervös, daß die beiden Verdacht schöpfen. Er stottert und stammelt und möchte ohne seinen Anwalt kein Wort mehr sagen. Weiss und Kramer sind begeistert. Sie haben einen Weißen, einen erfolgreichen zudem, und man kann dem Wählervolk beweisen, daß die Gerechtigkeit vor keinem haltmacht. Fallow macht sich an die Arbeit, liefert die Geschichten.

Noch ahnt Sherman nicht, daß er bald verhaftet werden wird. Zusammen mit Judy geht er in die Oper, sieht in der Pause, wie Maria und Judy einander vorgestellt werden. Sein Standardlächeln wirkt mit einem Male aufgesetzt und verzerrt. Die nackte Angst ist ihm nun ins Gesicht geschrieben, denn er ahnt, daß er nicht mehr selbst das Spiel macht, sondern nur noch Spielball ist.

Sherman muß eine Nacht ins Gefängnis. Jetzt ist er wirklich nur noch eine Figur anderer Interessen. Dementsprechend verstört tritt er im Gerichtssaal auf, wo ihn Journalisten, Fotografen und die Anhänger des Reverend erwarten. Die Atmosphäre ist aufgeheizt, doch Richter White läßt sich nicht beirren. Er setzt McCoy gegen eine Kaution von zehntausend Dollar auf freien Fuß. Sehr zur Empörung des aufgepeitschten Publikums und zum Ärger der Staatsanwälte. Durch eine Seitentür kann Sherman der Meute entkommen und trifft auf den überraschten Fallow, der sein Glück nicht fassen kann. Fallow bringt Sherman zur U-Bahn und zunächst in Sicherheit. Doch er gibt seine Identität nicht preis, da McCoy auf einen Schreiberling namens Fallow schimpft, der ihm den ganzen Schlamassel eingebracht hat. Fallow macht ihm klar, daß er nur vorübergehend der Gegenstand der Schlagzeilen sein wird. Schon bald werden andere an seine Stelle treten. Für Sherman ist dies kein Trost, denn er hat, wie er dem Fremden anvertraut, ja gar nicht am Steuer gesessen und deshalb auch keine Schuld.

Wieder in seinem Luxus-Apartment, erwartet ihn eine Dinnerparty. Die Gäste applaudieren ihm, ein Fernsehproduzent will ihm die Rechte an seiner Geschichte abkaufen, doch der irritierte Sherman erfährt auch, daß er seinen Job verloren hat, daß die anderen Wohnungseigentümer ihn loswerden wollen und daß Judy ihn am nächsten Morgen verlassen wird. Dem Wahnsinn ebenso nahe wie der Erkenntnis über seine angeblichen Freunde, greift sich Sherman ein Gewehr und beginnt in die Decke zu schießen. Die ungebetenen Gäste rennen in Panik davon. »Sherman McCoy ist tot«, sagt er.

Unterdessen erfährt der wieder betrunkene Peter Fallow von einer Bekannten, daß Maria tatsächlich am Steuer gesessen hat. Die Wohnung, in der sich Maria mit Sherman traf, wurde nämlich abgehört, um der Vermieterin – Fallows Bekannter – den Mißbrauch ihres Apartments nachzuweisen. Doch niemand will die Wahrheit hören. Der Reverend nicht, dem McCoy gleichgültig ist, möchte er doch das Krankenhaus wegen falscher Behandlung des Opfers verklagen, und auch der Staatsanwalt nicht, braucht er doch Wähler aus der schwarzen Bevölkerung. Fallow findet den Elektriker, der die Wanzen in die Wohnung eingebaut hatte, und bekommt das Band. Nun aber weiß er auch, daß er den Stoff für ein großes Buch vor sich hat. Was ihm fehlt, ist ein Schluß. Also setzt er den in Szene. Er schickt das Band an McCoys Anwalt. Sherman glaubt sich schon in Sicherheit, doch das Band ist illegal und gilt nicht als Beweis. Sherman muß Maria noch einmal treffen und sie erneut dazu bringen, sich selbst zu belasten. Das geschieht ausgerechnet während der Trauerfeier für Marias kürzlich an einem Lachanfall gestorbenen Mann. Als sie dahinter kommt, was Sherman vorhat, schickt sie ihn zum Teufel und macht sich zur Zeugin der begeisterten Staatsanwälte.

Im Gericht beschuldigt sie ihn, der Fahrer gewesen zu sein und sie vom Gang zur Polizei abgehalten zu haben. Mit Interesse beobachtet Fallow die Reaktion von Sherman. Anstatt deprimiert zu sein, zeichnet sich ein böses, hinterhältiges Lächeln auf seinem Gesicht ab. Zuvor hatte er mit seinem Vater gesprochen, einem Ausbund an Moral und Aufrichtigkeit. Doch auch der mußte eingestehen, daß es manchmal nur einen Weg gibt, die Wahrheit ans Licht zu bringen: Lügen. Und so spielt Sherman mit einem maliziösen Lächeln das Tonband ab, auf dem Maria sich schuldig bekennt. Ein Lächeln, das ihn wieder zum Meister des Universums macht, denn er bestimmt wieder die Regeln.

Richter White spricht ihn unter dem Protest der Anwesenden

frei. Nach seinem Freispruch richtet sich der Körper von Mc-
Coy wieder auf, er findet seine Haltung und seinen Gesichtsausdruck wieder. Doch Sherman ist nicht mehr der Yuppie, der
er am Anfang der Geschichte war. Er hat dazugelernt. »Ein
Held für unsere Zeit. Oder zumindest so viel Held, wie wir in
unseren Zeiten kriegen können«, kommentiert Fallow Shermans Abgang ins Nichts. »Sehen Sie, Sherman, der mit so viel
anfing, verlor alles. Aber er gewann seine Seele. Wohingegen
ich, der mit so wenig anfing, alles gewann. Aber was lohnt es
einen Menschen, wenn er die ganze Welt gewinnt, aber seine
Seele verliert, Ach ja, es gibt Entschädigungen«, resümiert der
Reporter die moralische Essenz des Films.
Auch De Palma reduzierte die komplexe Gestaltung seines
Films auf eine einzige Erkenntnis. »Die Konstruktion des Films
ist die, daß Sherman alles verliert und seine Seele wiederge-
winnt und Fallow alles gewinnt, aber seine Seele verliert.«
(Griffin) So einfach die Grundidee des Films auch sein mag,
so wenig einfach setzte De Palma diese Geschichte von Auf-
stieg und Fall in Szene. An nichts wurde gespart. Dekors wurden gebaut und wieder verworfen. Zum Beispiel der Gerichtssaal, der bereits fertig in einem Studio in Los Angeles stand
und wegen der eingeschränkten Disponibilität von Morgan
Freeman (DRIVING MISS DAISY; ROBIN HOOD: PRINCE OF
THIEVES) an der Ostküste noch einmal neu errichtet werden
mußte. In der Wohnung von Sherman McCoy fanden sich
Antiquitäten im Wert von mehreren hunderttausend Dollar.
Das Budget des Films stieg alsbald auf sechzig Millionen und
löste Panik unter den meisten Beteiligten aus.
Doch man vertraute auf die Zugkraft von Stars wie Tom
Hanks, Bruce Willis und Melanie Griffith. Eine Besetzung, die
allein schon den Erfolg garantieren mußte. Doch sie tat es
nicht. Unverständlicherweise. Dabei gaben alle Beteiligten ihr
Bestes. »Ich unternahm alles, was ich konnte, damit es funktio-
nierte«, meinte Hanks nach dem Eintreffen der Katastrophe.
»Die Auswirkungen ließen einen eine Zeitlang nachdenken.
Du stellst dich selbst in Frage. Aber was kannst du machen?
Du drehst deine Einstellungen und gehst weg. Du kannst nicht
zurückkommen, sie korrigieren oder ändern. Du wünschtest
dir, es sei anders gewesen, aber es war's nicht. Es bestätigte nur,
was William Goldman vor langer Zeit einmal sagte, daß es nur

ein Gebot in Hollywood gäbe. Keiner weiß irgend etwas. Und das gilt auch für mich.« (Trakin, 163)

Lange Zeit waren andere Namen für die Rolle des Sherman McCoy gehandelt worden. William Hurt etwa. Hanks galt als völlig ungeeignet für einen schwierigen Part, der zudem noch derartige Aufmerksamkeit erregen würde wie die Figur McCoys. »Tom war für mich immer die richtige Mischung von Ernsthaftigkeit und Komik«, meinte De Palma knapp (Griffin). Schon 1988 hatte Produzent Peter Gruber Hanks die Rolle angeboten, zu einem Zeitpunkt, als der Film noch gar nicht gesichert schien. Als dann De Palma bestätigte, Tom Hanks für die Rolle des elitären Ostküsten-Yuppies haben zu wollen, mußte sich dieser erst einmal entsprechend vorbereiten. Schließlich kam er aus einem völlig anderen Milieu. Arbeiterklasse, Kalifornier. Bei der Brokerfirma Merrill Lynch beobachtete er zwei Wochen lang die jungen Männer, deren einzige Maxime das Geld war, das sie anhielten wie der Wolf den Mond. Er besuchte die Schulen und die Hochschulen der kom-

Eine Nacht im Knast: Hanks als Sherman McCoy

menden Elite und war beeindruckt von den sportlichen Möglichkeiten. »Ich dachte: ›Junge, ich wäre eine viel abgerundetere Persönlichkeit geworden, wenn ich nach Yale gegangen wäre und den Zugang zu all dem gehabt hätte – und daß Sherman McCoy eine viel weniger abgerundete Person geworden ist, weil er nach Yale gegangen war.‹« (Griffin)

Hanks bereitete sich auf die Rolle des Sherman McCoy vor wie auf kaum eine andere. Er gab ihr einen eigenen Hintergrund, und doch glaubte man ihm die Figur nicht. »Die Leute sagen: ›Du bist nicht der Meister des Universums.‹ Genau das ist der Punkt: Ja! Niemand ist das. Worum es bei Sherman McCoy geht, ist die Tatsache, daß er sich den Herrscherthron nur anmaßt. Sherman McCoy glaubt, nur weil er der Nummereins-Verkäufer bei Pierce & Pierce ist, daß er sein eigenes Schicksal kontrollieren kann. Er glaubt, er sei der Mittelpunkt jeder Dinnerparty. Er glaubt, er sei ein faszinierender Typ, doch er ist es nicht. Aber weil er das glaubt – das ist für mich die Grundlage der Rolle: Ein Mann, der glaubt, er könne mit allem durchkommen, der glaubt, er sei hip genug, sich eine Geliebte zu halten und es seiner Frau zu verheimlichen, und der dennoch so blöd ist, daß er nicht einmal die richtige Telefonnummer wählen kann.« (Griffin)

Hanks gelang es durchaus, die verschiedenen emotionalen Stadien der Figur darzustellen, obgleich ihm von allen Seiten der Unwillen entgegenschlug, dies akzeptieren zu wollen. Eine gegenüber einem Schauspieler im Grunde anmaßende Haltung, die sein professionelles Selbstverständnis angreifen mußte. Die besondere Schwierigkeit für Hanks lag darin, nicht genau zu wissen, worauf De Palma hinauswollte. Immer wieder legte er seine Rolle naturalistisch an, doch erst wenn er etwas völlig Verrücktes machte, war De Palma einverstanden. Nach und nach paßte sich seine Darstellungsweise, wie auch die von Willis und Griffith, dem aufgeregten, hyperrealistischen Stil des Films mit seinem allumfassenden, brillanten Kamerabewegungen an. Je komplexer, je undurchsichtiger die Handlung wurde, desto abwechslungsreicher und vielfältiger wurde Hanks. Immer wieder fragte er sich, wie seine Darstellung und die seiner Kollegen, dabei besonders seine einzige Szene mit Bruce Willis, im Zusammenhang des Films wirken würden. Nur wenige Zuschauer und Kritiker, vor allem in Europa, waren der Mei

Mißerfolg trotz Starbesetzung: PR-Foto mit Tom Hanks, Melanie Griffith und Bruce Willis

nung, es würde zusammenpassen. THE BONFIRE OF THE VANI-TIES wurde ein gewaltiger Flop und für Hanks ein gefährlicher Rückschlag in seiner Karriere.

Obgleich er sich überzeugend zum Charakterdarsteller entwickelt hatte, fand sein Bemühen beim Publikum nach wie vor keine rechte Resonanz. Zwei Jahre vergingen, bis er seinen nächsten Film drehen konnte. Doch von Beginn an hatte er seine Karriere immer als eine langfristige Angelegenheit betrachtet und geplant. Mißerfolge bedeuteten für ihn keinen Rückschlag, sondern eine Erfahrung, von der er lernen konnte. Und daß er sich trotz der Rückschläge nicht auf leichte Lösungen einließ, also in harmlosen Komödien mitspielte, zeigte seine Entschlossenheit zur Qualität und seinen Mut zum Risiko. Dabei war er sich über eines klar. »Ich habe in letzter Zeit intensiv darüber nachgedacht, wer ich bin, was ich will, welchen Einfluß ich in Hollywood habe, ob ich ein Machtfaktor bin. Zu einem Schluß bin ich zumindest gekommen: Ich will keine Bubis mehr spielen.« (Winnemuth)

Nach einem Zwischenspiel als Erzählerstimme in Richard Donners mißlungenem Fantasy-Abenteuer RADIO FLYER (1992) übernahm Tom Hanks eine Nebenrolle in dem Film A LEAGUE OF THEIR OWN (EINE KLASSE FÜR SICH). Regie führte Penny Marshall, unter der Hanks mit BIG einen seiner größten Erfolge gefeiert hatte. Dennoch bot auch dies keine Garantie auf den Erfolg, denn er sollte einen versoffenen Baseball-Trainer spielen, der wider Willen eine Frauenmannschaft trainiert.

A LEAGUE OF THEIR OWN behandelt ein wenig bekanntes Kapitel in der amerikanischen Baseball-Geschichte. Während des Zweiten Weltkriegs rekrutierten die Besitzer der Profimannschaften zahlreiche Frauen und schufen mit ihnen eine Ersatzliga, denn alle Männer befanden sich im Krieg. Hanks in der Rolle des authentischen Jimmy Dugan war aufgeschwemmt, mußte ständig betrunken sein, Tabak kauen und spucken und ohne Respekt für die Frauen agieren. Keine sympathische Figur, die er für sein Comeback ausersehen hatte. »Es ist die Art von Rolle, die man mich normalerweise nicht spielen läßt«, meinte er in einem Interview. »Aber sie erlaubte mir, diese komplett nette, naive, heitere, charmante und gutaussehende Person über Bord zu werfen, mit der ich vorbelastet bin. Ich wollte in der Lage sein, einen Typen zu spielen, der sein ganzes Leben auf dem Hemdsärmel hatte, und man konnte das sehen, sobald er in den Raum kam.« (Trakin, 167)

Fünfzig Jahre, nachdem sie professionell Baseball gespielt haben, treffen sich die Spielerinnen zur Eröffnung einer Ausstellung wieder. Endlich wurden sie in die Hall of Fame des amerikanischen Baseball aufgenommen. Begonnen hatte ihre Geschichte 1943 in der Provinz. Die Schwestern Dottie (Geena Davis) und Kit (Lori Petty) werden beim Baseballspiel verlacht, aber auch aufmerksam beobachtet. Der Beobachter ist ein Scout von Walter Harvey (Garry Marshall, Regisseur von NOTHING IN COMMON), bekannt für seine Schokoriegel und als Besitzer einer Profi-Baseballmannschaft. Weil die meisten Spieler im Krieg sind, gibt es keine Spiele mehr, und so gehen den Besitzern die Einnahmen verloren. Also denken sie daran, eine Frauenliga zu gründen. Harveys Scout hält von der Idee nichts, macht aber gute Miene zum bösen Spiel und bietet Dottie an, zu einem Ausscheidungsturnier zu kommen. Dottie lehnt ab, weil sie zu Hause auf ihren Mann warten will, läßt sich dann aber Kit zuliebe überreden. Denn Kit hat nur eine Chance, wenn Dottie mitkommt. Die beiden können sich für eine Mannschaft qualifizieren, die »Rockford Peaches«.

Weitere Spielerinnen sind das ehemalige Tanzgirl Mae (Madonna) und ihre Freundin Doris (Rosie O'Donnell) sowie neben anderen die talentierte, aber häßliche Marla (Megan Cavanaugh). Bevor sie spielen dürfen, müssen sie alle in eine Benimmschule. Der Trainer der Rockford Peaches wird Jimmy Dugan, eine Baseball-Legende ohne Fortüne. Fett, steif und uninteressiert übernimmt er den Job, weil er kein Geld mehr hat für seinen Schnaps. Er schaut ziemlich dämlich drein, als er von Harvey hört, welche Mannschaft er trainieren soll. Doch ablehnen kann er nicht. Sein erster Auftritt bei den Mädchen zeigt diesen, wen sie da als Trainer haben. Jimmy torkelt durch die Umkleidekabine zum Pissoir und pinkelt. Dann geht er ohne ein Wort wieder raus. Das erste Spiel der Peaches, die von den männlichen Zuschauern ausgelacht und angemacht werden, verschläft er im Rausch auf der Bank. Die Peaches gewinnen.

Auch bei den nächsten Spielen demonstriert er sein Desinteresse. Für ihn gibt es keine Baseball-Spielerinnen, sondern nur Mädchen, die man anschließend ins Bett holt. Die Mädchen aber sind unter Dotties Kommando äußerst erfolgreich. Während einer Busfahrt, unterwegs zum nächsten Spiel, geht der verzogene Sohn einer Spielerin der Mannschaft derart auf die Nerven, daß der Fahrer anhält und das Weite sucht. Die

Gouvernante will den schnarchenden Jimmy wecken, der sie mit einem verschlafenen »Was ist Baby?« in die Arme nimmt und küßt. Die Frau schreit, ihr wird schlecht. Als Jimmy daraufhin die Augen öffnet und sieht, wen er geküßt hat, malt sich Entsetzen in seinem Gesicht ab, sein Körper richtet sich auf, und ein tierischer Schrei ringt sich aus seiner Brust. Stolpernd flieht er aus dem Bus. Obgleich es keine komische Rolle ist, gelingt es Hanks in dieser Szene, sein komödiantisches Geschick auszuspielen. Jimmys langsame Erkenntnis, was ihm da widerfahren ist, gestaltet Hanks als einen kleinen Parcours durch das Repertoire des Vollblutkomikers, wobei seine Reaktionen nicht auf äußere Anlässe erfolgen, sondern aus einem inneren Bewußtwerden. Schlagartig ist er nüchtern.

Bei einem Tanzabend findet auch die häßliche Marla einen Verehrer, den sie später heiratet. Jimmy indes wird langsam auf das Spiel der Mädchen aufmerksam. Er sieht, daß er es inzwischen mit Profis zu tun hat, die den Männern in Schlagkraft, Taktik und Ausdauer nicht nachstehen. So übernimmt er schließlich die Führung der Mannschaft. In einem mimischen Duell mit Dottie – es handelt sich um eine Zeichensprache, in der Trainer ihren Spielern die Taktik signalisieren – setzt er sich durch und hat Erfolg. Doch gleich beim nächsten Spiel erregt er den Zorn seines Teams, als er eine Mitspielerin wegen eines Fehlers zusammenbrüllt und diese zu weinen beginnt. »Baseball-Spieler weinen nicht«, sagt er und wird vom Schiedsrichter seines groben Verhaltens wegen vom Platz gewiesen.

Doch jetzt, als Jimmy sein Interesse am Spiel wiedergefunden hat, droht von anderer Seite Gefahr für die AAGPBL (All American Girls Professional Baseball League). Mangels Zuschauern droht die Einstellung. Als Reporter von *Life* da sind, spielen die Mädchen um ihre Existenz. Dottie legt einen eleganten Spagat hin und läßt Bein sehen, was sie auf das Titelblatt der Zeitschrift bringt. Jimmy ist entsetzt, fühlt sich wie im Zirkus. Doch er muß auch anerkennen, daß die Mädchen wahren Sportsgeist besitzen. Durch die sexy Einlagen der Spielerinnen gewinnt die Liga schließlich an Attraktivität. Jimmy ist zwar jetzt weitgehend nüchtern, doch sein Selbstbewußtsein hat er noch nicht wiedergefunden. Wie alle bewundert auch er Dottie, die es schafft, ihn vom Alkohol vorläufig abzubringen. Inzwischen denkt Walter Harvey daran, die Liga nach der Saison aufzulösen. Die Männer werden zurückkehren, auf die Felder und in die Fabriken. Frauen gehören für ihn an den Herd. Doch davon ahnen die Betroffenen noch nichts. Sie haben ihre eigenen Probleme. Kit leidet darunter, immer im Schatten ihrer älteren Schwester zu stehen. Als Jimmy sie mit Dotties Zustimmung auswechselt, rastet sie aus. Dottie will aufhören, um ihrer Schwester nicht im Wege zu stehen. Doch Ernie Capadino (Jon Lovitz), der Manager, transferiert Kit zu einer anderen Mannschaft. Er braucht Dottie, sie ist das Aushängeschild der Liga. Die Schwestern trennen sich im Streit.

Erstmals beweist auch Jimmy ein Gespür für schwierige Situationen. Als eine der Spielerinnen durch ein Telegramm vom Tod ihres Mannes erfährt, nimmt Jimmy sie in die Arme, tröstet sie durch sein Verständnis und Mitgefühl. Doch er bleibt ein harter Trainer, der gerne schreit, der aber auch um die Bedeutung des Sports für die Mädchen weiß. Als Dotties Mann Bob (Bill Pull-

Damen-Baseball: ›Eine Klasse für sich‹

man) auftaucht und sie mit ihm auf ihre Farm zurückkehren will, erklärt er ihr das Verhältnis von Sport und Selbstbewußtsein. Ein Plädoyer für den Sportsgeist, von Tom Hanks mit großer Intensität und innerem Verständnis vorgetragen.

Das Endspiel um die Meisterschaft steht bevor. Die Peaches gegen die Racines mit Kit. In der Kabine fordert Jimmy seine überraschten Spielerinnen zum Gebet auf, zum Vaterunser des Baseball. Natürlich taucht Dottie zum Finale auf und wird zur entscheidenden Spielerin. Als jene Spielerin, die er schon einmal angeschrien hat, denselben Fehler wieder macht, nimmt sich Jimmy zusammen. Obwohl er sie anschreien möchte, bleibt er ruhig. Es ist vielleicht der Höhepunkt unter den nicht allzu häufigen Szenen, in denen Hanks mitwirkt. Jimmy zittert vor Wut, aber er schreit nicht. Sein Gesicht droht zu explodieren, bewahrt aber mühsam Fassung. Faszinierend ist anzusehen, wie Hanks die verschiedenen Stadien der Wut durchläuft und sich dabei diszipliniert. Sein aufgedunsenes rundes Gesicht wird zur überraschenden Projektionsfläche widerstreitender Gefühle, eine wahre Landschaft abwechslungsreicher Emotionen, mit Hügeln des Zorns und Tälern der Entspannung. Nichts ist da mehr vom zappeligen Jungen aus BACHELOR PARTY zu sehen, vielmehr hat man einen ausgewachsenen Charakterdarsteller vor Augen.

Das Finale verliert Dottie gegen ihre Schwester Kit, die zum Star der schließlich doch weitergeführten Liga wird. Jimmy bleibt Trainer der Peaches. Die Aufnahme der AAGPBL in die Ruhmeshalle des Baseball aber erlebt er nicht mehr. Jimmy Dugan stirbt 1987. »Ich hätte ihn 1962 sterben lassen«, deutete Hanks eine andere, radikalere Rollenauffassung an. »Ich hätte ihn völlig seiner Depression und seinem Alkoholismus erliegen lassen. Hätte ihn in einem schäbigen Haus in Truckee, Kalifornien sterben lassen. Solche Rollen gibt man mir nie.« (Trakin, 168) Zwar wurde Hanks im Vorspann an erster Stelle genannt, doch sein Part war eine Nebenrolle, und der eindeutige Star des Films war Geena Davis, deren Durchbruch THELMA & LOUISE (Ridley Scott, 1991) war. Dabei sollte zuerst Debra Winger die Rolle spielen, doch als sie hörte, daß Madonna ebenfalls eine Hauptrolle übernehmen würde, gab sie den Part ab. Geena Davis stieß kurz vor Drehbeginn zum Team, das bereits einige Wochen Baseball trainiert hatte. Aber sie fügte sich

Ein versoffener Trainer …

schnell ein und machte aus der Rolle eine der stärksten Frauenfiguren des Hollywood-Kinos der neunziger Jahre.

A LEAGUE OF THEIR OWN ist sicherlich kein Meisterwerk. Wie die meisten Sportfilme folgt er einer bestimmten Formel, die am Ende den entscheidenden Spielzug oder das entscheidende Tor vorsieht. Verbunden ist dies mit ein bißchen Spannung, vor allem aber mit viel Gefühl. Die Figuren sind gelungen charakterisiert und überzeugend besetzt. Was den Film von anderen seiner Art unterscheidet, ist der Verweis auf eine Zeit, in der die Frauen das starke Geschlecht bildeten. Während des Zweiten Weltkrieges übernahmen sie in den USA die Fabriken und eben auch den Sport. Hollywood kreierte einen ganz neuen, starken Frauentyp, der Ende der vierziger Jahre dann auch wieder verschwand.

Penny Marshalls Film erinnert daran, ohne feministisch zu sein, daß die Emanzipation der Frau bereits vor fünfzig Jahren schon einmal stattgefunden hat, ohne theoretische Verbrämung, sondern schlicht aus der Realität resultierend. Diese Erkenntnis hinderte keineswegs den Erfolg des Films, der mit mehr als hundert Millionen Dollar Einspielergebnis Tom Hanks zurück in die vorderste Reihe der erfolgreichen Stars katapultierte. Leider resultierte aus dem Erfolg des Films keine Veränderung in Hollywood. Richtige, echte Frauenrollen gibt es nach wie vor zu wenig.

Tom Hanks, der scherzhaft geäußert hatte, sein einziger Grund, die Rolle anzunehmen, sei gewesen, mit einem Haufen Mädchen den ganzen Sommer Baseball spielen zu dürfen und dafür auch noch bezahlt zu werden, mußte sich unter all den Frauen nicht allein fühlen. »Tom war wie eins der Mädchen«, meinte Lori Petty. »Man wollte ihn einfach umarmen und sagen: ›Kann ich für eine Stunde auf deinem Schoß sitzen?‹« (Griffin) Die Dreharbeiten verliefen anstrengend und brachten den Darstellerinnen eine Reihe von Blessuren ein, und sie verlangten den Schauspielern auch ein paar Extras ab. Immer wieder mußten sie in Wartezeiten bis zur nächsten Einstellung dem Stadionpublikum Unterhaltung bieten, weshalb viele, Tom Hanks eingeschlossen, in den Genuß kostenloser Madonna-Darbietungen kamen.

Der Erfolg des Films bedeutete für Hanks auch einen persönlichen Triumph. Er hatte erneut auf ein Risiko gesetzt – und gewonnen. Endlich schienen seine Bemühungen, als Charakterdarsteller akzeptiert zu werden, Früchte zu tragen. Seine anschließende Rolle aber bestätigte ihn zunächst als den führenden Romantiker im Kino. Der Film hieß SLEEPLESS IN SEATTLE und wurde ebenfalls von einer Frau inszeniert (siehe Kapitel 4).

Mit Geena Davis in ›Eine Klasse für sich‹

Dann aber kam sein erster wahrer Auftritt als ein Charaktermime von Format. Es war seine bis dahin größte Herausforderung, für die er denn auch entsprechend belohnt wurde.
PHILADELPHIA sah ihn als Aids-Kranken und brachte ihm den
ersten »Oscar« ein. Zugleich durfte er stolz darauf sein, in
dem ersten von einem großen Studio finanzierten Film über
Aids und Homosexualität mitgewirkt zu haben. Neben einigen Dokumentarfilmen und unabhängigen Produktionen wie
LONGTIME COMPANION von Norman René (1989) und der Pay-
TV- Produktion AND THE BAND PLAYED ON (UND DAS LEBEN
GEHT WEITER von Roger Spottiswoode, 1993) gab und gibt es
kaum ernsthafte Auseinandersetzungen mit der tödlichen Im-
munschwäche, die im Juli 1981 in einem Artikel der *New York
Times* erstmals erwähnt wurde. Dabei war vor allem Hol-
lywood dreimal stärker als der Rest der amerikanischen Be-

völkerung davon betroffen, was vielleicht erst durch den Aids-Tod von Rock Hudson ins Bewußtsein rückte. Doch Hollywood ist eine Industrie und nicht gewohnt, Risiken einzugehen und auf heiße Eisen zu setzen. Dementsprechend milde fiel auch PHILADELPHIA aus, ein honoriger, aber harmloser Film im Vergleich etwa zu einem autobiographischen Bekenntnis wie LES NUITS FAUVES (DIE WILDEN NÄCHTE von Cyril Collard, 1992), dessen Regisseur und Hauptdarsteller kurz nach der Fertigstellung seines Films an den Folgen von Aids starb.

»Von meiner Seite aus gab es weder die Absicht zu schockieren noch den Willen, den Druck zu erhöhen, oder irgendein Medienkalkül«, äußerte sich Hanks. »Jonathan Demme gab mir ein sehr konstruiertes Drehbuch, sehr stark, sehr bewegend, und ich habe als Schauspieler ganz einfach eine Wahl getroffen. Aber es ist wahr, daß man den Druck sofort spüren konnte, als das Projekt als der erste Film über Aids angekündigt wurde und die Medien ganz hingerissen waren, selbst vor den Dreharbeiten.« (Rebichon) Obgleich die Macher des Films dem Druck standhielten und der Film allein in den USA mehr als fünfundsiebzig Millionen Dollar einspielte, kam es bislang doch nicht zu der erwarteten Reihe von Aids-Filmen. Möglicherweise, weil Jonathan Demme in der Behandlung des sensiblen Themas einen schwer zu erreichenden Standard setzte. Und zwar dadurch, daß er versuchte, Vorurteile abzubauen. »Man entdeckt schnell, daß ohne die Angst vor Homosexuellen die Aids-Diskriminierung gar nicht existieren würde«, umriß Demme seinen Ansatz (Green).

Andrew Beckett (Hanks) ist ein junger, erfolgreicher Anwalt in einer großen, renommierten Kanzlei in Philadelphia – der Stadt, in der die amerikanische Verfassung unterzeichnet wurde. Sein Gegner vor einer Richterin ist Joe Miller (Denzel Washington), ein farbiger Anwalt auf seiten der Opfer. Beckett gewinnt den Fall, und er zeigt die zufriedene Miene eines Siegers. Eine Szene, die Bedeutung haben wird, denn Miller wird der Anwalt seines Kollegen, und durch seine Augen nimmt auch der Zuschauer den Fall von Andrew Beckett wahr. Und mit Miller ändert auch der Zuschauer seine Haltung zu Aids und zur Homosexualität. Es sind die Blicke, die Demme dem Zuschauer erlaubt, die die Aussage des Films erschließen. Immer wieder kontrastiert er dabei die subjektive Wahrnehmung mit der Wahrheit der Fakten. Angebliche Wahrheiten reduzieren sich dabei schnell auf gesellschaftliche Vorurteile.

Vorurteile beispielsweise über die Ansteckungsgefahr durch Aids. Als Andrew im Krankenhaus zur Blutabnahme ist, wirkt er noch unbeschwert, sorgenfrei. Doch dann fällt sein Blick auf Aids-Patienten, und der Zuschauer hat plötzlich eine Ahnung von dem zu erwartenden Leid. Tom Hanks benötigt dazu nur einen Blick, der Sorge, Angst und Ungewißheit gleichermaßen

Als aidskranker Anwalt in ›Philadelphia‹

ausdrückt. Später in der Anwaltskanzlei. Andrew ist Moralist mit einem Gespür für zukunftsträchtige Klienten. Deshalb wird er von seinem Boß Charles Wheeler (Jason Robards) zum Sozius befördert. Am gleichen Abend entdeckt ein Kollege auf Andrews Stirn einen roten Fleck, eine Läsion, ein erstes Anzeichen für Aids. Noch weiß Andrew nicht, daß er Aids hat. Vielleicht ahnt er es. Hanks läßt dies in der Schwebe. Erst als er mit Darmproblemen ins Krankenhaus muß, herrscht Gewißheit. Andrew hat Aids.

Einen Monat später wird Joe Miller Vater einer kleinen Tochter. Beiläufig erfährt er, daß Beckett ihn angerufen hat. Dann steht Andrew vor ihm. »Ich habe Aids«, sagt er ihm ins Gesicht und reicht seine Hand zum Gruß. Miller zuckt zurück, schaut auf seine Hand und hat Angst, infiziert zu sein. Andrew hat sich inzwischen stark verändert. Sein Kopf ist rasiert, die Augen sind rot gerändert, das Gesicht hat Flecken. Die physische Wandlung von Hanks ist erschreckend. Umgekehrt zu Robert De Niros Gewichtszunahme in dem Boxerdrama RAGING BULL (WIE EIN WILDER STIER, Regie Martin Scorsese, 1980), hatte Hanks eine strikte Diät befolgt, bei der er täglich eintausend Kalorien verlieren mußte. Ingesamt nahm er fünfzehn Kilo ab. Sein normalerweise etwas fülliges, rundes Gesicht wirkt hager, zeigt knochige Konturen, verstärkt durch einen Dreitagebart. Andrew Beckett bittet seinen Kollegen um rechtlichen Beistand. Er ist von seiner Kanzlei mit der Begründung, eine Anklageschrift verlegt zu haben, entlassen worden und möchte sie wegen ungerechtfertigter Entlassung verklagen, glaubt er doch, daß seine Krankheit der eigentliche Grund ist. Miller lehnt ab. Er mag keine Homosexuellen, hat Angst vor der Krankheit. Erst der Besuch bei seinem Arzt wird ihm seine Überreaktion verdeutlichen.

Unten auf der Straße, vor Millers Kanzlei, bleibt Andrew stehen. Sein Blick ist leer, er sieht seine Umgebung, ohne sie wahrzunehmen. Dann schleicht sich Verzweiflung und Hoffnungslosigkeit in seinen Blick, die Lippen beginnen zu zittern, Wasser drängt in seine Augen. Hanks gestaltet die Situation dieses Menschen nicht auf intellektueller, sondern auf emotionaler Ebene in einer mitreißenden Deutlichkeit. Sein Spiel wird als solches deutlich, da ist keine Betroffenheit erkennbar, eher eine gewisse Distanz, doch spürbar wird das Erschrecken und die Fähigkeit des Mitleidens. Eine Szene, in der Hanks, wie im gesamten Film, in eine andere Sphäre abgetaucht scheint, ohne dabei sein zurückhaltendes, subtiles Spiel aufzugeben.

In einer Bibliothek wird Miller Zeuge von Becketts Diskriminierung. Andrew, noch stärker von der Krankheit gezeichnet, sucht in der Rechtsprechung nach Urteilen, die eine Entlassung wegen Aids rückgängig gemacht haben. Der Bibliotheksangestellte, der ihm die verlangten Bücher bringt, bietet ihm unmißverständlich einen separaten Raum an, was Andrew ablehnt. Zuerst versteckt sich Joe Miller hinter seinem Bücherstapel, doch dann erinnert er sich an die eigene Diskriminierung wegen seiner Hautfarbe und greift ein. Er wird Andrews Fall übernehmen.

Bei seiner Familie holt sich Andrew Rückendeckung für den Prozeß. Schwester, Bruder, Schwager und Mutter (Joanne Woodward) versichern ihm, an seiner Seite zu stehen. Eine Szene, die nur teilweise gelungen scheint. Allzu harmonisch ist hier die Familie konstruiert, hat überhaupt keine Einwände gegen Andrews Lebensweise, ist sofort einhellig bereit, ihn zu unterstützen. Das rückte den Film immer mehr in die glatte Tradition des Hollywood-Familienkinos, was von Demme auch eindeutig intendiert war. »Ich versuchte weiterhin, ihn auf die Einkaufszentren auszurichten, bis zum Äußersten entschlossen, ein großes Publikum anzuziehen.« (Green) Dies gelang ihm am Ende auch, doch bemerkenswert ist ein Detail in dieser Familienszene. Andrew hält das Baby seiner Schwester im Arm und erklärt seine Situation. Mit Sorge und ein wenig argwöhnisch fragt sie ihn, ob dies nicht zu anstrengend sei. Zu spüren ist dahinter die Angst, daß Aids vielleicht doch noch auf anderem Wege übertragen werden könnte.

Der Prozeß wird eröffnet. Andrew sitzt aufrecht, korrekt gekleidet. Doch er hat sich völlig verändert, die Haare sind schütter und unnatürlich grau. Dennoch ist er in der Lage, aufmerksam zuzuhören. Für Hanks an dieser Stelle eine passive Rolle, die ihm wenig abverlangt. Meist verzieht er keine Miene, bleibt immer im Hintergrund der Einstellung. Bei der Eröffnung des Prozesses verspricht sich Miller, redet von Andrew in der Vergangenheitsform – auch das ein Detail im Film, das eventuelle Vorurteile des Zuschauers auf subtile Weise wahrnehmbar macht. Im Prozeß versucht Belinda Cenine (Mary Steenburgen), die Verteidigerin der angeklagten Kanzlei, die Reputation von Andrew zu zerstören. Beruflich wird ihm Versagen vorgeworfen, persönlich, zumindest indirekt, homosexuell zu sein.

Joe Miller spürt inzwischen die Diskriminierungen am eigenen Leib, als er in einem Drugstore von einem Schwulen angemacht und später in einer Bar von Kollegen angepöbelt wird. Obgleich ihm anzumerken ist, daß ihm die Welt der Homosexuellen fremd bleibt, bemüht er sich, Becketts Reputation zu bewahren, was ihm immer besser gelingt. Auch wenn vor Gericht alle gleich seien, wie der Richter (Charles Napier) meint, im Leben außerhalb des Gerichtssaals existieren die Unterschiede weiter, werden Schwarze und Homosexuelle zu gesellschaftlichen Randgruppen, erwidert ihm Miller. Andrew wird derweil immer schwächer und durchsichtiger in seiner Blässe. Doch er ist nicht bereit, sein Leben aufzugeben. Er gibt eine Kostümparty und empfängt zusammen mit seinem Liebhaber Miguel (Antonio Banderas) in einer Marine-Galauniform die bunte Gästeschar, darunter auch Miller und dessen Frau. Er tanzt eng umschlungen mit Miguel und offenbart seinem Anwalt neue Einblicke in sein Leben. Auch im Anschluß an die Party – Andrew hängt wieder am Tropf – vermittelt er Miller sein Lebensgefühl.

Es ist ein Höhepunkt des Films, denn zum erstenmal öffnet er dem Anwalt und damit auch dem Zuschauer sein Innerstes. Demme inszenierte dies mit einem gewissen Manierismus, ein bißchen theaterhaft in rotes Licht getaucht, mit Kameraperspektiven von oben und unten, die die Umgebung weitgehend ausschließen. Ein Vorgriff auf die kommenden Prozeßszenen, in denen die Kamera den Gesichtern immer näher rückt. Andrew weiß, daß er nicht mehr lange zu leben hat. Er spielt die Arie »La mamma è morta« aus der Oper »Andrea Chenier« von Umberto Giordano, gesungen von Maria Callas. In deren dritten Akt schildert eine der Hauptfiguren, Madame de Coigny, den schrecklichen Tod ihrer Mutter in den Flammen ihres niederbrennenden Hauses, das von revolutionärem Pöbel in Brand gesteckt worden war. »Ich bin das Leben! Ich bin die Vergänglichkeit! Ich bin die Liebe!« Die Art der Inszenierung und das träumerische Auftreten von Tom Hanks machen Andrew zu einer mythischen Gestalt. Das Leben des Todgeweihten verbindet sich mit dem Drama der Oper. Es ist ein

Der Anwalt (Tom Hanks) braucht einen Anwalt (Denzel Washington):
›Philadelphia‹

letztes Aufbäumen gegen das Unausweichliche, es ist der Wunsch nach Unsterblichkeit.

Hanks spielt dies mit einem ungeheuren Gefühl für Atmosphäre, er bringt Realismus in eine abstrakte Szene und läßt sein Bewußtsein für die Lage des Todkranken erkennen. Die Verzweiflung über die Einsamkeit in dieser Situation malt sich auf seinem hageren Gesicht ab. Aus Mitgefühl beim Zuschauer wird ein Mitleiden bis zur Unerträglichkeit, was allein das Verdienst des Schauspielers Hanks ist. Joe Miller kann dies nicht ertragen – er, der gekommen war, um den nächsten Prozeßtag durchzusprechen, flüchtet vor der Intensität der Gefühle. Er fährt nach Hause, küßt sein schlafendes Baby und legt sich an die Seite seiner Frau. All dies untermalt vom hypnotischen Gesang der Callas.

Rückendeckung von der Familie: Szene aus ›Philadelphia‹

Am nächsten Tag im Gericht kann Andrew nur noch auf die Fragen seines Anwaltes antworten, dann bricht er zusammen und wird ins Krankenhaus eingeliefert. Kahlköpfig und schwach ist er den Geräten der modernen Medizin ausgeliefert, während die Geschworenen seiner Klage recht geben. Seine ganze Familie hat sich derweil um sein Bett versammelt, um Abschied zu nehmen. Auch Joe Miller kommt kurz zu Besuch, ein letzter Blick der gegenseitigen Achtung, zum erstenmal übrigens, und wenig später ist Beckett der Krankheit erlegen.
Jonathan Demme ist nicht der Versuchung erlegen, dieses Ende allzu sentimental zu gestalten. Sicherlich mag sich der

eine oder andere bei dem gebrochenen Blick von Tom Hanks eine Träne wegwischen, doch PHILADELPHIA war weitaus weniger sentimental als etwa TERMS OF ENDEARMENT (ZEIT DER ZÄRTLICHKEIT von James L. Brooks, 1983), in dem Debra Winger an Krebs starb. Tatsächlich hatte dieser Film auch Demme und seinem Autor Nyswaner als Vorbild gedient, weil es nicht nur um eine Krankheit, sondern auch um eine Mutter-Tochter-Beziehung geht. PHILADELPHIA erzählt ebenfalls von einer Beziehung, der zwischen einem weißen aidskranken Homosexuellen und einem farbigen Heterosexuellen. In etwa spiegelte diese Figurenkonstellation das Verhältnis zwischen dem heterosexuellen, verheirateten Demme und seinem homosexuellen Autor wider. Beide mußten zuerst ihre Vorurteile dem jeweils anderen gegenüber aufgeben, als sie 1988 über das Projekt nachdachten und nach einer gängigen, glaubwürdigen Geschichte suchten.

Doch erst persönliche Betroffenheit ließ das Projekt Gestalt annehmen. Jonathan Demme erlebte, wie ein enger Freund an Aids starb. Und Ron Nyswaner entdeckte den authentischen Fall von Clarence B. Cain, einem Anwalt aus Philadelphia, der wegen seiner Aids-Krankheit entlassen worden war, dagegen prozessierte und zwei Monate nach dem Gewinn seiner Klage an seiner Krankheit starb. »Ich griff die Idee der Diskriminierung als Aufhänger auf und sagte zu Demme«, schilderte Autor Nyswaner seinen Geistesblitz, »daß es eine David-und-Goliath-Geschichte ist: Ein schwuler Anwalt mit Aids verklagt die saubere Anwaltskanzlei, die ihn ungerechtfertigterweise gefeuert hat.« (Green) Diese Idee, die Problematik von Homosexualität und Aids in eine typische Hollywood-Geschichte einzubinden, trug letztlich zur Realisierung des Films bei.

Auch bei Tom Hanks handelte es sich nicht um einen politischen Akt, als er sich für die Rolle entschied. Genausogut hätte er die Figur von Joe Miller darstellen können, doch schauspielerisch bot Andrew Beckett die größere Herausforderung. »Ich habe das Skript nicht gelesen und gedacht, ich möchte mit der Annahme dieser Rolle ein Statement abgeben. Ich las es und sah die Gelegenheit, wenn wir alles richtig machten, das präzise auszudrücken, was 1993 in Amerika vor sich geht. Man kann in der Geschichte zurückgehen und Filme finden, die genau das leisten. Manchmal sind es romantische Komödien, manchmal düstere Kriegsepen und manchmal auch soziologische Abhandlungen. Aber sie bleiben ewig bestehen, weil sie nicht nur die Autos ausstellen, die wir gefahren haben, sondern den geistigen Prozeß widerspiegeln, den jeder alltäglich zum Überleben einsetzt. Und das ist meine Hoffnung für PHILADELPHIA: daß er bleibt, weil er die Wahrheit über seine Zeit sagt.« (Green)

Für Jonathan Demme ging es indes auch um eine Art Wiedergutmachung. Hatte man ihm doch wegen des möglicherweise homosexuellen Mörders in THE SILENCE OF THE LAMBS (DAS SCHWEIGEN DER LÄMMER, 1991) eine Verunglimpfung von Homosexuellen vorgeworfen – ein Vorwurf, gegen den er sich zwar immer gewehrt hatte, der ihn aber auch zu besonderer Vorsicht trieb. Dennoch mußte er sich bei PHILADELPHIA wieder Kritik gefallen lassen, vor allem kein wirkliches homosexuelles Leben gezeigt zu haben. »Ich bin mit denen einverstanden, die den Mangel an positiven homosexuellen Personen im amerikanischen Kino bedauern«, meinte Demme (Haas). Nur am Ende seines Films, als Miguel seinem sterbenden Geliebten vorsichtig die Finger küßt, greift er dieses Sujet auf, ohne auf stereotype Ansätze zu verfallen.

Auch Tom Hanks war bestrebt, dies zu vermeiden. »Das Bedeutendste an Andrew Beckett ist seine Aids-Krankheit – man stirbt, wenn man Aids hat. Daß er schwul ist, na ja. Daß er ein Anwalt ist, na ja. Ich hatte niemals zuvor eine derartige Rolle gespielt. Es ist eine Sache, jemanden zu spielen, der angeschossen wird, es ist eine Sache, jemanden zu spielen, der Krebs hat, aber – vor allem wegen der Zeit, in der wir als Gesellschaft leben – ein Schwuler zu sein, der Aids hat, bedeutet etwas anderes. Das war die Herausforderung, die mir als jemandem gestellt wurde, der anderer Leute Kleider anzieht und vorgibt, ein anderer zu sein. Es gab für mich in der Figur von Andrew Beckett etwas sehr Vertrautes, aber gleichzeitig entzieht er sich total meinem Verständnis. Ich mußte also los und Homosexuellen die peinlichsten Fragen stellen: ›Schauen Sie, ich weiß nicht, was ich machen soll. Wenn ich so blöd bin, diese Fragen zu stellen, vergessen Sie's, aber ich bin total aufgeschmissen.‹« (Dawson)

Nicht wenigen wurde der Gedanke an einen homosexuellen Protagonisten wohl nur durch die Person von Tom Hanks er-

Wollte ein Statement abgeben: Hanks in ›Philadelphia‹

träglich gemacht. Denn obgleich er sich als Charaktermime endgültig etablieren konnte, hatte er sich doch noch sein Image des »Mr. Nice« bewahrt. Noch immer verkörperte er die Figur, in der sich der Durchschnittsamerikaner wiedererkennen konnte. Ein Preisregen war der Lohn. Zuerst gewann er einen »Golden Globe«, dann den »Academy Award« (»Oscar«) als bester männlicher Hauptdarsteller, immerhin gegen Konkurrenten wie Anthony Hopkins und Liam Neeson.

Die Preisverleihung wurde ein denkwürdiger Auftritt. Neben dem üblichen Dank an die Techniker, den Regisseur und seinen Partner Washington sprach Hanks ein Kapitel seiner eigenen Geschichte an. Nie hätte er vor dem »Oscar«-Publikum stehen können, wenn es nicht zwei wichtige Männer in seinem Leben gegeben hätte: Rawley Farnsworth, seinen Dramalehrer auf der High School, der ihm beibrachte, welcher Ruhm darin liegt, eine Rolle gut zu spielen, und seinen ersten Bühnenpartner und Schulfreund John Gilkerson. Beide Namen nenne er, weil es seiner Meinung nach zwei der nettesten homosexuellen Amerikaner seien und außerdem zwei wunderbare Männer, denen zu begegnen das Glück seiner Jugend gewesen sei. Ein Glück, das er auch seinen Kindern wünsche. Er fuhr fort mit einem bewegten Aufruf zu Toleranz und erinnerte an die amerikanische Verfassung, die ausgerechnet in Philadelphia unterzeichnet worden sei. Und er schloß mit der Erinnerung an all die großen Menschen und Talente, die bereits zu ihrem Schöpfer gerufen wurden, als sie an Aids starben.

»Manche fanden es peinlich, weil sie Angst vor Gefühlen haben, aber jedenfalls ist meine Rede nicht so schnell vergessen worden«, äußerte Hanks sich später. »Ich wußte, daß ich im Zentrum der Aufmerksamkeit stand, weltweit. Ich fand es meine Pflicht, daran zu erinnern, warum dieser Film gemacht wurde, warum er den Preis verdient hat: weil es Aids gibt und weil Hunderttausende schwuler Männer daran gestorben sind. Hinterher war es dann trotzdem ganz lustig.« (Paczensky).

Auch seine nächste »Oscar«-Rede, gleich ein Jahr später, ging über das übliche Dankeschön an Frau, Kinder, Eltern und Regisseur hinaus. Reflektiert und stark emotionalisiert, den Tränen nahe, schilderte er die Gefühle eines Gewinners, versuchte er sein unbeschreibliches Glücksgefühl zu beschreiben. Als dritter Schauspieler überhaupt gewann Tom Hanks für FORREST GUMP, ein Jahr nach PHILADELPHIA, erneut den »Oscar« als bester männlicher Hauptdarsteller. Der »Golden Globe« war da schon selbstverständlicher. Doch zuvor ging Hanks ein völlig anderes Risiko ein. Er inszenierte einen eigenen Film. Keine Komödie, sondern ein ausgesprochen düsteres Kurz-Melodram für das amerikanische Kabelfernsehen. I'LL BE WAITING (ICH WERDE WARTEN) basierte auf der gleichnamigen

Kurzgeschichte von Raymond Chandler und wurde von Hanks äußerst eng an der Vorlage entlang verfilmt.

Hauptfigur ist der Hoteldetektiv Tony Reseck (Bruno Kirby), der eines Nachts aus dem leeren Salon Musik hört. Ein Raum, in den er sich gerne einmal alleine zurückzieht. Jetzt findet er dort Eve Cressy (Marg Helgenberger), eine laszive rothaarige Schönheit, die seit einigen Tagen das Hotel bewohnt und auf jemanden zu warten scheint. Der Nachtportier Carl (Dick Miller) erzählt dem Detektiv, daß ein weiterer Gast gekommen sei. An sich nichts Ungewöhnliches, nur daß dieser Mann eine Pistole bei sich trug. Zuvor schon hatte Tony vor dem Hotel seinen Bruder Al (Jon Polito) getroffen, einen Gangster, der ihm nahelegte, Eve Cressy aus dem Hotel zu werfen. Als Tony den Gast besucht, stellt sich heraus, daß es Johnny Ralls ist, der Ehemann von Eve. Johnny hatte einige Zeit im Gefängnis gesessen und ein paar Gangster um einen Beuteanteil betrogen.

Ehrungen aller Art: Szene aus ›Forrest Gump‹

Jeder ist nun hinter ihm her und dem Geld. Keiner aber weiß, wo es sich befindet. Möglicherweise bei Eve?

Tony schickt Johnny aus dem Hotel und damit unwissentlich seinem Bruder Al in die Hände. Der wiederum wurde verfolgt von einem weiteren Gangster, dem Trouble Boy Number 1, eine Rolle eigens für Tom Hanks, denn die Figur existiert in Chandlers Kurzgeschichte nicht. Von einem schweren Mantel fast erdrückt, mit Hut und Kinnbart, eine gewisse Fülligkeit nach der Abmagerungskur für PHILADELPHIA wiedergewonnen, ist Hanks erst auf den zweiten Blick zu erkennen. Zum erstenmal, und das machte diesen Auftritt interessant, spielte er keine positive Figur, sondern einen Killer. Denn Trouble Boy hat sowohl Ralls wie Al erschossen und bekommt dafür nun von Tony eine Kugel in die Stirn.

Der etwa dreißigminütige Film bot also eine doppelte Überraschung und deutete möglicherweise eine Bereicherung von Hanks' kreativer Energie an. Zum einen versuchte er sich als Regisseur und inszenierte seinen kleinen *film noir* lakonisch und mit Atmosphäre, indes auch dramaturgisch überdehnt, überraschte durch ausgefallene Kameraperspektiven und den liebevoll-ironischen Einsatz von Genreklischees. Für 1995 hatte er sich denn auch die Entwicklung seines ersten großen Regieprojektes vorgenommen. Unter dem Arbeitstitel »Untitled 1964«, was wie die Legende eines Bildes klingt, soll die Geschichte einer Rock'n'Roll-Band der frühen sechziger Jahre erzählt werden. Geplant ist offenbar eine kleine Produktion, durchgeführt von Clinica Estetico, der Firma von Jonathan Demme. Zum anderen gab I'LL BE WAITING den Hinweis darauf, daß Hanks seines Images des netten Jungen von nebenan endgültig überdrüssig ist. Zumal er mit vierzig Jahren nicht immer nur den »Mister Nice« spielen kann, sondern seinem Alter gemäß eine breitere Palette an Rollen verkörpern möchte.

Als ein weiterer Hinweis auf dieses andere Verständnis der eigenen Leinwandpersönlichkeit kann denn auch seine Entscheidung für ein Projekt gelten, das eine Trennungslinie zu dem Mega-Erfolg von FORREST GUMP zog, und zudem keinen künstlerischen Rückfall bedeutete. So fand er wieder mit Ron Howard zusammen, der mit SPLASH seine Karriere erst ermöglicht hatte. Ihr Film APOLLO 13 wurde erneut ein Überraschungserfolg und strebte im August 1995 bereits ein US-Einspielergebnis von hundertfünfzig Millionen Dollar an, der zweite Mega-Hit für Hanks in Folge. Sujet des Films ist die beinahe auf tragische Weise gescheiterte Weltraum-Mission des Raumschiffs »Apollo 13« unter dem Kommandanten Jim Lovell, gespielt von Tom Hanks.

Lovell hatte sich bereits 1968 mit der »Apollo 8« dem Mond bis auf sechzig nautische Meilen genähert, bevor er am 11. April 1970 zu einer weiteren Mondexkursion aufbrach. Als erster Mensch hatte Neil Armstrong am 20. Juli 1969 den Mond betreten. Zu dem Zeitpunkt, als Lovell, der Kommandant, und seine Crew Fred Haise (Bill Paxton) und Jack Swigert (Kevin Bacon) Richtung Mond aufstiegen, war das Unternehmen in der amerikanischen Öffentlichkeit bereits Routine geworden und erzeugte nur noch wenig Schlagzeilen.

»Es ist faszinierend, was geschehen war«, erinnert sich Hanks. »Wir haben eine gewisse Erinnerung, aber damals war das Weltraum-Rennen bereits gewonnen und für die breite Mehrheit der Leute vorbei. Das Schicksal hätte sie im schlimmsten aller denkbaren Fälle sterben lassen können, nicht durch eine Explosion, aber wortwörtlich oben bleiben zu müssen, bis sie nichts mehr hatten. Aber es gibt noch einen anderen Aspekt, den Unterschied zwischen Erfolg und Reinfall. Dieses hier geschah weniger als ein Jahr nach dem weltbewegenden Triumph von Neil Armstrongs Landung auf dem Mond und war das genaue Gegenteil. Das ist meiner Meinung eine faszinierende philosophische Diskussion – es gibt immer einen Sieg oder eine Niederlage.« (Dawson)

Zweieinhalb Tage nach Start der Apollo-Rakete änderte sich das öffentliche Interesse auf dramatische Weise. Ein Sauerstofftank in einem hinteren Teil der Kapsel explodierte und brachte gravierende Probleme mit sich. Mit der Explosion wurde die Energieerzeugung des Raumschiffs unterbrochen, vor allem aber entwichen giftige Gase und drohten, den Astronauten buchstäblich den Atem zu nehmen. Das Raumschiff lief Gefahr, in die Unendlichkeit des Alls abzudriften, und mit ihm seine Insassen. Das war eine Nachricht, die die Menschen auf der Welt wieder vor den Fernseher brachte und selbst den Papst für das Schicksal der drei Männer beten ließ.

Die alles entscheidende Frage lautete: Wie kann das Raumschiff sicher zur Erde zurück manövriert werden? Daraus und aus der Angst der Männer schöpft der Film seine Spannung. Mehrere Probleme mußten gelöst werden. Soll das Raumschiff sofort zurückkehren oder erst eine Schleife um den Mond fliegen? Reicht die elektrische Energie? Halten die Männer die eisige Kälte aus? Vor allem aber: Würde die Mondlandefähre, in der die Männer Platz gefunden hatten, den Eintritt in die Erdatmosphäre überstehen? Auf der Erde im NASA-Zentrum werden alle Möglichkeiten durchgespielt. Immer wieder vergegenwärtigen das Bodenpersonal und die drei Astronauten unter Lovells Kommando die Möglichkeit, bei einem Manöver ins All hinausgeschossen zu werden. Spannend wird der Film, wenn er sich auf seine Charaktere verläßt. Wenn die Angst den Männern ins Gesicht geschrieben ist, wenn ihr Entsetzen sichtbar wird, als sie während der Mondumrundung jeglichen Kontakt zur Erde verlieren.

Für Tom Hanks war es eine denkwürdige Rolle. Nicht nur, daß er eine noch lebende Figur verkörperte, an die man sich ab jetzt nur noch in Gestalt von Hanks erinnern wird. Schon die Vorbereitung auf die Rolle verlangte von ihm Ungewöhnliches. So traf er den echten Jim Lovell, der ihn zu einem Flug einlud und sofort mit dem Gefühl der Schwerelosigkeit bekannt machte, indem er das Flugzeug in einen Sinkflug steuerte. »Mein Mund wurde wäßrig, und ich war sofort in heißem Schweiß gebadet«, erinnert sich Hanks an sein Treffen mit Lovell. »Schlimmer noch, ich begann mich äußerst übel zu fühlen.« (Goldstein) Dabei besaß er seit seiner Jugend, als er im Planetarium die Sterne beobachtete, ein Gespür für das All und bewunderte später die Astronauten. »Das waren die Prinzen unter den Männern. (…) Die Typen in ihren goldenen Fliegerkombinationen – das waren die wirklichen Stars. Im Houston der sechziger Jahre ein Astronaut zu sein war so, als wäre man ein Beatle.« (Goldstein) Als er im Zuge der Vorbereitung auf den Film dann die Original-Bodenkontrolle der NASA besuchte, war das für ihn, als würde er in einen Tempel gehen. Er, das Sinnbild der Baby-Boomer für moralische Integrität und Romantik, sollte nun also einen Helden – in seinen Augen – verkörpern.

Dabei war es zunächst ungewiß, ob er die Rolle überhaupt bekommen würde. Denn um das Manuskript »Lost Moon« von Jim Lovell hatten sich mehrere Produktionsfirmen und

Wieder ein Mega-Hit: ›Apollo 13‹

Studios bemüht, darunter auch Kevin Costners Firma. Doch Imagine Entertainment, die Gesellschaft von Ron Howard und seinem Partner Brian Grazer, konnte sich die Rechte für sechshundertfünfzigtausend Dollar sichern. Dennoch bot das finanzierende Studio, Universal, die Rolle zunächst dem unterlegenen Kevin Costner an. Doch der war inzwischen bemüht, bei dem teuersten Film aller Zeiten, WATERWORLD, nicht völlig unterzugehen. Also bot Grazer seinem Freund Hanks die Rolle an, und der sagte auch sofort zu, für eine Gage von zwölfeinhalb Millionen Dollar und eine Gewinnbeteiligung, wenn Ron Howard tatsächlich, wie geplant, die Regie übernähme.

Schließlich war es soweit, die Dreharbeiten konnten beginnen. Für die Schauspieler ein enormer Härtetest, denn für die Aufnahmen der Schwerelosigkeit mußten sie in einen speziellen KC-135-Jet der NASA steigen. »Kotz-Komet« wird dieses Flugzeug genannt, das in den Sturzflug geht, um für kurze Zeit die Schwerelosigkeit herzustellen. »Ich war einige Male kurz davor. Ich wollte, aber es kam nichts heraus. Ich war gewarnt worden und hatte wenig gegessen.« (*Der Spiegel*, 33/1995) Bemerkenswert ist an APOLLO 13, wie weit sich Tom Hanks schauspielerisch zurücknimmt. Immer wieder, wußte Produzent Grazer zu berichten, überließ er emotionsstarke Szenen seinen beiden Kollegen. »Er wollte überhaupt nicht, daß der Film über ihn geht.« (Goldstein) Und doch ist es Tom Hanks, dem wohl der Erfolg des Films in erster Linie zu verdanken ist. Und das nicht allein deshalb, weil er sich zum Start des Films Anfang Juli 1995 in der David Letterman Show den Bart abrasieren ließ, der ihm für die Rolle gewachsen war.

Wie kein zweiter Schauspieler seiner Generation symbolisiert er heute die Glaubwürdigkeit, Anständigkeit und Menschlichkeit des »Mister Nice«, des »Mister Regular«. Immer noch spiegeln sich in seiner Durchschnittlichkeit die Menschen wider. Doch natürlich ist Hanks alles andere als Durchschnitt. Er ist ein Mensch mit Witz und Wärme, der versucht, mit seinem

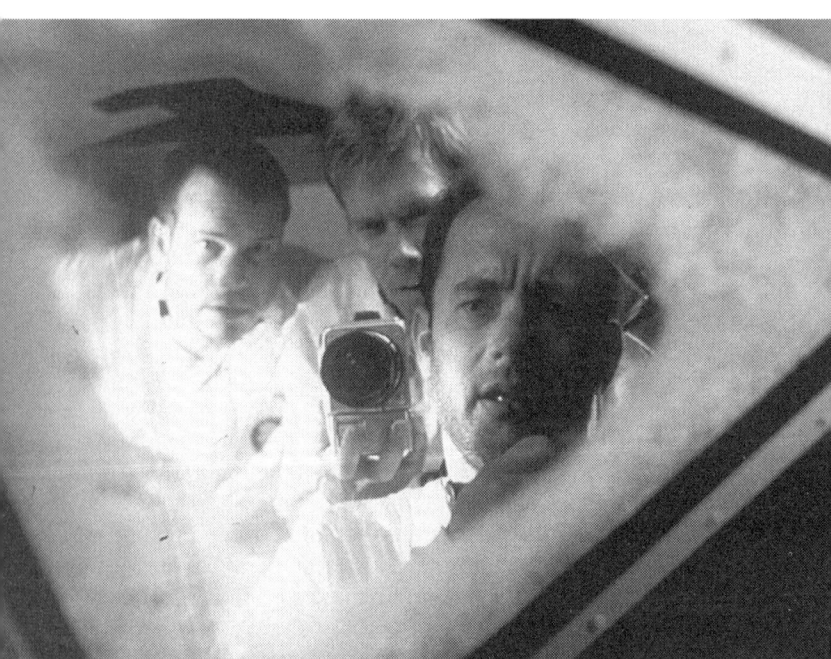

Tom Hanks mit Kollegen Bill Paxton und Kevin Bacon in ›Apollo 13‹

Erfolg auf normale Weise fertig zu werden und die Paranoia des durchschnittlichen Hollywood-Stars zu vermeiden.

Herausragende Kennzeichen seiner Schauspielerei sind inzwischen seine Ruhe, Konzentration und Abgeklärtheit. Er ist mit sich selbst im reinen, so scheint es, und er bringt dieses Gefühl in seine Rollen ein. Auffallend ist zudem seine Bescheidenheit. »Ich habe eine Weile gebraucht, zu verstehen, daß der Schauspieler der schwächste Teil des Fundaments ist, auf dem gebaut werden kann. Was wirklich zählt, ist der Regisseur und das Drehbuch. (…) Die Schauspieler und die anderen – wir sind die Werkzeuge.« (Goldstein)

Sich selbst nur als ausführendes Organ eines anderen Künstlers zu sehen, ist eine Einstellung, die Hanks vermutlich nur mit wenigen in seinem Metier teilt. Die Macht eines Stars, sie existiert für ihn nicht. Natürlich könnte er heute nahezu jede Rolle haben, schließlich ist er in der ersten Hälfte der neunziger Jahre der erfolgreichste Schauspieler Hollywoods. Doch immer wieder betont er, daß nicht er die Ideen hat, daß andere die Bücher schreiben, daß andere auf den Einfall kommen müssen, ihn zu besetzen. Diese Position der radikalen Bescheidenheit macht aus Tom Hanks eine Ausnahmeerscheinung Hollywoods. Und er wird es noch eine lange Zeit bleiben.

Filmographie

1980–81 / 1981–82

BOSOM BUDDIES (TV-Serie)
Created by Chris Thompson
Darsteller: Peter Scolani, TOM HANKS

1981

HE KNOWS YOU'RE ALONE / Panische Angst
Regie: Armand Mastroianni. *Buch:* Scott Parker. *Produktion:* MGM.
Kamera: Gerald Fein. *Musik:* Alexander und Mark Peskanov.
Länge: 94 Min., Farbe.
Darsteller: Don Scardino, Caitlin O'Heaney, Elizabeth Kemp, Tim
Rolfing, Patsy Pease, TOM HANKS, Paul Gleason.
»Noch ein Beitrag zum Genre der Schlitzer-Filme, dieser mit der ge-
ringfügigen Neuheit von Bräuten in spe als Opfern. Ein bißchen we-
niger blutig als andere seiner Art, aber sonst alles wie gehabt. Das
Filmdebüt von Hanks.« (Maltin 1993)
»Es gibt einen frei umherlaufenden Killer, der sich auf Bräute in spe
spezialisiert hat. Die hübsche Amy ist sein nächstes Opfer. In der
Durchführung seiner besonderen Aufgabe schärft der Killer sein
Messer durch die Dezimierung der Bevölkerung von Staten Island.«
(Martin/Porter 1995)
»Ein geisteskranker Massenmörder tötet mit Vorliebe junge Frauen,
die kurz vor der Heirat stehen. Nach einem brutalen Kampf ums
Überleben kann er von einem potentiellen Opfer außer Gefecht ge-
setzt werden. Unbedeutender Horrorthriller, zudem in Spannungs-
aufbau, der Musik und speziellen Kameraeinstellungen recht unver-
schämte Kopie von John Carpenters HALLOWEEN.« (Lexikon des
Internationalen Films)

1982

MAZES AND MONSTERS / Labyrinth der Monster (TV; Kanada)
Regie: Steven Hillard Stern. *Buch:* Tom Lazarus, nach dem Roman
von Rona Joffe. *Produktion:* McDermott Productions für Procter &
Gamble Productions. *Kamera:* Laszlo George. *Schnitt:* Bill Parker.
Musik: Hagood Hardy.
Länge: 100 Min.; *DE:* 7.8.1995 (Pro 7).
Darsteller: TOM HANKS (Robbie), Wendy Crawson (Kate), David Wal-
lace (Daniel), Chris Makepeace (Jay Jay), Vera Miles (Robbies Mut-
ter), Susan Strasberg.

»Vier Studenten werden in die mittelalterliche Fantasy-Welt eines Spiels verwickelt. Tom Lazarus' interessantes ›Kerker und Drachen‹-Skript nach Rona Jaffes Roman macht daraus einen fesselnden Spannungsfilm.« (Maltin 1993)

»MAZES AND MONSTERS, ein TV-Film, zeichnet das Leben einiger College-Studenten, deren Interesse an ›Kerker und Drachen‹-Rollenspielen waghalsig wird.« (Martin/Porter 1995)

1984

SPLASH / Splash – Jungfrau am Haken

Regie: Ron Howard. *Buch:* Lowell Ganz, Babaloo Mandel, Bruce Jay Friedman. *Produzent:* Brian Grazer für Touchstone Films. *Kamera:* Don Peterman. *Schnitt:* Daniel P. Hanley, Michael Hill. *Musik:* Lee Holdridge.

Länge: 111 Min.; *UA:* 9.3.1984, *DE:* 21.9.1984.

Darsteller: TOM HANKS (Allen Bauer), Daryl Hannah (Madison), Eugene Levy (Walter Kornbluth), John Candy (Freddie Bauer), Dody Goodman (Mrs. Stimler), Shecky Green (Mr. Buyrite), Richard B. Shull (Dr. Ross), Bobby di Cicco (Jerry).

»Unterhaltsame Komödie um einen Mann, der sich in eine Meerjungfrau verliebt.« (Maltin 1995)

»Diese romantische Komödien-Phantasie über eine Meerjungfrau, die sich in einen New Yorker verliebt, hat eine freundliche, aufreizende Magie.« (Pauline Kael)

»Es schaut ein komischer Film hinter den Kanten von SPLASH hervor, und manchmal schleicht sich das auch auf die Leinwand und bringt uns zum Lächeln. Zu schade, daß der schonungslos konventionelle Geist, der diesen Film gemacht hat, den Sprung von der Sitcom zur Komödie nicht geschafft hat. Sie müssen gedacht haben, eine derart großartige Idee (Manhattan-Junggeselle verliebt sich in Meerjungfrau) gehabt zu haben, daß sie gar nicht danebenliegen konnten. (…) Gut. Soweit die Situation. Aber die Situation genügt nicht. Wir brauchen Charaktere. Die Meerjungfrau ist in Ordnung … Aber was ist mit dem Typ, der sich in sie verliebt? Hier liegt der katastrophale Besetzungsfehler. Sehen Sie, sie dachten, sie hätten eine Komödie, solange das Mädchen einen Schwanz, und eine Romanze, wenn sie Beine hat. Deshalb gaben sie ihr einen romantischen männlichen Hauptdarsteller anstatt eines einsamen Menschen, der schwimmen konnte. Der Hauptdarsteller ist Tom Hanks. Er ist auf konventionelle Weise attraktiv und einigermaßen ansprechend, und er wäre in einer Nebenrolle gut. Er wäre zum Beispiel großartig als der offenherzige Bruder.« (Roger Ebert)

»SPLASH ist eine der schönsten Love-Stories zwischen Mensch und

Fabelwesen seit René Clairs I MARRIED A WITCH/MEINE FRAU, DIE HEXE. Ein modernes Märchen, das Mythos, Phantasie und Realität kombiniert; hektische Alltagswelt und das magische Traumland des Meeres, Natur und Kultur komödiantisch konfrontiert, wobei die unschuldige Naivität der Nixe zum Auslöser satirischer Attacken auf die amerikanische Konsumwelt wird. Wie Ron Howard (...) gekonnt zwischen Absurdem und Sublimem, Sarkasmus und Sentiment, ›slapstick‹ und ›suspense‹ alterniert: darin liegt der spezielle Reiz dieser amüsanten, anrührenden und anheimelnd exzentrischen Boy-meets-fish-Story.« (Helmut W. Banz, *Die Zeit,* zitiert nach Just 1985)
»Eine turbulente Komödie um einen jungen Mann, der sich unwissentlich in eine Meerjungfrau verliebt.« (Martin/Porter 1995)
»Ein modernes Kinomärchen, das durch eine gut ausgewogene Mischung aus Romantik und Komik vergnüglich unterhält.« *(filmdienst)*

BACHELOR PARTY / Bachelor Party – Die wüste Fete
Regie: Neal Israel. *Buch:* Neal Israel, Pat Proft nach einer Story von Bob Israel. *Produzenten:* Ron Moler, Bob Israel für Aspect Ratio Twin Continental. *Ausführender Produzent:* Joe Roth. *Kamera:* Hal Russell. *Schnitt:* Tom Walls. *Musik:* Robert Folk.
Länge: 106 Min.; *UA:* Juni 1984, *DE:* 20.10.1984.
Darsteller: TOM HANKS (Rick Gassko), Tawny Kitaen (Debbie Thompson), Adrian Zmed (Jay O'Neill), George Grizzard (Mr. Thompson), Robert Prescott (Cole Whittier), Barbara Stuart (Mrs. Thompson), William Tapper (Dr. Stan Gassko), Barry Diamond (Rudy), Gary Grossman (Gary), Michael Dudikoff (Ryko), Bradford Bancroft (Brad).
»Die nette Komödie über die Vorbereitungen für eine wilde Junggesellenparty hat gelegentlich einige richtige Lacher, wird dann aber zunehmend verzweifelter und geschmackloser.« (Maltin 1995)
»Dieses Mal handelt die Geschichte von einem Jungen, der sich entschließt zu heiraten, und seinen Freunden, die ihm eine Junggesellenparty ausrichten. So weit, so gut. Die erste Hälfte des Films bereitet die Party vor, und die zweite Filmhälfte ist die Party. Beide Hälften sind rauh, chaotisch und natürlich ziemlich unverfroren in ihrem Bestreben, das tiefstmögliche Geschmacksniveau zu erreichen. Der Junggeselle im Film wird von Tom Hanks gespielt ... Er verkörpert die Art von Typ, die zum Essen ins Haus seiner Verlobten kommt und Essensreste auf dem Boden verteilt, für den Fall, daß sie einen Hund haben ... Während des Party-Chaos ist er hauptsächlich damit beschäftigt, den Verkehr zu dirigieren.« (Roger Ebert)
»Vor seiner Hochzeit wird einem Burschen von seinen Freunden ein

Polterabend organisiert. Dabei geht es turbulent zu: Ein Nebenbuhler stört mehrmals, die Dirnen haben Verspätung ... Irgendwie dringt durch, daß diesem unsäglich blöden Streifen die Doppelmoral als Thema zugedacht war. Ihr entgegengesetzt wird aber entwürdigendster Sexismus verschiedener Zielrichtung, was zynischerweise ›Befreitheit‹ anzeigen soll.« (*zoom,* zitiert nach Just 1985)
»Selbst Tom Hanks kann diese ›wilde‹ Eskapade in die Degeneration nicht retten.« (Martin/Porter 1995)

1985

THE MAN WITH ONE RED SHOE / Der Verrückte mit dem Geigenkasten

Regie: Stan Dragoti. *Buch:* Robert Klane, nach dem Film LE GRAND BLOND AVEC UNE CHAUSSURE NOIRE (DER GROSSE BLONDE MIT DEM SCHWARZEN SCHUH) von Francis Veber und Yves Robert. *Produzent:* Victor Drai. *Kamera:* Richard H. Kline. *Schnitt:* Bud Molin, O. Nicholas Brown. *Musik:* Thomas Newman.
Länge: 93 Min.; *UA:* 19.7.1985, *DE:* Mai 1987.
Darsteller: TOM HANKS (Richard Drew), Dabney Coleman (Cooper), Lori Singer (Maddy), Charles Durning (Ross), Carrie Fisher (Paula), James Belushi (Morris), Ed Herrmann (Brown), David Odgen Stiers (Dirigent).
»Flaches Remake von DER GROSSE BLONDE MIT DEM SCHWARZEN SCHUH, über einen Unschuldigen, der von der CIA zur Liquidierung vorsehen ist. Vergeudet die beträchtlichen komischen Talente seiner Besetzung – und erlaubt dem Hauptdarsteller Hanks überhaupt nicht, komisch zu sein.« (Maltin 1995)
»Ein amerikanisches Remake der französischen Komödie DER GROSSE BLONDE MIT DEM SCHWARZEN SCHUH, in dem Tom Hanks als Konzertgeiger besetzt ist, der von einer Gruppe von Spionen verfolgt wird. Hanks ist fast die ganze Show alleine. James Belushi (als sein derbe Witze liebender Kumpel) und Carrie Fisher (als allzu liebestolle Flötistin) erzeugen ebenfalls einige kräftige Lacher.« (Martin/Porter 1995)

VOLUNTEERS / Volunteers – Alles hört auf mein Kommando

Regie: Nicholas Meyer. *Buch:* Ken Levine, David Isaacs, nach einer Story von Kenneth Critchlow. *Produzenten:* Richard Shepherd, Walter F. Parkes für Thorn EMI Screen Entertainment, HBO Pictures, Silver Screen Partners. *Kamera:* Ric Waite. *Schnitt:* Ronald Rose, Steven Polivka. *Musik:* James Horner.
Länge: 106 Min.; *UA:* 26.7.1985, *DE:* 28.8.1987 (nur Video).

Darsteller: TOM HANKS (Lawrence Bourne III), Rita Wilson (Beth Wisler), Tim Thomerson (John Reynolds), John Candy (Tom Tuttle aus Tacoma), Gedde Watanabe (At Toon), George Plimpton (Lawrence Bourne Jr.), Ernest Harada (Chung Mae).

»Trostlose Komödie um einen verdorbenen Playboy, der durch einen Zufall in das Friedenskorps gerät und versucht, in Thailand die Dinge auf seine Art zu bewerkstelligen … Mehr noch, es ist ein schmutzig *aussehender* Film.« (Maltin 1995)

»Diese Komödie vereint Tom Hanks und John Candy, die beide so wundervoll komisch waren in Ron Howards SPLASH. Dieser Film aber, über die Ausgelassenheit im Friedenskorps in Thailand 1962, hat nur wenig, was für ihn spricht. Hanks und Candy tun ihr Bestes, aber die Lacher sind selten und meist daneben. Hat ein ›R-Rating‹ wegen Fluchens, Gewalt und sexueller Anzüglichkeiten.« (Martin/Porter 1995)

»Matte Komödie mit dem bekannten amerikanischen Blick auf die Menschen und Lebensbedingungen in Asien.« (Fischer Film Almanach 1988)

1986

THE MONEY PIT / Geschenkt ist noch zu teuer
Regie: Richard Benjamin. *Buch:* David Giler. *Ausführende Produzenten:* Steven Spielberg, David Giler für Amblin Entertainment. *Produzenten:* Frank Marshall, Kathleen Kennedy, Art Levinson. *Kamera:* Gordon Willis. *Schnitt:* Jacqueline Cambas. *Musik:* Michael Colombier. *Länge:* 91 Min.; *UA:* 26.3.1986, *DE:* 3.7.1986.
Darsteller: TOM HANKS (Walter Fielding), Shelley Long (Anna Crowley), Alexander Godunov (Max Beissart), Maureen Stapleton (Estelle), Joe Mantegna (Art Shirk), Philip Bosco (Curly), Josh Mostel (Jack Schmittman), Carmine Caridi (Brad Shirk), Billy Lombardo (Benny), John van Dreelen (Carlos), Douglass Watson (Walter Fielding sen.).

»Die Slapstick-Mißgeschicke eines jungen Pärchens bei dem Versuch, ihr Traumhaus zu reparieren und umzubauen. Hanks und Long sind liebenswert, aber diese Yuppie-Version von MR. BLANDINGS BUILDS HIS DREAM HOUSE verliert jeglichen Bezug zur Wirklichkeit (und zum Humor). Fängt lustig an, wird aber schlechter und schlechter.« (Maltin 1995)

»Hausbesitzern und solchen, die es werden wollen, sei dieser Film wärmstens empfohlen …« (Cinema 7/1986)

»Tom Hanks spielt in dieser mit Effekten vollen, erfinderischen Steven-Spielberg-Produktion einen Rock'n'Roll-Anwalt, der sich in die

›The Money Pit – Geschenkt ist noch zu teuer‹

Musikerin Shelley Long verliebt. Als diese Turteltauben eine Unterkunft kaufen, handeln sie sich alle möglichen Probleme ein. Als PG
(in Begleitung von Eltern) empfohlen wegen Flucherei und angedeu-
tetem Sex.« (Martin/Porter 1995)
»Der Film ist ein neues harmloses, aber durchaus unterhaltsames Produkt aus dem Hause Spielberg. Ein ebenso verarmtes wie verliebtes
New Yorker Pärchen träumt von einem Haus auf dem Land. Als sie
endlich einen scheinbar günstigen Kauf tätigen, erweist sich das vermeintliche Traumschloß als baufällige Ruine, was Regisseur Benjamin
die Gelegenheit gibt, alle Möglichkeiten des klassischen Slapstick voll
auszukosten. Oft mit Erfolg. Sympathisch ist außerdem der männliche
Hauptdarsteller Tom Hanks, dessen verbeultes Gesicht so gar nicht in
Hollywoods neue Yuppie-Riege passen will.« (Alfred Holighaus, *tip*)

NOTHING IN COMMON / Nothing in Common – Sie haben nichts gemeinsam
Regie: Garry Marshall. *Buch:* Rick Podell, Michael Preminger. *Produ-
zentin:* Alexandra Rose für Rastar. *Kamera:* John A. Alonzo. *Schnitt:*
Glenn Farr. *Musik:* Patrick Leonard.

Länge: 118 Min.; *UA:* 30.7.1986, *DE:* 2.7.1987.

Darsteller: TOM HANKS (David Basner), Jackie Gleason (Max Basner), Eve Marie Saint (Lorraine Basner), Hector Elizondo (Charlie Gargas), Barry Corbin (Andrew Woolridge), Bess Armstrong (Donna Mildred Martin), Sela Ward (Cheryl Ann Wayne).

»Zwischen Klamotte und melancholischer Komödie schwankt dieser Film mit dem kürzlich verstorbenen Jackie Gleason in der Hauptrolle, routiniert inszeniert von Garry Marshall.« (Just 1988)

»Tom Hanks spielt einen Teufelskerl in der Werbung, der sich mit seinen zunehmend fordernden Eltern auseinandersetzen muß, die sich nach 34 Jahren Ehe scheiden lassen. Jackie Gleason porträtiert den Vater gefühlvoll und anrührend. Dem Film gelingt der Übergang vom blöden Witz zum Pathos.« (Martin/Porter 1995)

»Endlos langes, in hohem Maße unausgeglichenes Komödien-Drama über einen immerwährenden Jugendlichen, der gezwungen ist, sich mit seinem alternden, lieblosen Vater zu beschäftigen, nachdem seine Mutter ihn verlassen hat. (...) Hanks ist exzellent, Gleason (in seiner letzten Filmrolle) macht betroffen. Später eine TV-Serie.« (Maltin 1995)

»Als der jungenhafte Werbemann, der sagt; ›Es ist ökonomisch ungesund, aufzuwachsen‹, wirkt Tom Hanks wie eine modernisierte Version der naßforschen Reporter in den Filmen der 30er, aber das Buch bringt ihn in eine rührselige Lage. (...) Der Film ist DEATH OF A SALESMAN (TOD EINES HANDLUNGSREISENDEN) als Sitcom, in der das Elend des Vaters genutzt wird, dem swingenden Yuppie-Sohn eine Lektion zu erteilen. (...) Das Moralisieren ist unerträglich, ebenso die Weise, in der einem alles vorgezeichnet wird. Das ist kein Film, das ist Fernsehen auf der großen Leinwand.« (Pauline Kael)

»Konventionell inszenierter und fotografierter Vater-Sohn-Konflikt, dessen sentimentale Grundstimmung durch die guten schauspielerischen Leistungen relativiert wird.« (Fischer Film Almanach 1988)

EVERY TIME WE SAY GOODBYE / Liebe ist ein Spiel auf Zeit
(Israel/USA)

Regie: Moshe Mizrahi. *Buch:* Moshe Mizrahi, Rachel Fabien, Leah Appet. *Produzenten:* Jacob Kotzky, Sharon Harel für Tri-Star. *Kamera:* Giuseppe Franci. *Schnitt:* Mark Burns. *Musik:* Philippe Sarde.
Länge: 98 Min.; *UA:* 14.11.1986, *DE:* 2.4.1987.

Darsteller: TOM HANKS (David Bradford), Cristina Marsillach (Sarah Perrara), Benedict Taylor (Peter Ross), Anat Atzmon (Victoria Sasson), Gila Almagor (Lea), Monny Moshanov (Nessin).

»Ein Melodrama, das die 39 Regeln des Genres wie in Zeitlupe beherrscht. Die Liebenden reagieren auf die engstirnige jüdische Sippschaft mit irritierender Gemütlichkeit; dem zappelnden Hanks hat die Regie zur Beruhigung eine Beinverletzung angedichtet.« (Mp, *Kölner Stadt-Anzeiger*, 4./5.5.1987)

»Die Mitwirkung von Hanks tut dieser ansonsten durchschnittlichen sentimentalen Romanze über einen amerikanischen Piloten, der sich während des Zweiten Weltkrieges in eine sephardische Jüdin (Marsillach) verliebt, gut.« (Maltin 1995)

»Melodram, das im Herbst 1942 in Jerusalem spielt. Er ist Amerikaner im Kriegsdienst der Briten, sie eine Jüdin spanischer Abstammung. Die aufgesetzte Spannung bei diesem eher unverbindlich-netten Plot ergibt sich ständig aus der Frage, was und wer denn nun stärker sein wird – aufgewühlte Emotionen oder die engstirnige Sippschaft, die von einer herrischen Mutter angeführt wird.« (Just 1988)

»Im Inszenierungsstil an die Melodramen der 50er Jahre erinnernder Film, der seine zwischen zwei Kulturen spielende romantische Liebesgeschichte ohne falsche Sentimentalität erzählt.« (Fischer Film Almanach 1988)

»Ein Wechsel der Gangart für Tom Hanks, der einen amerikanischen Piloten im Zweiten Weltkrieg in Jerusalem spielt, der sich in eine junge Jüdin verliebt. Hanks bringt einen gewissen, abgerundeten Realismus in seine Rolle, injiziert der Ernsthaftigkeit Humor. Cristina Marsillach ist sehr subtil als jüdisches Mädchen. Freigegeben ab 13 wegen milder Flüche, kurzer Nacktheit und Erwachsenenthematik.« (Martin/Porter 1995)

1987

DRAGNET / Schlappe Bullen beißen nicht
Regie: Tom Mankiewicz. *Buch:* Dan Aykroyd, Alan Zweibel, Tom Mankiewicz. *Produzenten:* David Permut, Robert K. Weiss für Applied Action, Bernie Billstein Prod. *Kamera:* Matthew F. Leonetti. *Schnitt:* Richard Halsey, William D. Gordean. *Musik:* Ira Newborn. *Länge:* 106 Min.; *UA:* Juni 1987, *DE:* 17.12.1987.
Darsteller: Dan Aykroyd (Joe Friday), TOM HANKS (Pep Streebeck), Christopher Plummer (Reverend Whirley), Harry Morgan (Capt. Bill Gannon), Alexandra Paul (Connie Swail), Jack O'Halloran (Emil Muzz), Elizabeth Ashley (Jane Kirkpatrick), Dabney Coleman (Jerry Caesar).

»Aykroyd als die komische Reinkarnation von Jack Webb spielt Sgt. Joe Fridays beschränkten, aber hingebungsvollen Neffen in dieser Parodie von Webbs denkwürdiger TV-Polizeiserie. Hanks als sein freiwilliger neuer Partner macht Spaß. (…) Beginnt sehr lustig, verflacht dann aber …« (Maltin 1995)

»Großenteils schlappe Parodie auf Action- und Abenteuerfilme und

›Dragnet – Schlappe Bullen beißen nicht‹

die alte amerikanische Fernsehserie ›Dragnet‹. Die pfiffigen Einfälle in den lichten Momenten des Films lassen die vielen verschenkten Möglichkeiten um so mehr bedauern.« (Fischer Film Almanach 1988) »Dan Aykroyds umwerfend komische Verkörperung von Jack Webb trägt den Film nur in diesem Bereich. Während Tom Hanks einige persönliche Momente beiträgt, tendiert das Drehbuch über politische Betrügereien dazu, im Sumpf steckenzubleiben.« (Martin/Porter 1995)

1987/88

PUNCHLINE / Punchline – Der Knalleffekt

Regie und Buch: David Seltzer. *Produzenten:* Daniel Melnick, Michael Rachmil für Fogwood/Indieprod. *Kamera:* Reynaldo Villalobos. *Schnitt:* Bruce Green. *Musik:* Charles Gross.
Länge: 128 Min., in Deutschland: 123 Min.; *DE:* 6.2.1989.
Darsteller: Sally Field (Lilah Krytsick), TOM HANKS (Steven Gold), Mark Rydell (Romeo), John Goodman (John Krytsick), Paul Mazursky (Arnold), Kim Greist (Madeline Urie).
»Gutgeschriebener, gutbesetzter Film über ehrgeizige Stand-up-Ko-

Verrückt konnte er auch sein: als Komiker in ›Punchline‹

miker, der sich konzentriert auf den frechen jungen Hanks, der wirklich Talent hat, aber auch ein Geschick, die Leute vor den Kopf zu stoßen.« (Maltin 1995)

»Eine energiegeladene Leistung von Tom Hanks kann nicht die verblüffende Fehlbesetzung von Sally Field in diesem Tribut an das teuflisch schwierige Leben von Stand-up-Komikern kompensieren. Obgleich Hanks hervorragend die Ängste eines gescheiterten Medizinstudenten vermittelt, der die Komik im Blut hat, gelingt es Field nie, überzeugend die konservative Hausfrau darzustellen, die sich nach mehr sehnt.« (Martin/Porter 1995)

»David Seltzer erzählt die heiter-melancholische Geschichte zweier solcher Komikertalente mit viel Sympathie für ihre Sehnsüchte, Illusionen und Schwächen. Zwar trägt die etwas flügellahme Story nicht über mehr als zwei Kinostunden, doch dafür entschädigen vorzügliche Darstellerleistungen von Tom Hanks und Sally Field.« (Fischer Film Almanach 1990)

»Die verdrehte Intrige zwingt Hanks in rührselige Situationen, aber er schafft es, eigenes Material einzuschmuggeln und es schwärzer zu machen. Er ist es, der einen beim Zuschauen hält.« (Pauline Kael)

»Tom ›BIG‹ Hanks in einer Paraderolle als gequälter Witzbold.« *(tip)*

»Punchline ist eine sympathische, intime *success story*, sehr amerikanisch in ihrer gekonnten Mischung aus Treuherzigkeit, Enthusiasmus und effizient kalkulierten Gefühlen. (…) Sally Field und Tom Hanks, beides Darsteller mit einem kleinen Hang zur Zurückhaltung, überziehen ganz bewußt in ihren Rollen als Anfänger, die zugleich zerbrechlich und eigensinnig sind, die es aber auch verstehen, in einem gewissen Augenblick, eine anrührende Demut und Nüchternheit unter Beweis zu stellen.« (Jacques Valot, *La Revue du Cinéma*, Mai 1989)

1988

BIG / Big

Regie: Penny Marshall. *Buch/Ausführende Produzenten:* Gary Ross, Anne Spielberg. *Produzenten:* James L. Brooks, Robert Greenhut, Gracie Films für 20th Century Fox. *Kamera:* Barry Sonnenfeld. *Schnitt:* Barry Malkin. *Musik:* Howard Shore.
Länge: 102 Min.; *UA:* Frühjahr 1988, *DE:* 29.9.1988.
Darsteller: Tom Hanks (Josh Baskin), Elizabeth Perkins (Susan Lawrence), Robert Loggia (»Mac« McMillan), John Heard (Paul Davenport), Jared Rushton (Billy Kopeche), David Moscow (Josh als Junge), Jon Lovitz (Scotty Brennan), Mercedes Ruehl (Mrs. Baskins, Joshs Mutter).
»Nie war er besser als in Big, dem Sensationserfolg von 1988, in dem ein 12jähriger eines Morgens als 35jähriger aufwacht. Wie Tom Hanks seinen neuen Körper testfährt und alles, was das Großsein so anstrengend macht – Liebe und Karriere – ganz nebenbei und spielerisch bewältigt, ist eine darstellerische Meisterleistung.« (Winnemuth)
»Ein 12jähriger Junge wünscht sich, ›groß‹ zu sein, und bekommt seinen Wunsch erfüllt, als er am nächsten Morgen im Körper eines 30jährigen Mannes aufwacht! Dieses charmante Märchen greift ein seltenes Thema von heute auf – Unschuld – und bringt das zuwege dank Hanks' superber, scheinbar argloser Darstellung und Marshalls sicherer Regie. Eine wahre Wonne.« (Maltin 1995)
»Hanks trägt fast den ganzen Film, und das gut; als Dreizehnjähriger im Körper eines Dreißigjährigen gelingt es ihm, solch subtile Dinge wie mangelnde Aufmerksamkeit, Gleichgültigkeit gegenüber gesellschaftlichen Feinheiten und die Fähigkeit anzudeuten, durch ein Bürovorzimmer zu hüpfen, zu hopsen und zu springen. (…) Hanks findet für seinen Charakter Verletzlichkeit und Sanftheit, was sehr wirkungsvoll ist.« (Roger Ebert)
»Es gibt nette, lockere Momente, aber alles hat eine laue Unausweichlichkeit, und selbst wenn Sie lächeln, werden Sie innerlich vielleicht murren, denn Big ist dazu bestimmt, das Kind in uns allen zu wecken. Natürlich ist die Figur von Hanks nicht bereit, als Erwachsener zu funktionieren; er möchte zurück. Auch der Film möchte

zurück. Er ist nostalgisch für Kindheit, Vorstädte, unschuldige Freude. (Es geht nicht um Kinder, die groß sein sein wollen; es geht um Erwachsene, die sich klein fühlen).« (Pauline Kael)

»Die einfühlsam inszenierte Märchenkomödie war in den USA der Sommerhit in den Kinos. Regisseurin Penny Marshall nutzt das modische Thema des Identitätswechsels vom Kind zum Erwachsenen zu trefflichen Seitenhieben auf einschlägige Geschäftspraktiken. Ansonsten spekuliert der Film ebenso offensichtlich wie erfolgreich auf infantile Sehnsüchte. Komikerstar Tom Hanks weiß allerdings das ›Kind im Manne‹ wie den ›Mann im Kinde‹ gleichermaßen albern wie hinreißend zu geben. Das Jonglieren beim Thema Sex ist wohl typisch amerikanisch, aber unnötig prüde.« (Fischer Film Almanach 1989)

»Eine herrliche Komödie, sensibel inszeniert von einer der wenigen Hollywood-Frauen, Penny Marshall. Joshs Trip in die Zukunft und der

›Big‹

sanfte Weg zurück bringt jedwelche Déjà-vu-Momente mit Witz, Pep und liebenswertem Brio.« (Just 1989)

»Dieses reizende Märchen wird durch eine geschickte Darstellung von Tom Hanks und ein ungewöhnlich intelligentes Skript von Gary Ross und Anne Spielberg belebt. Hanks ist die Verkörperung des ›großen‹ David Moscow, der sich von einer kreischenden Schicksals-vorhersage-Maschine in einem Freizeitpark wünscht, groß gemacht zu werden. Hanks, so das Resultat, agiert brillant als 13jähriger im Kör-per eines 35jährigen ... Vergessen Sie all die anderen Persönlich-keitstausch-Filme, die Ende 1987, Anfang 1988 herauskamen; dieser ist der einzige, der zählt.« (Martin/Potter 1995)

»Penny Marshall hat einen großen Film knapp verpaßt. Was bleibt, ist die Tour de Force von Tom Hanks. Er ist wunderbar überzeugend in dieser Phase von Erwachsenem und Kind, eine ganz besonders heikle Rolle, in die er die Reinheit eines berührenden und komischen Tons einbringt. Allein wegen Tom Hanks lohnt sich der Kinobesuch.« (J.-P. C., *Première,* No. 138, September 1988)

THE 'BURBS / Meine teuflischen Nachbarn

Regie: Joe Dante. *Buch:* Dana Olsen. *Produzenten:* Michael Finnell, Larry Brezner/Rollins-Mara-Brezner Prod. für Imagine. *Kamera:* Robert Stevens. *Schnitt:* Marshall Harvey. *Musik:* Jerry Goldsmith. *Länge:* 103 Min.; *DE:* 26.6.1989.

Darsteller: TOM HANKS (Ray Peterson), Bruce Dern (Mark Rums-field), Carrie Fisher (Carol Peterson), Rick Ducommun (Art Wein-gartner), Corey Feldman (Rick Butler), Wendy Schaal (Bonnie), Hen-ry Gibson (Dr. Klopek), Gale Gordon (Walter).

»In seiner schwarzen Horrorkomödie entwirft Joe Dante das boshaf-te Bild eines entfesselten Kleinbürgertums, das unter der Fassade bür-gerlicher Normalität erschreckende Abgründe verbirgt. Wenngleich in seinen inszenatorischen Mitteln überzogen, ist der Film doch eine vergnügliche und teilweise treffende Kritik am amerikanischen Spießertum.« (Fischer Film Almanach 1990)

»In dieser schrägen und letztlich unbefriedigenden Komödie spielt Tom Hanks einen Vorstädter, der sich mehr und mehr für die bizarre Familie interessiert, die nebenan eingezogen ist. Im Grunde ist es noch einmal NACHBARN, doch mit starken Leistungen von Hanks, Carrie Fisher, Rick Ducommon und Bruce Dern. Trotz einiger inspi-rierter Einfälle von Regisseur Joe Dante geht ihm im letzten Drittel die Luft aus.« (Martin/Porter 1995)

»Als leichte, unterhaltsame Kost angerichtete Persiflage auf das Vor-stadtleben, allerdings mit weniger Biß als die früheren Filme von Joe Dante.« (*zoom,* zitiert nach Just 1990)

TURNER & HOOCH / Scott & Huutsch

Regie: Roger Spottiswoode. *Buch:* Dennis Shyrack, Michael Blodgett, Daniel Petrie jr., Jim Cash, Jack Epps jr. nach einer Story von Shyrack, Blodgett. *Produzent:* Raymond Wagner für Touchstone Pictures, Silver Screen Partners IV. *Ausführender Produzent:* Daniel Petrie jr. *Kamera:* Adam Greenberg. *Schnitt:* Garth Craven. *Musik:* Charles Gross. *Länge:* 97 Min.; *DE:* 1.2.1990.

Darsteller: TOM HANKS (Scott Turner), Mare Winningham (Emily Carson), Reginald VelJohnson (David Sutton), Scott Paulin (Zack Gregory), J. C. Quinn (Walter Boyett), Craig T. Nelson (Chief Hyde), John McIntire (Amos Reed) und »Beasley« (Hooch/Huutsch).

»Die einzige Chance für Detective Hanks, einige Mörder zu fassen, besteht darin, ihre Identität aus dem einzigen Tatzeugen herauszulocken: einem Hund namens Hooch. Hanks und Hooch pressen allen Humor, zu dem sie in der Lage sind, aus einem papierdünnen

›Scott & Huutsch‹

Skript, doch selbst sie können das verkorkste Ende nicht wettmachen.« (Maltin 1995)

»… ist Huutsch die Verkörperung all dessen, was einen Hundebesitzer zur Weißglut bringt, den Kinogänger jedoch zum Lachen. Die Destruktivität des ewig sabbernden Ausbundes an Hundehäßlichkeit läßt die ohnehin kaum vorhandene Handlung vergessen, und auch der gute Tom Hanks hat keine Chance neben dem unbestrittenen Star des Films.« (Fischer Film Almanach 1991)

»Tom Hanks ist ein umständlicher Polizei-Detektiv, der sich auf einmal mit einem bösartigen Schrotthof-Hund wiederfindet, der der einzige Zeuge eines Mordes ist. Einmal mehr macht die Magie von Hanks aus einer vorhersagbaren Geschichte einen lustigen Film.« (Martin/Porter 1995)

»Eine Mischung aus Tierfilm und Krimi, anfangs noch ganz ulkig, später dann eher unappetitlich und plump.« (Hans-Ulrich Pönack, *tip*)

1990

JOE VERSUS THE VOLCANO / Joe gegen den Vulkan

Regie und Buch: John Patrick Shanley. *Produzent:* Teri Schwartz für Amblin Entertainment. *Ausführende Produzenten:* Steven Spielberg, Kathleen Kennedy, Frank Marshall. *Kamera:* Stephen Goldblatt. *Schnitt:* Richard Halsey. *Musik:* Georges Delerue.
Länge: 102 Min.; *UA:* 9.3.1990, *DE:* 26.7.1990.
Darsteller: TOM HANKS (Joe Banks), Meg Ryan (Dede/Angelica/Patricia), Lloyd Bridges (Graynamore), Robert Stack (Dr. Ellison), Abe Vigoda (Häuptling der Waponis), Dan Hedaya (Waturi), Barry McGovern (Gepäckvertreter), Ossie Davis (Marshall), Amanda Plummer (Dagmar).

»Gefällige, wenn auch witzlose Fabel über einen gestreßten Trottel, der erfährt, nur noch sechs Monate zu leben, und das Angebot eines exzentrischen Millionärs akzeptiert, wie ein König zu leben, wenn er am Ende seiner ›Ferien‹ in einen Vulkan springt. Unglücklicherweise stürzt dabei die Story mit ab.« (Maltin 1995)

»Es ist kein gänzlich gelungener Film, aber er ist neu, frisch und nicht verlegen, etwas zu riskieren, und sein Dialog ist es wert, angehört zu werden, denn er wurde mit Witz und Romantik geschrieben. (…) Hanks ist in der Titelrolle gefällig, weil er inmitten dieser erstaunlichen Bauten und ungezügelten Phantasie-Ausflüge unterspielt. Wie Jacques Tati ist er eine Insel der Neugier in einem Meer von Geheimnissen«. (Roger Ebert)

»Dürftige Romanze mit zuviel inhaltlichem Leerlauf und einer statischen, geschwätzigen Dramaturgie. Der Debütfilm des ›Oscar‹-Autoren (…) langweilt schrecklich.« (Hans-Ulrich Pönack, *tip*)

»Shanley beweist hier recht eindrucksvoll, daß ein guter Autor noch lange kein guter Regisseur ist. JOE GEGEN DEN VULKAN geriet zu einer millionenschweren Seifenblase, einem aufgeblasenen Nichts an Komödie, deren Macher nicht einmal die dramaturgischen Gesetze des Genres beherrschen.« (Fischer Film Almanach 1991)

»Die Gags in diesem infantilen Comic, der nach einer Schablone koloriert scheint, folgen einfach aufeinander und verlieren den Atem. Mit Ausnahme des Gongs, dessen Pendel ein Mensch ist, und des Blitzes, den man immer wieder den ganzen Film symbolisch findet und der den Gipfel des tödlichen Vulkans zeigt, gibt es wenig Volltreffer in der Anhäufung von Effekten, die komisch sein sollen.« (F. L., La Saison Cinématographique 1990)

»John Patrick Shanley (…) hat zwei Filme realisiert: den ersten und (hoffen wir es) auch den letzten. (…) Meg Ryan ist die einzige, die sich geschickt aus dieser Affäre von Dummheiten zieht, in der sich Hanks als zu unscheinbar erweist, um uns davon zu überzeugen, daß er selbst daran glaubt.« (J.-P. G., *Première,* No. 160, Juli 1990)

THE BONFIRE OF THE VANITIES / Fegefeuer der Eitelkeiten

Regie: Brian De Palma. *Buch:* Michael Cristofer, nach dem gleichnamigen Roman von Tom Wolfe. *Produzent:* Brian De Palma für Warner Bros. *Ausführende Produzenten:* Peter Guber, Jon Peters. *Kamera:* Vilmos Zsigmond. *Schnitt:* David Ray, Bill Pankow. *Musik:* Dave Grusin.

Länge: 125 Min.; *DE:* 2.5.1991.

Darsteller: TOM HANKS (Sherman McCoy), Bruce Willis (Peter Fallow), Melanie Griffith (Maria Ruskin), Kim Cattrall (Judy McCoy), Saul Rubinek (Jed Kramer), Morgan Freeman (Richter White), F. Murray Abraham (Abe Weiss), John Hancock (Reverend Bacon), Kevin Dunn (Tom Kilian), Clifton James (Albert Fox), Donald Moffat (Mr. McCoy).

»›Fegefeuer der Eitelkeiten‹, der Roman von Wolfe über McCoy, war wild und sarkastisch, besonders in seiner Weise, die Motivation jeder einzelnen Figur auseinanderzulegen. Dem Film von Brian De Palma fehlt genau diese Qualität; er ist weder subtil noch scharfsichtig im Hinblick auf die feinen Unterschiede in der Motivation dieser Figuren. (…) Tom Hanks spielt Sherman McCoy, aber ihm wird in diesem Film mehr mitgespielt, als daß er selber spielt. Er hat zwei typische Ausdrücke: listige Verschlagenheit und Zweifel, die nach und nach in Entsetzen übergehen. Er ist nie wirklich zu einer Figur entwickelt, die wir zu kennen glauben, und er scheint seinen Lebensstil mehr zu leben als zu besitzen. Er bewirkt keine Sympathie – aber er soll es auch nicht.« (Roger Ebert)

›Fegefeuer der Eitelkeiten‹

»Tom Wolfes Roman wurde von Regisseur Brian De Palma zu einem trivialen, cartoonhaften Film zurechtgeschneidert.« (Martin/Porter 1995)

»Unter dem Schmelztigel New York, der in Tom Wolfes Romanvorlage überzukochen droht, entzündet De Palma nur ein Strohfeuer: von Wolfes Satire bleiben nur Vulgaritäten übrig, dafür gibt es über die Kameraarbeit viel zu lachen.« (Lars-Olav Beier, *tip* 9/1991)

»... erweist sich FEGEFEUER DER EITELKEITEN als ein eigenständiges Werk, das den Roman benutzt, aber nicht verfilmt. De Palma plündert Wolfe, um seine eigene Schreckensvision des amerikanischen Traums zu kreieren ...« (Fischer Film Almanach 1992)

1991/92

A LEAGUE OF THEIR OWN / Eine Klasse für sich
Regie: Penny Marshall. *Buch:* Lowell Ganz, Babaloo Mandel, nach

einer Geschichte von Kim Wilson, Kelly Candaele. *Produzenten:* Robert Greenhut, Elliot Abbott. *Kamera:* Miroslav Ondricek. *Schnitt:* George Bowers. *Musik:* Hans Zimmer.
Länge: 128 Min.; *DE:* 26.11.1992.
Darsteller: TOM HANKS (Jimmy Dugan), Geena Davis (Dottie Hinson), Lori Petty (Kit Keller), Madonna (Mae Mordabito), Rosie O'Donnell (Doris Murphy), Megan Cavanaugh (Marla Hooch), Tracy Reiner (Betty Horn), Bitty Schram (Evelyn Gardner), Jon Lovitz (Ernie Capadino), David Straithairn (Ira Lowenstein), Garry Marshall (Walter Harvey).

»Durch und durch unterhaltsame Komödie über die Frauen-Baseball-Liga, die entstand, als die männlichen Spieler alle im Zweiten Weltkrieg waren. Davis und Madonna ragen in dieser erstklassigen Besetzung heraus, und Hanks legt eine großartige, komische Vorstellung als Ex-Baseball-Star hin, der ihr Team managt.« (Maltin 1995)

»Der Film besitzt einen wirklich bittersüßen Charme. Die Baseball-Szenen, das kennen wir. Neu und frisch aber sind die Persönlichkeiten der Spielerinnen, das allmähliche Sichaufrichten ihres Trainers und die Art und Weise, wie dieses frühe Kapitel der Emanzipation in die engstirnigen Traditionen des professionellen Baseball hineinpaßt.« (Roger Ebert)

»Tom Hanks (…) liefert eine seiner besten Darstellungen seit Jahren. Die lustigste Szene im Film zeigt Hanks, wie er versucht, seinem Ärger Luft machen, als Schram während eines Spiels schon wieder den Mann an der Ecke ausläßt. Und sein verzweifelt ausgestoßener Satz, ›Im Baseball gibt's keine Heulerei‹, wurde sofort zu einem Klassiker. Hanks und Davis überzeugen in ihrer Film-Beziehung, auch wenn es nur eine rein platonische ist, die auf gegenseitigem Respekt beruht.« (Baseline's Motion Picture Guide Review)

»Man schaut sich den Film so an, wie man eine Cola trinkt oder einen McDonalds ißt; wenn schon nicht den Geschmack genießend, so wenigstens die Machart. (…) Im ganzen gesehen, bleiben die Kuriosität Madonna, die zwei oder drei Bonmots von Tom Hanks, aber vor allem die Präsenz, immer mit Klasse, von Geena Davis. (…) Ohne sie würde uns dieser Film wahrscheinlich schwer im Magen liegen.« (Christophe d'Ivoire, *Studio Magazine,* Dezember 1992)

»Die Idee ist nicht schlecht. Schade, daß es nur bei der Idee bleibt.« (François Forestier, *Première,* Dezember 1992)

1992

RADIO FLYER / Radio Flyer

Regie: Richard Donner. *Buch:* David Mickey Evans. *Produzentin:* Lauren Shuler-Donner für Stonebridge. *Kamera:* Laszlo Kovacs.

Schnitt: Stuart Baird, Dallas Puett. *Musik:* Hans Zimmer.
Länge: 120 Min.; *DE:* Juni 1993 (nur auf Video).
Darsteller: Lorraine Bracco (Mary), John Heard (Daugherty), Elijah Wood (Mike), Joseph Mazzello (Bobby), Adam Baldwin (The King), Ben Johnson (Geronimo Bill), TOM HANKS (Erzähler).

»Zwei junge, hingebungsvolle Brüder müssen einen Weg finden, die Heirat ihrer Mutter mit einem schweren Trinker zu überleben; ihre Rettung ist die Flucht in eine verborgene Welt. (...) Der Spielberg-mäßige Blick auf die Kindheit scheint Fantasy als Lösung für Kindesmißbrauch anzubieten. Trotz der bewegenden Darstellung der beiden Jungen funktioniert dieses Konzept einfach nicht.« (Maltin 1995)

1993

SLEEPLESS IN SEATTLE / Schlaflos in Seattle
Regie: Nora Ephron. *Buch:* Nora Ephron, David S. Ward, Jeff Arch.
Produzent: Gary Foster. *Kamera:* Sven Nykvist. *Schnitt:* Robert Reitano. *Musik:* Marc Shaiman.
Länge: 104 Min.; *UA:* 18.6.1993, *DE:* 16.9.1993.
Darsteller: TOM HANKS (Sam Baldwin), Meg Ryan (Annie Reed), Ross Malinger (Jonah Baldwin), Rita Wilson (Suzy), Victor Garber (Greg), Tom Riis Farrell (Rob), Carey Lowell (Maggie Baldwin), Rosie O'Donnell (Becky), Rob Reiner (Jay), Barbara Garrick (Victoria).

»Frisch verlobte Frau hört in einer Radiosendung einen Witwer über den Verlust seiner Frau reden und ist besessen, ihn zu treffen, in der Überzeugung, er könne ihr Schicksal sein.« (Maltin 1995)

»Die Schauspieler passen vorzüglich zum Stoff. Tom Hanks bewahrt eine gewisse Distanz zu seiner Figur, was ihn davor bewahrt, einfach nur ein Versager zu sein.« (Roger Ebert)

»Ephron erinnert uns immer daran, daß es sich um einen Film handelt, und macht es hart für jeden, sich in der Geschichte zu verlieren. Und da die große Frage nicht ›ob‹, sondern ›wann‹ und ›wie‹ ist, verliert der Film nach zwei Dritteln beträchtlich an Schwung, bevor er sich zum herzzerreißenden Finale aufschwingt. (...) Hanks gelingt es sicherlich, sein Repertoire als abgerundeter Darsteller zu erweitern und nicht nur als Komiker, während Ryan im Grunde dieselbe Figur wie ›Sally‹ spielt, mit erfreulichen, aber auch vorhersehbaren Ergebnissen.« (Brian Lowry, *Variety,* 21.6.1993)

»Was Tom Hanks und Meg Ryan angeht, so kultiviert er sein verknautschtes Image und ist weniger als feuriger Liebhaber als ein Kerl zum Pferdestehlen glaubhaft, während man Meg Ryan durchaus ihren Traum von der ganz großen einmaligen Liebe abnimmt, auch wenn sie ihr bezauberndes Lächeln vielleicht ein wenig oft wie eine Waffe im diesmal sehr sanften Kampf der Geschlechter einsetzt.« (Hans Messias, *film-dienst,* 17.8.1993)

»Wer Sie auch seien, wo Sie auch seien, es gibt immer jemanden, irgendwo, der nur da ist, um Sie zu lieben. Mehr als zweitausend Jahre schon unterhält diese berühmte Theorie von Platon über verwandte Seelen unsere süßesten Träume, und selbst wenn der Alltag, der Pragmatismus und die psychoanalytischen Theorien des guten Doktor Freud manchmal erfolgreich unsere Illusionen stören, genügt es, die magische Formel auszusprechen, um uns tief in unsere Phantasien über die wahre, plötzliche und ewige Liebe versinken zu lassen.« (Laurent Tirard, *Studio Magazine,* No. 80, November 1993)

»Gewisse Filme sind mit der derart offensichtlichen Absicht gemacht worden, uns um jeden Preis zu gefallen, daß es beinahe störend ist. SLEEPLESS IN SEATTLE gehört in diese Kategorie. Und dennoch, es funktioniert.« (Jean-Paul Chaillet, *Première,* No. 201, Dezember 1993)

»SCHLAFLOS IN SEATTLE ist also zweifellos eine schöne Komödie, schon allein wegen Hanks und Meg Ryan. Vielleicht aber letztlich nur wegen Hanks und Meg Ryan.« (Milan Pavlovic, *Kölner Stadt-Anzeiger,* 18./19.9.1993)

PHILADELPHIA / Philadelphia

Regie: Jonathan Demme. *Buch:* Ron Nyswaner. *Produzenten:* Edward Saxon, Jonathan Demme für Clinica Estetico. *Kamera:* Tak Fujimoto. *Schnitt:* Craig McKay. *Musik:* Howard Shore.

Länge: 125 Min.; *UA:* 22.12.1993, *DE:* 15.2.1994 (Internationale Filmfestspiele Berlin), 24.2.1994 (Kino).

Darsteller: TOM HANKS (Andrew Beckett), Denzel Washington (Joe Miller), Jason Robards (Charles Wheeler), Mary Steenburgen (Belinda Cenine), Antonio Banderas (Miguel Alvarez), Ron Vawter (Bob Seidman), Robert Ridgely (Walter Kenton), Charles Napier (Richter Garnett), Joanne Woodward (Andrews Mutter).

»PHILADELPHIA ist ein idealer Film für Leute, die noch nie jemanden mit Aids kennengelernt haben. (…) Das größte Manko des Films ist sein Auslassen von Andrews Privatleben. (…) Dennoch bringt Hanks alles in einer Darstellung zusammen, die glorreich Zielstrebigkeit, Humor, Beharrlichkeit, Mut, Energie und eine bemerkenswerte Klarsichtigkeit vereint. Was immer man auch an der Behandlung eines schwierigen Themas zu nörgeln hat, Hanks verbindet alles auf dem grundlegendsten menschlichen Niveau.« (Todd McCarthy, *Variety,* 20.12.1993)

»Der erste, von einem großen Studio produzierte Film über Aids zu sein, (birgt) ohne Zweifel eine schwere Verantwortung. Jonathan Demme vollbringt das Kunststück, nicht den erwarteten Klischees

›Philadelphia‹

aufzusitzen, und verweist stolz auf den Mut seiner Schlichtheit. (…)
Demme will keine überdeutliche Botschaft verbreiten. Er urteilt
nicht. Er zeigt nur, daß sich 1993, mehr als zehn Jahre nach dem Auftauchen der Epidemie, die Mentalität noch nicht sehr geändert hat.«
(J.-P. C., *Première*, März 1994)

»Während das Thema den Regisseur zu knebeln scheint, fordert es seinen Schauspieler zu Höchstleistungen heraus. Aus der physischen Erscheinung filtert Tom Hanks die Emotionen. Das Milchweiß seiner weichen Züge ist von den Stoppeln seines Dreitagebarts ergraut, seine Erscheinung durch ebenso kurze Haare gezeichnet. (…) Unprätentiös und ernst spielt sich Tom Hanks in das fremde Schicksal ein, dabei immer eher reduziert als übertrieben. Was seiner Darstellung Würde verleiht, ist, daß er nie behauptet, das Schicksal eines Aids-Kranken bruchlos übernehmen zu können; ein Hauch von Distanz, vom Bewußtsein, eine Rolle zu spielen, bleibt bei aller Brillanz immer erhalten.« (Anke Sterneborg, *epd Film,* 3/1994)

»Was die PR den ersten Hollywood-Film über Aids nennt, ist eine halbherzige Abhandlung über Vorurteile und Abwehrhaltungen (durch Aids wieder manifest geworden) gegenüber Homosexuellen. (…) Der Gerichtsfilm macht so viele Konzessionen ans breite Publikum, daß von dem hehren Ansatz nicht viel übrigbleibt, trotz schöner Details und großartiger Schauspielerei.« (Wolf Donner, *tip* 4/94, zitiert nach Just 1995)

I'LL BE WAITING

(Episode der TV-Serie FALLEN ANGELS, deren erste Staffel in den USA auf zwei Videokassetten mit jeweils drei circa dreißigminütigen Filmen herauskam.)

Regie: TOM HANKS. *Buch:* C. Gaby Mitchell, nach der Kurzgeschichte »Ich werde warten« von Raymond Chandler. *Produzenten:* William Horberg, Lindsay Doran, Steve Golin. *Ausführender Produzent:* Sydney Pollack für Mirage Enterprises und Propaganda Films. *Kamera:* Peter Suschitzky. *Schnitt:* Stan Salfas. *Musik:* Peter Bernstein.

Länge: ca. 30 Min.

Darsteller: Bruno Kirby (Tony Reseck), Marg Helgenberger (Eve Cressy), Jon Polito (Al Reseck), Dan Hedaya (Johnny Ralls), Dick Miller (Carl), Peter Scolari (Nachtempfangschef), TOM HANKS (Trouble Boy No. 1).

»Hohe Bewertung dieser zweiteiligen Serien-Anthologie, bei der beeindruckende Talente vor und hinter der Kamera standen, um einige der düstersten Kurzgeschichten der vierziger Jahre zu adaptieren. Jede Geschichte spielt sich auf den oder in der Nähe der Schattenseiten von Los Angeles während des Zweiten Weltkriegs ab und betrifft jene Art von Figuren, die durch Raymond Chandler und Cornell Woolrich berühmt wurden. Der Privatdetektiv mit seinen abgeklärten Sprüchen, die Frauen hart wie Nägel und die Polizisten immer bei der Festnahme oder auf der Flucht.« (Martin/Porter)

FORREST GUMP / Forrest Gump

Regie: Robert Zemeckis. *Buch:* Eric Roth nach dem Roman von Winston Groom. *Produzenten:* Wendy Finerman, Steve Tisch, Steve Starkey. *Kamera:* Don Burgess. *Schnitt:* Arthur Schmidt. *Musik:* Alan Silvestri.

Länge: 142 Min.; *UA:* 6.7.1994, *DE:* 13.10.1994.

Darsteller: TOM HANKS (Forrest Gump), Robin White (Jenny Curran), Gary Sinise (Lt. Dan Taylor), Sally Field (Mrs. Gump), Mykelti Williamson (Bubba Blue), Michael Connor Humphreys (Forrest als Junge).

»Die Fakten sind einfach genug. FORREST GUMP macht Spaß. Er ist lustig. Er ist seltsam. Er ist bezaubernd. Es ist sicherlich der harmloseste, unterhaltsamste Film des Jahres, und Tom Hanks (…) liefert die herzerwärmendste Darstellung seiner Karriere, bewegend und komisch zugleich. Natürlich ist es sentimental, natürlich ist es triefend, manipulierend wie der Teufel, aber – geht's nicht genau darum? (…) Und die wirklich heimtückische Botschaft hinter diesem ansonsten lediglich langweiligen modernen amerikanischen Märchen? Daß, wenn du dumm bist, provinziell, dein Land liebst, Vater und Mutter ehrst und dich ins Mädchen von nebenan verliebst, daß dann Ruhm, Reichtum und Ehre über dich kommen. Wenn du andererseits unglücklich genug bist, um schlau, städtisch, pazifistisch und promiskuitiv zu sein, dann wirst du, im Prinzip, jung und einsam sterben.« (Dawson)

»In einer Rolle, für die Dustin Hoffman früher mal gemordet hätte, spielt Hanks einen Beinahe-Idioten, dessen Leere ihn zu einem idealen Prisma für den Zuschauer macht, in dem viele der Schlüsselereignisse von den 50er bis zu den 80er Jahren gesehen werden können. Ohne jede ideologische oder analytische Kraft ist Gump die unveränderliche Unschuld, die mit Würde durch eine Nation geht, die dabei ist, ihre Unschuld zu verlieren.« (Todd McCarthy, *Variety*)

»Hinter den satirischen Elementen von Zemeckis' fraglos unterhaltsamen Kino-Märchen läßt sich aber auch unschwer eine Botschaft ausmachen: die Rückbesinnung auf einfache Werte, die Fähigkeit, in allem immer nur das Positive zu sehen und seinem Herzen zu folgen.« (Manfred Sanck, *Filmecho/Filmwoche,* 14.10.1994)

»Das naive Drehbuch jagt seinen nie weisen Tor zwar durch drei Jahrzehnte amerikanischer Gegenwartsgeschichte, vergißt aber jegliche Reflexion oder gar ironische Brechung. (…) Zemeckis orientiert sich an Komödien von Frank Tashlin und Jerry Lewis, aber deren auf den Punkt gebrachter Inszenierungsstil geht ihm genauso ab wie Tom Hanks das differenzierte Mienen- und Körperspiel des großen Clowns Lewis.« (Rolf-Rüdiger Hamacher, *film-dienst*)

»Tom Hanks wandelt durch das Archivmaterial, als sei er schon immer ein Teil der Bilder gewesen; man traut seinen Augen kaum – und weiß nun endgültig, daß man seinen Augen in Zukunft nicht mehr trauen darf.« (Frank Schnelle, *epd Film,* 10/1994)

»Und weil Tom Hanks, der auf den ersten Blick so unscheinbare Schauspieler, fabelhaft die personifizierte Arglosigkeit mimen kann, wird die Filmfigur vor jeder Denunziation bewahrt. Gemächlich in der Sprache wie im Gestus des ganzen Körpers, wenn er nicht in Laufschritt verfällt, und die längste Zeit emotionslos, schickt sich Tom Hanks (…) in den Lebenslauf aus Zufall und Notwendigkeit.« (Hans-Dieter Seidel, *Frankfurter Allgemeine Zeitung,* 13.10.1994)

»Daß dieser allamerikanische Gump es seinen Anhängern so leicht macht, sich mit ihm zu verbünden, ist seine Schwäche. Seine Stärke ist, daß er allen Seiten überreichen Stoff für Debatten liefert und dabei noch viel Raum übrigläßt für die Entwicklung von Anteilnahme für einen Menschen, der den Toren auch im biblischen Sinn verkörpert, der noch im Stand der Unschuld ist.« (Brigitte Desalm, *Kölner Stadt-Anzeiger,* 15./16.10.1994)

»Tom Hanks gelingt es mit einer Mischung aus kindlichem Charme und stoischer Buster-Keaton-Miene, aus der Figur des unschuldigen, beschränkten Naivlings keine Karikatur zu machen. Er agiert nie,

›Forrest Gump‹

sondern beschränkt sich aufs Reagieren.« (Bert Büllmann, *Cinema*, 10/1994)

1994/95

APOLLO 13 / Apollo 13
Regie: Ron Howard. *Buch:* William Broyles jr., Al Reinert nach dem Buch »Last Moon« von Jim Lovell, Jeffrey Kluger. *Produzent:* Brian Grazer für Imagine Entertainment. *Kamera:* Dean Cundey. *Schnitt:* Mike Hill, Dan Hanley. *Musik:* James Horner.
Länge: 140 Min.; *UA:* 30.6.1995; *DE:* 19.10.1995.
Darsteller: Tom Hanks (James Lovell), Bill Paxton (Fred Haise), Kevin Bacon (Jack Swigert), Gary Sinise (Ken Mattingly), Ed Harris (Gene Kranz), Kathleen Quinlan (Marilyn Lovell), David Andrews (Pete Conrad).
»Der Film funktioniert hauptsächlich als die Geschichte von drei tapferen Forschungsreisenden, denen es gelingt, einen Weg zurück nach Hause zu finden trotz gefährlicher Hindernisse und geringer Chancen. (…) Die Besetzung mit Hanks als Lovell gibt dem Film ein menschliches Zentrum, jemanden, mit dem sich das Publikum identifiziert,

›Apollo 13‹

230

Tom Hanks in seinem Erfolgsfilm ›Apollo 13‹ (1995)

aber seine dramatischen Möglichkeiten sind hier eingeschränkter, als
er es zuletzt gewohnt war.« (Todd McCarthy, *Variety,* 9.7.1995)
»APOLLO 13 (…) überläßt sich dem technischen Drama im All – und
das ist sein Problem. Den Oscar für die beste Hauptrolle hat sich
zweifellos die Batterie von Monitoren in der Houston-Bodenkontrol-

231

le verdient. (...) Leider beschränkt sich die Detailwut nicht auf die technischen Aspekte der Raumsaga. Ebenso besessen rekonstruiert Regisseur Howard eine verschollene Ära, in der Lovells Tochter allzu gewagte Miniröcke trägt und in der das Vorstadt-Houston von 1970, mit seinen Grillpartys und bangenden Frauen, genauso aussieht, wie es sich jeder schon immer vorgestellt hat. (...) Zum allergrößten Teil verdankt sich der Erfolg wohl Tom Hanks, dem Mann, der Forrest Gump war. Keiner verkörpert das tapfere, zähe Heldentum des Über-lebens, die Nehmerqualität und die neue Bescheidenheit der neunzi-ger Jahre besser als er.« (Matthias Matussek, *Der Spiegel*, 33/95, 14.8.1995)

Bibliographie

Bücher:
Roger Ebert's Video Companion, 1994 Edition. Kansas City
Lothar R. Just (Hg.): Filmjahrbuch. München, versch. Jahrgänge
Leonard Maltin's Movie and Video Guide 1995
Mick Martin/Marsha Porter: Video Movie Guide 1995. New York 1994
Horst Schäfer/Walter Schobert (Hg.): Fischer Film Almanach. Frankfurt/Main, versch. Jahrgänge
David Shipman: The Great Movie Stars, Vol. 3, The Independent Years. London 1991
Roy Trakin: Tom Hanks. Journey to Stardom. London 1995 (2. Auflage)

Zeitschriften-Artikel:
A. M.: How to look like a page out of Esquire. Step 1: Assume the timeless style and roguish charm of Tom Hanks. In: Esquire, Man At His Best, März 1987
Mimi Avins: Shot By Shot. In: Premiere (US), Mai 1990
David Blum: Tom Hanks' Real Splash. A Funny Guy Grows Up in »Nothing In Common«, In: New York Magazine, 28.7.1986
Jean-Paul Chaillet: Tom Hanks. Simple acteur. In: Première, No. 211, Oktober 1994
Christopher Connelly: Tom Hanks, Seriously. In: Premiere (US), April 1989
Jeff Dawson: God Bless America. In: Empire, No. 65, November 1994
Lisa Dewson: Who Is Tom Hanks? In: Photoplay, September 1984
Chet Flippo: The Real McCoy. In: Fame, Dezember 1990/Januar 1991
Patrick Goldstein: Fly Me to the Moon. In: Premiere (US), Juni 1995
Jesse Green: Philadelphia Experiment. In: Premiere (US), Januar 1994
Nancy Griffin: Sherman's March. In: Premiere (US), Dezember 1990
Christine Haas: Philadelphia. In: Première, No. 197, August 1993
Mark Morrison: The Evolution of Tom Hanks. In: US – The Entertainment Magazine, August 1994
Kristen O'Neill: Gumption. In: Premiere (US), April 1995
Susan Orlean: Tom Hanks' Common Touch. In: Rolling Stone, 19.9.1986
Milan Pavlovic: Eine Liebe kommt durch's Telefon. In: Kölner Stadt-Anzeiger, 18./19.9.1993

Michel Rebichon: Tom Hanks. Le nouveau heros. In: Studio Magazine, No. 91, Oktober 1994
Harold von Kursk: Freundin Talkshow. In: freundin 21/1994
Susannze von Paczensky: Porträt Tom Hanks. In: Brigitte 21/1994
Meike Winnemuth: Tom Hanks Big. In: Stern Nr. 14, 30.3.–6.4.1994

Danksagung

Zu Dank verpflichtet bin ich wegen ihrer uneigennützigen Unterstützung und Hilfe: Peter Heinzemann, Ida Martins, Karsten Prüßmann, Horst Schäfer, Viktoria Sempf (Fox Video).

Register

Kursivierte Seitenzahlen verweisen auf die Bildlegenden.

237